BLAH
99
1.

BLAH

ALLES ÜBER DIE HAND

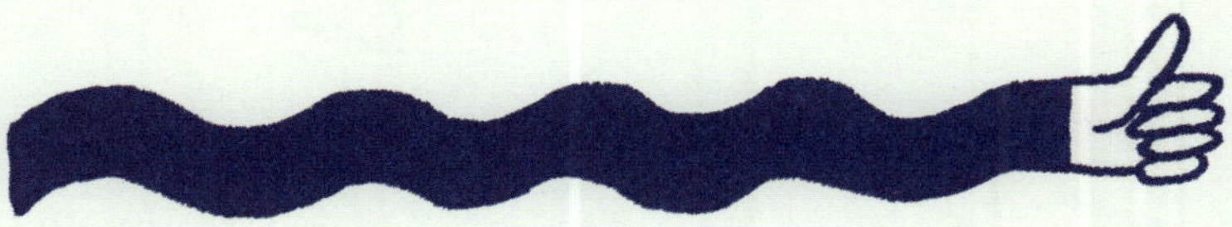

MAGDA GARGULÁKOVÁ
VÍTĚZSLAV MECNER

Aus dem Tschechischen
von Lena Dorn

ALADIN

Die Hand – WERKZEUG aller Werkzeuge

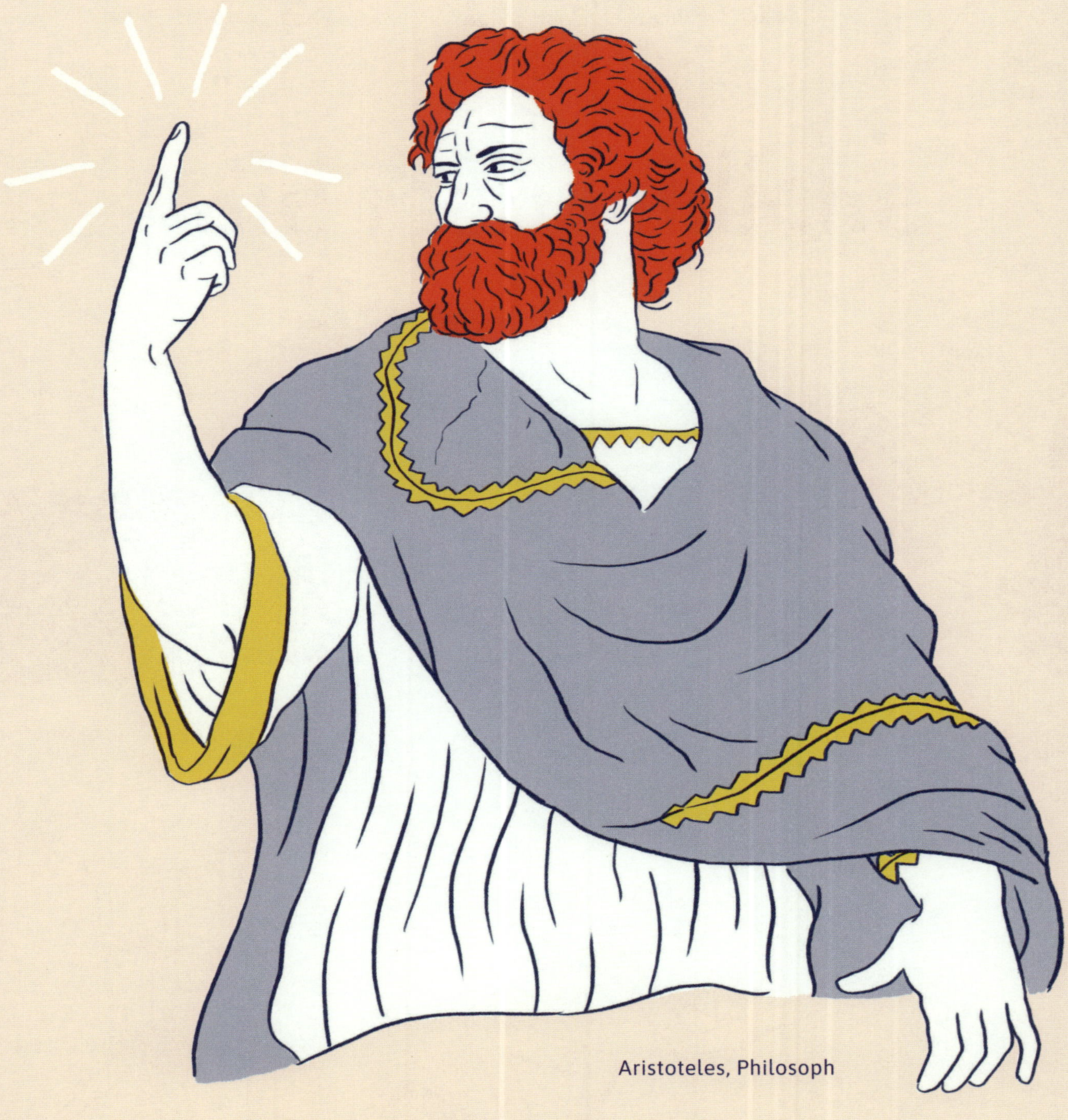

Aristoteles, Philosoph

Inhalt

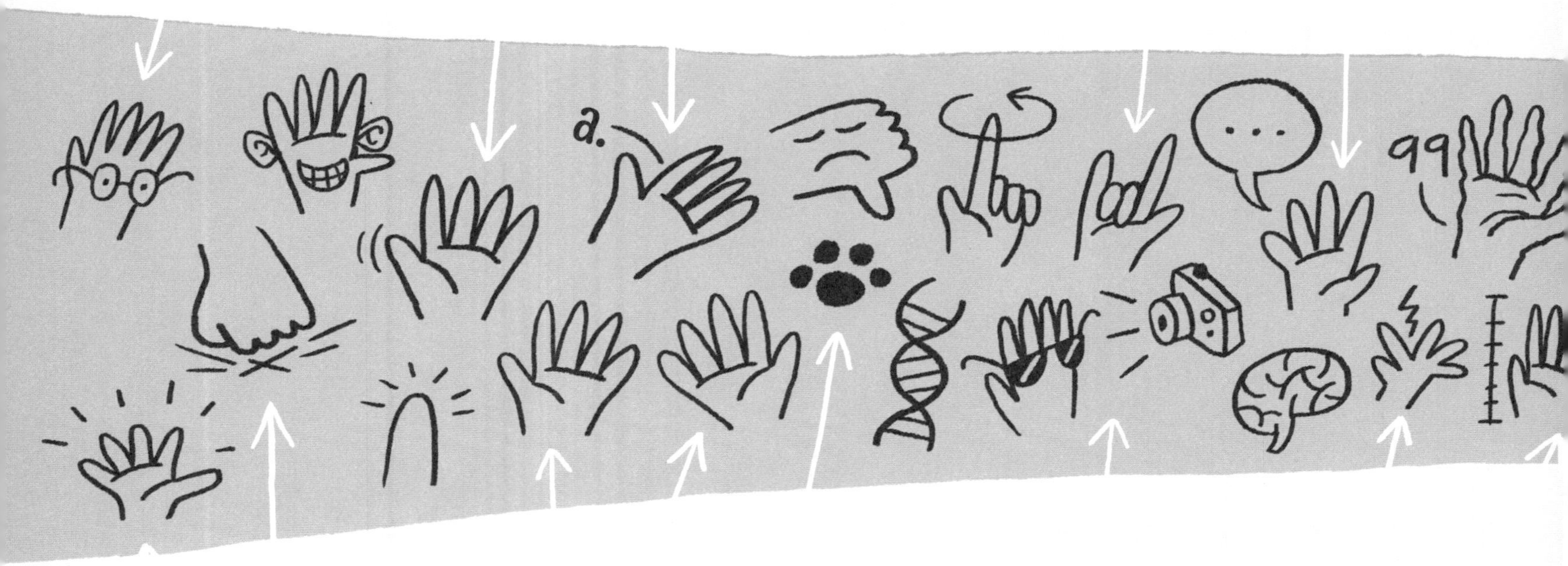

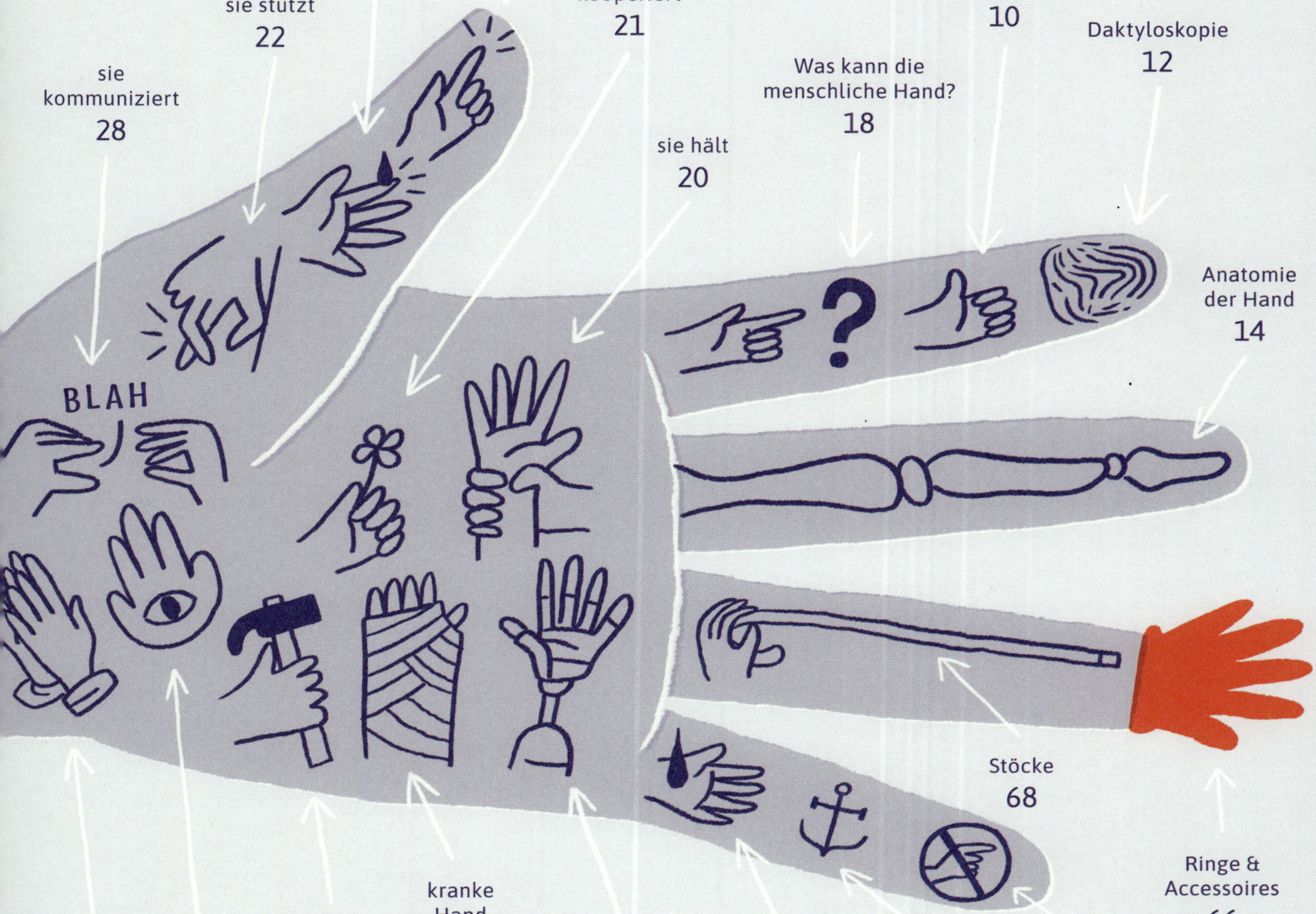
BLAH

Grundlagen

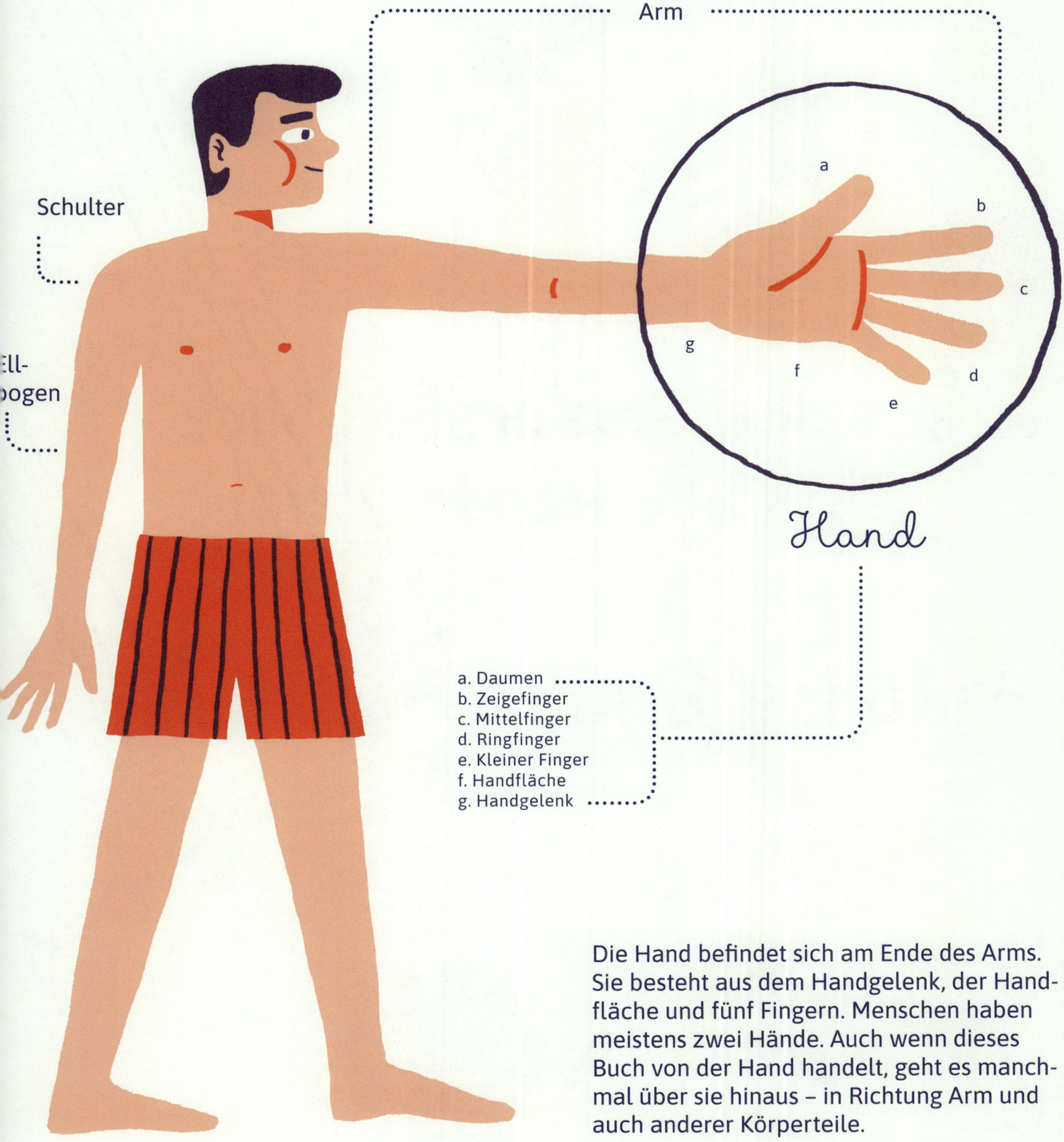

Die Hand befindet sich am Ende des Arms. Sie besteht aus dem Handgelenk, der Handfläche und fünf Fingern. Menschen haben meistens zwei Hände. Auch wenn dieses Buch von der Hand handelt, geht es manchmal über sie hinaus – in Richtung Arm und auch anderer Körperteile.

Auf den ersten Blick sind alle Hände gleich …

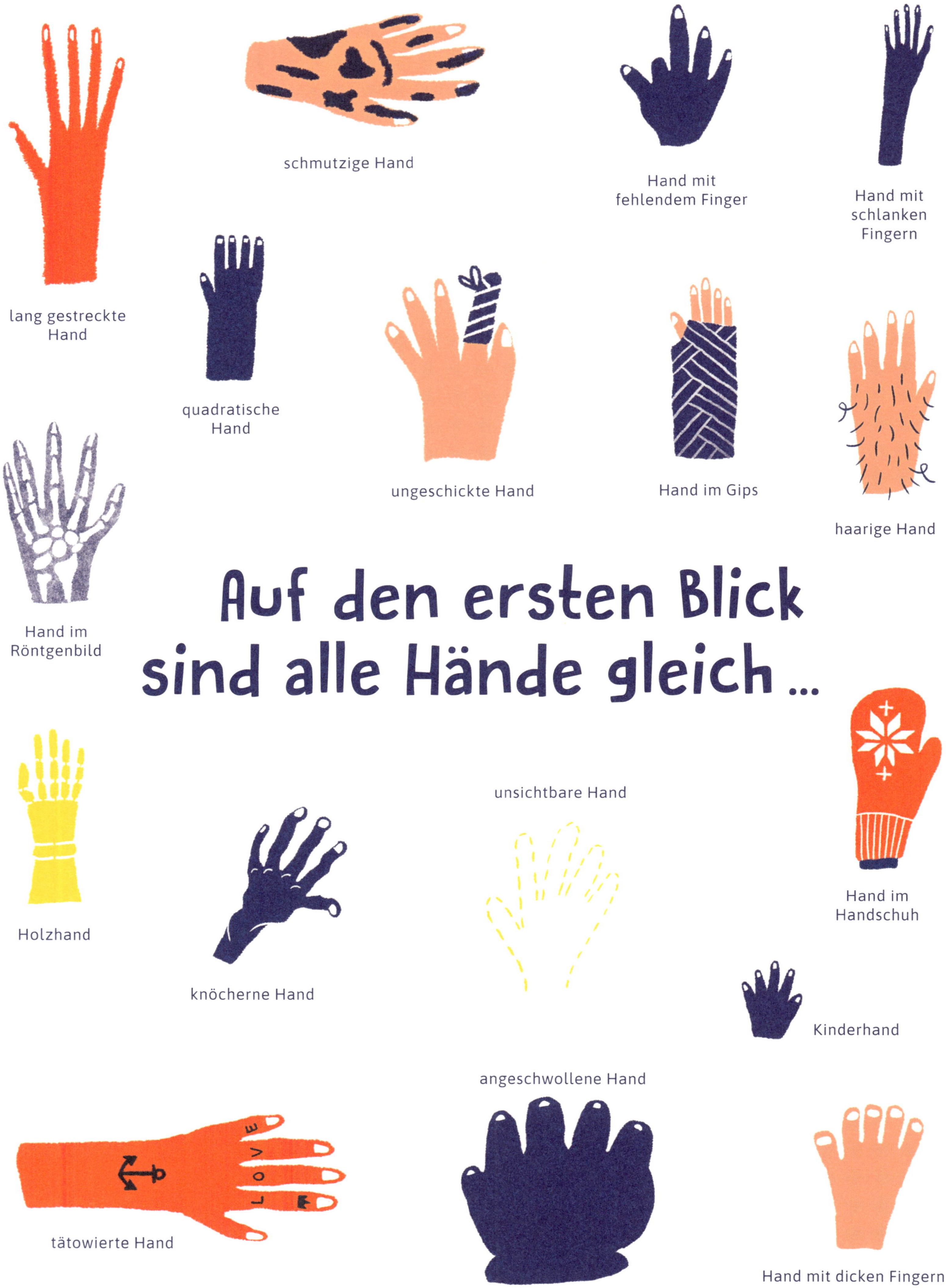

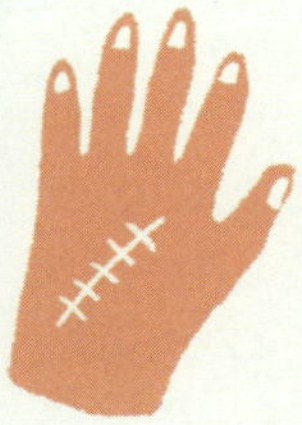

Hand mit Narbe

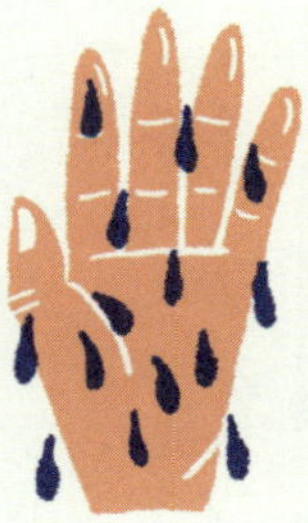

nasse Hand

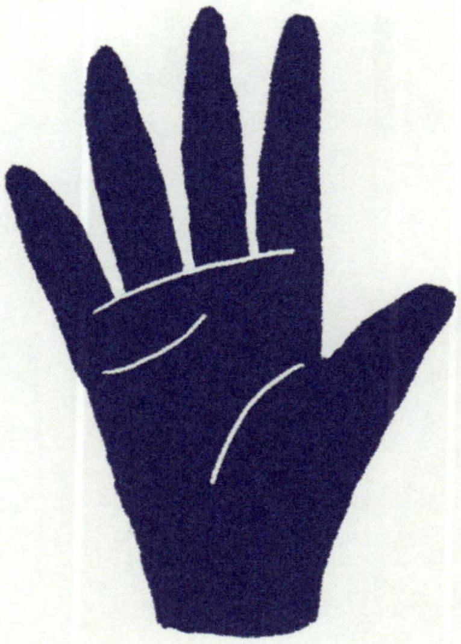

riesige Hand

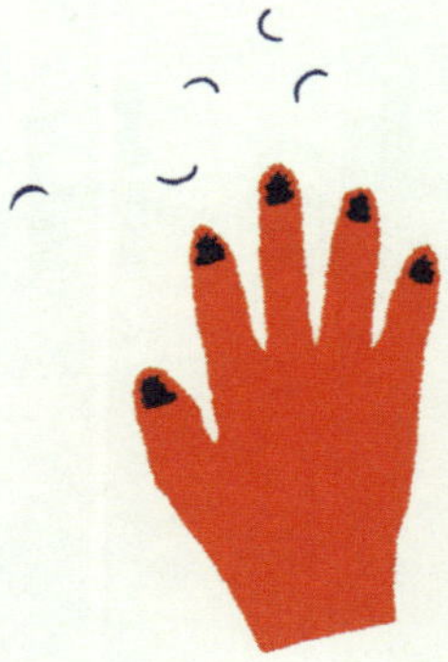

Hand mit abgekauten Nägeln

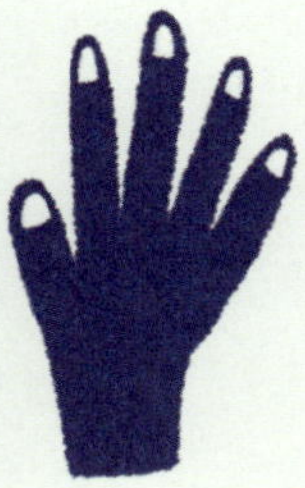

Erwachsenenhand

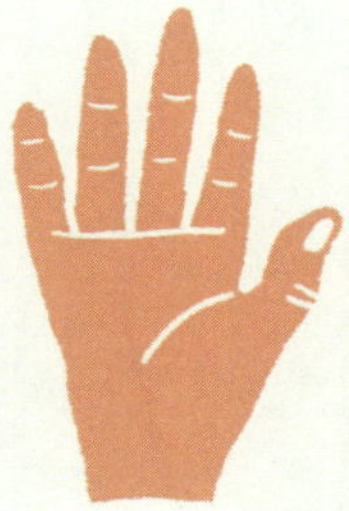

trockene Hand

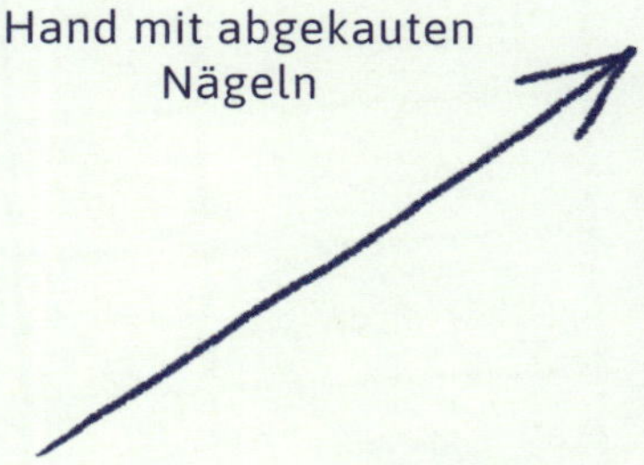

versteckte Hand

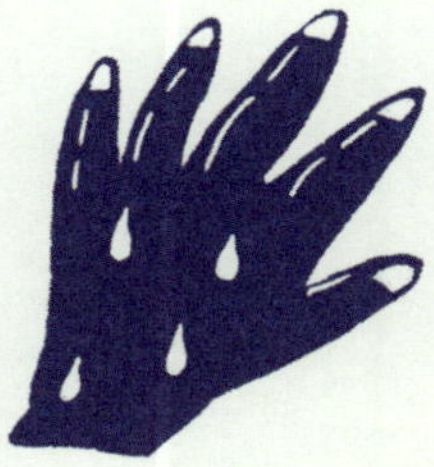

verschwitzte Hand

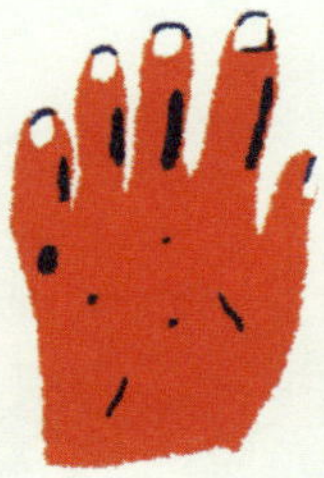

Hand nach einer Menge Arbeit

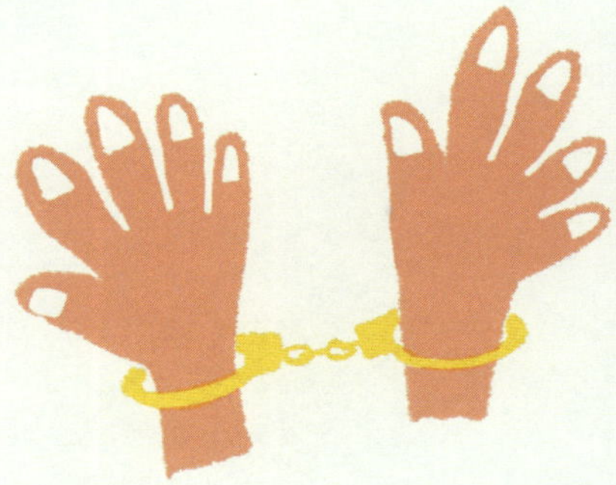

zusammengekettete Hände

Aber sind sie es wirklich?

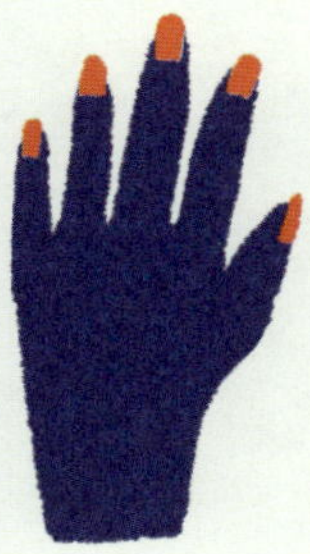

Hand mit lackierten Fingernägeln

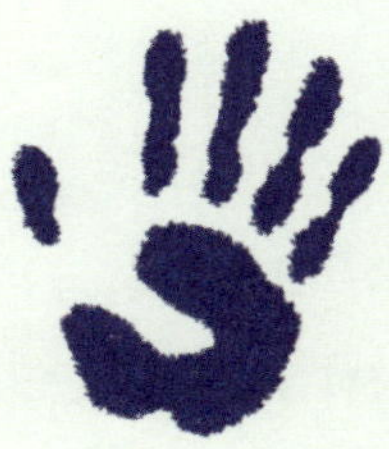

Handabdruck

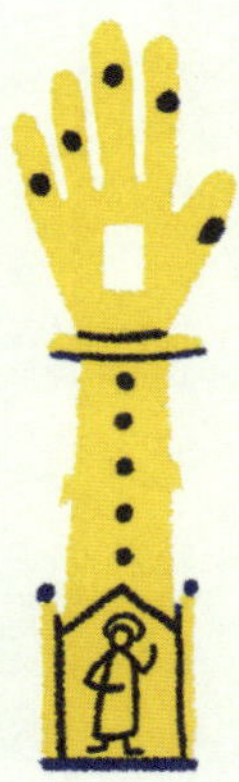

Handreliquiar

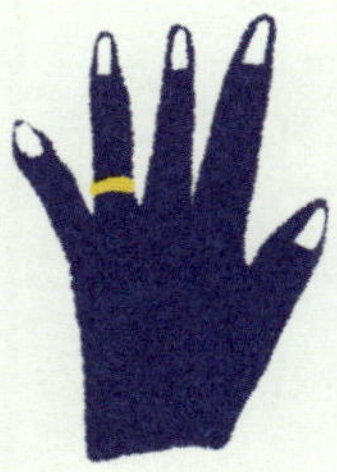

Hand mit Fingerring

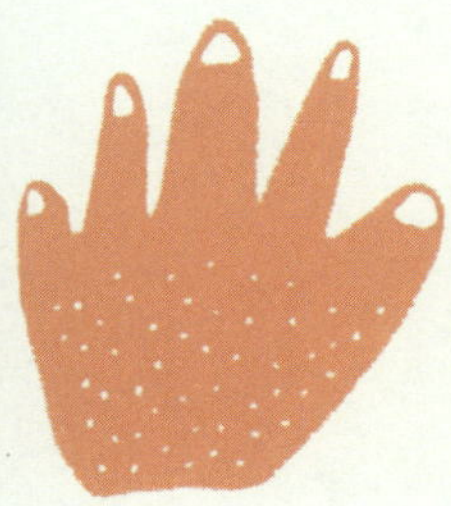

Hand mit Gänsehaut

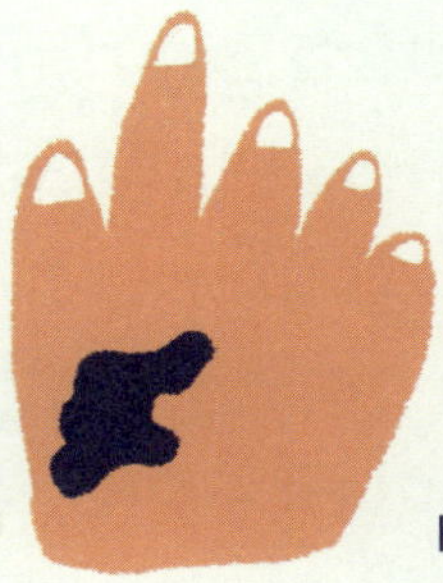

Hand mit blauem Fleck

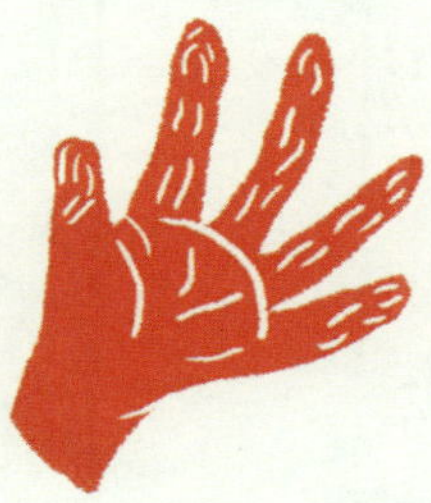

Hand, die lange im Wasser lag

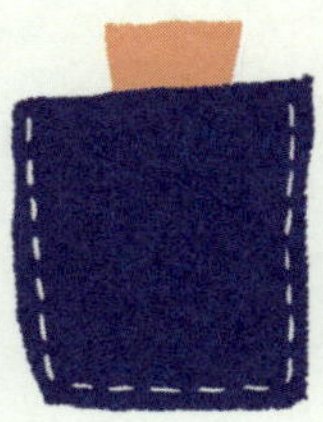

Hand in Hosentasche

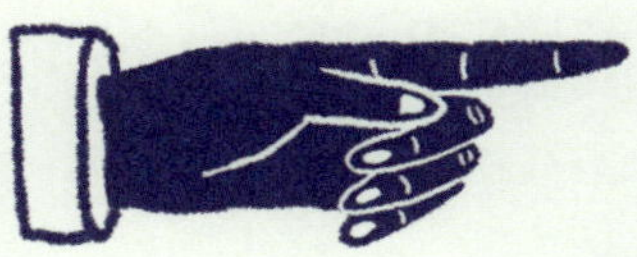

Wegweiserhand

Jede Hand ist einzigartig

NÄGEL
Jeder Finger wird am vorderen Ende von einem harten Nagel geschützt, der in einer Geschwindigkeit von etwa 2-3 Millimetern pro Monat wächst. Je älter wir werden, desto langsamer wachsen unsere Nägel. Wir müssen sie dann nicht mehr so häufig schneiden.

Hand	/
Finger	/////
Handfläche	/
Handgelenk	/

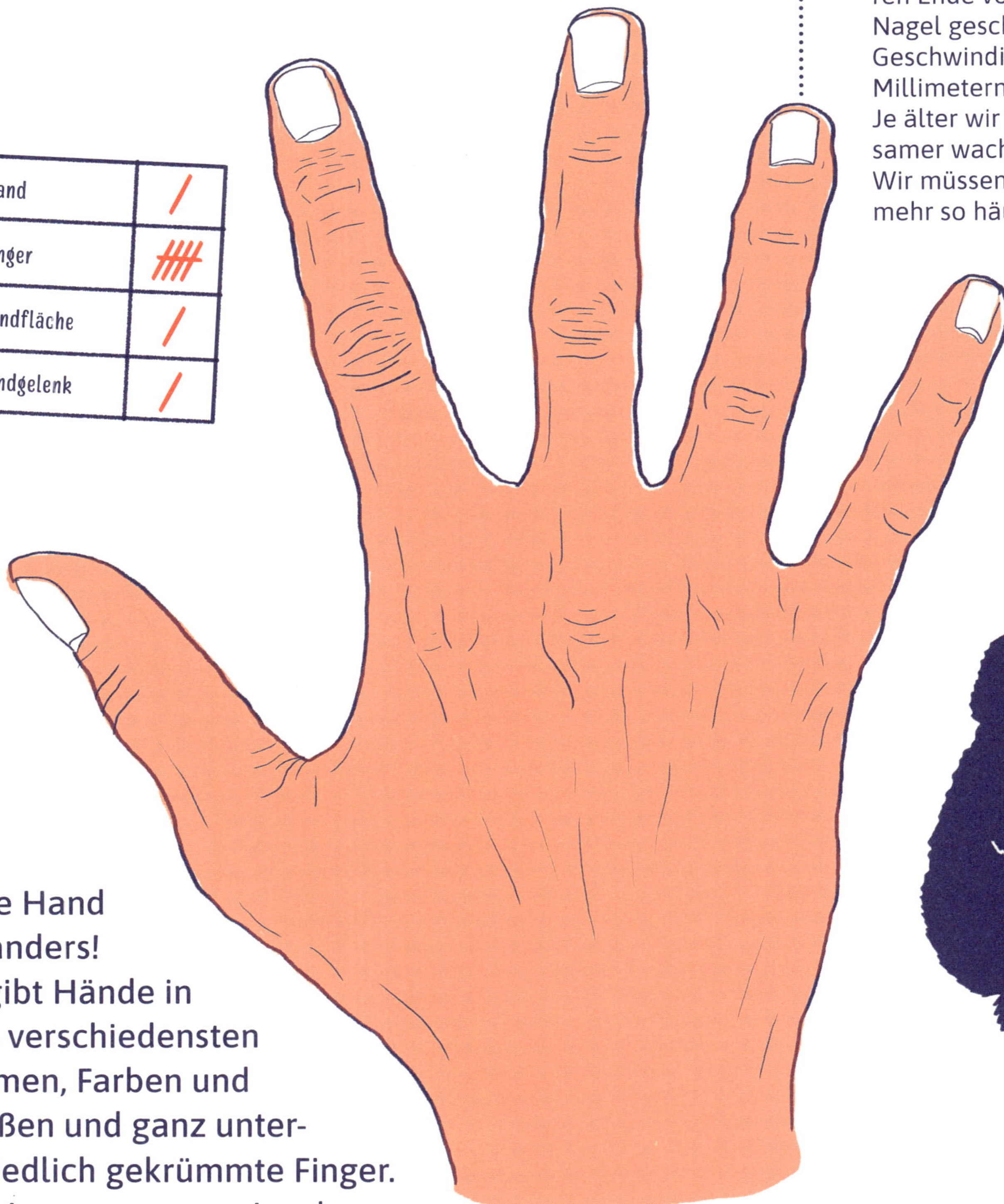

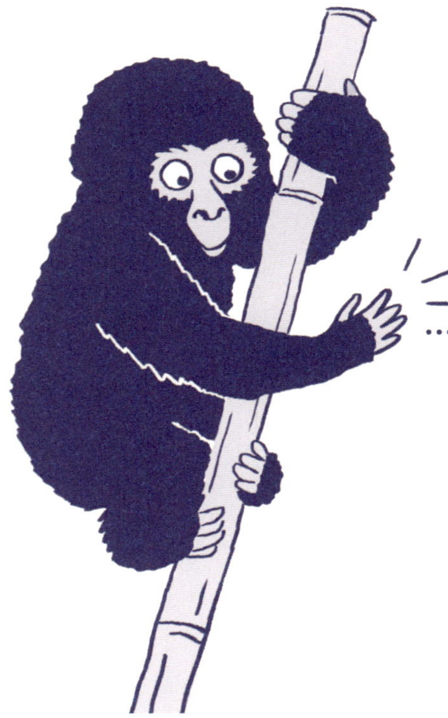

Jede Hand ist anders! Es gibt Hände in den verschiedensten Formen, Farben und Größen und ganz unterschiedlich gekrümmte Finger. Das Interessanteste ist aber leicht zu übersehen. Schau mal genau hin … Richtig, da sind Rillen und Linien – größere, kleinere, krumme und gerade. Sie heißen Papillarlinien, und sie sind äußerst wichtig. In ihnen verbirgt sich die Einzigartigkeit einer jeden Hand.

Nageltypen nach D. M. Koenner

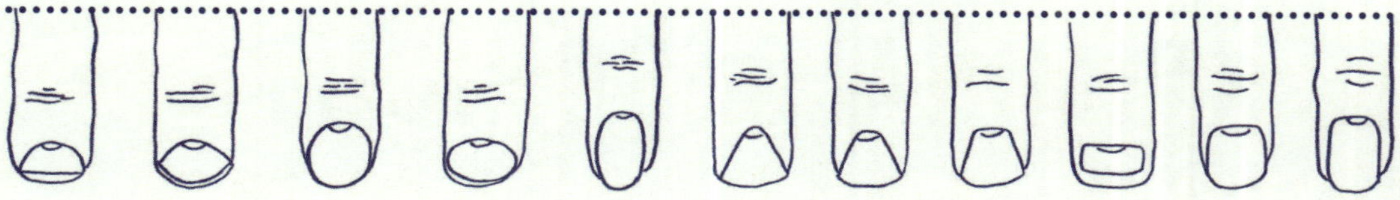

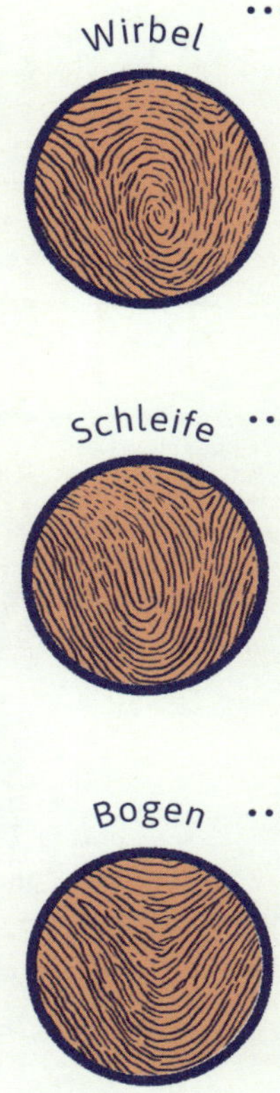

Siehe auch Schmuck und Pflege auf S. 64

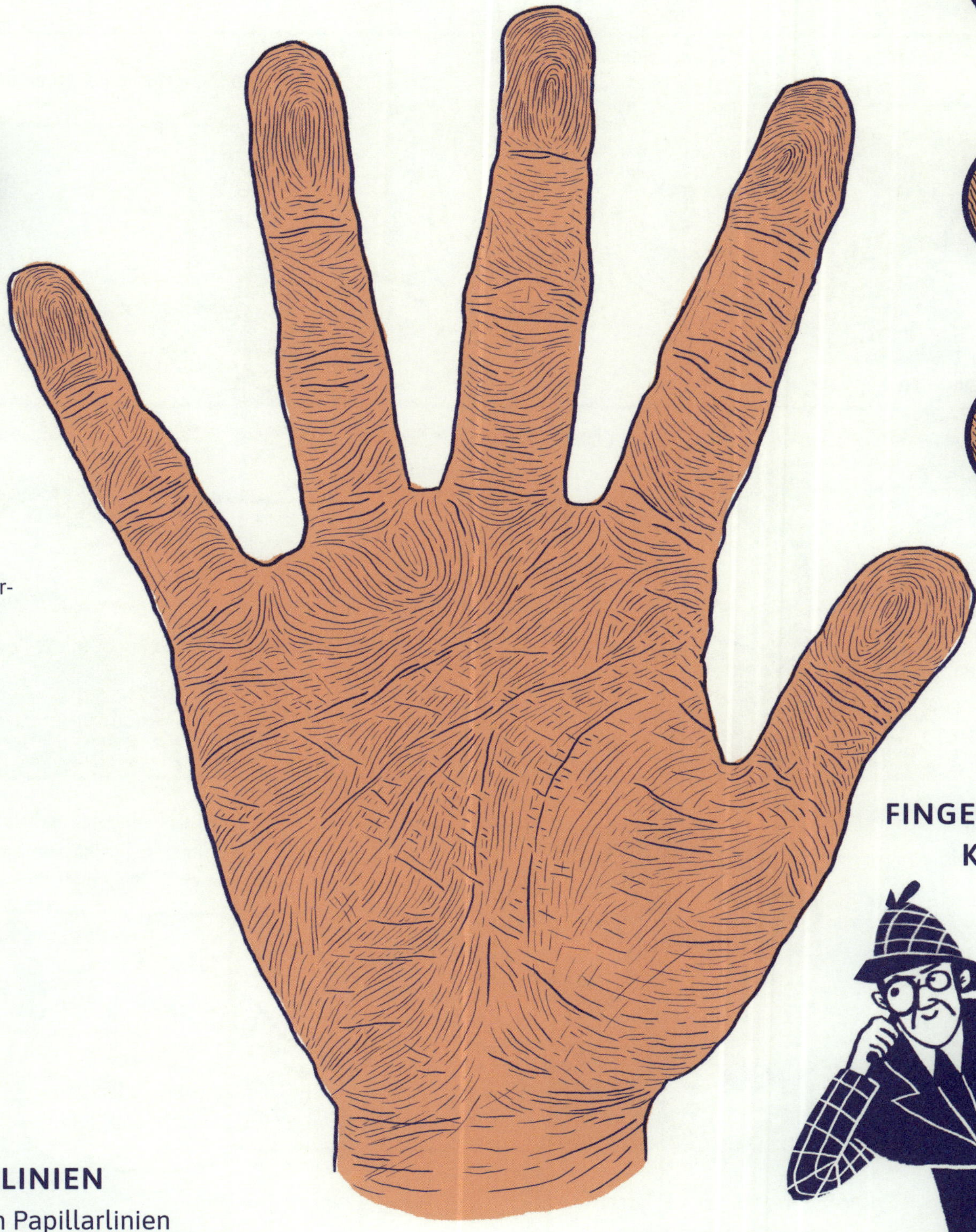

Auch Affen haben Papillarlinien.

DIE FINGERABDRUCK-KATEGORIEN

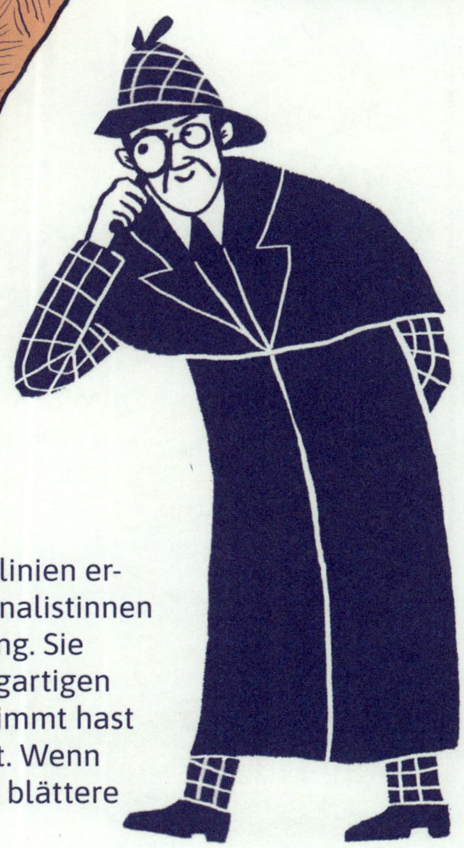

PAPILLARLINIEN

Die winzigen Papillarlinien bilden auf den Handflächen, Fingern und Fußsohlen komplizierte Muster. Sie bestehen aus sich überlagernden Bögen und Wirbeln, die man auf den ersten Blick kaum sieht. Nirgendwo auf der Welt haben zwei Menschen dasselbe Papillarmuster. Es bleibt ein Leben lang gleich und ist ein Identifikationsmerkmal.

DAKTYLOSKOPIE

So heißt die Wissenschaft, die die Papillarlinien erforscht. Vor allem Kriminalisten und Kriminalistinnen verwenden sie zur Verbrechensbekämpfung. Sie identifizieren Personen anhand ihrer einzigartigen und unveränderlichen Papillarlinien. Bestimmt hast du schon mal von Fingerabdrücken gehört. Wenn nicht, dann blättere um. Wenn doch, dann blättere auch um.

KLEINE KRIMINALGESCHICHTE

Daktyloskopie

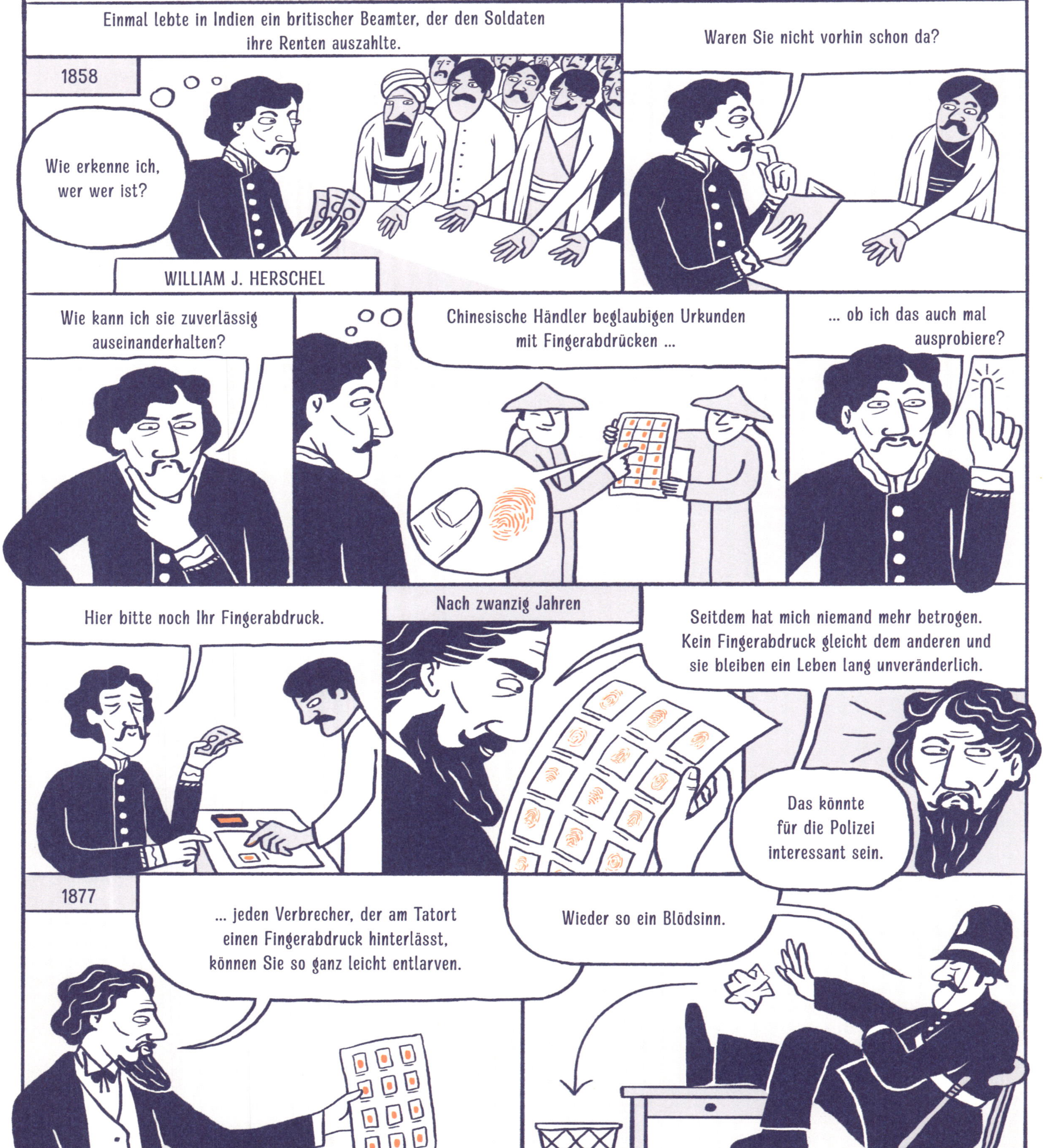

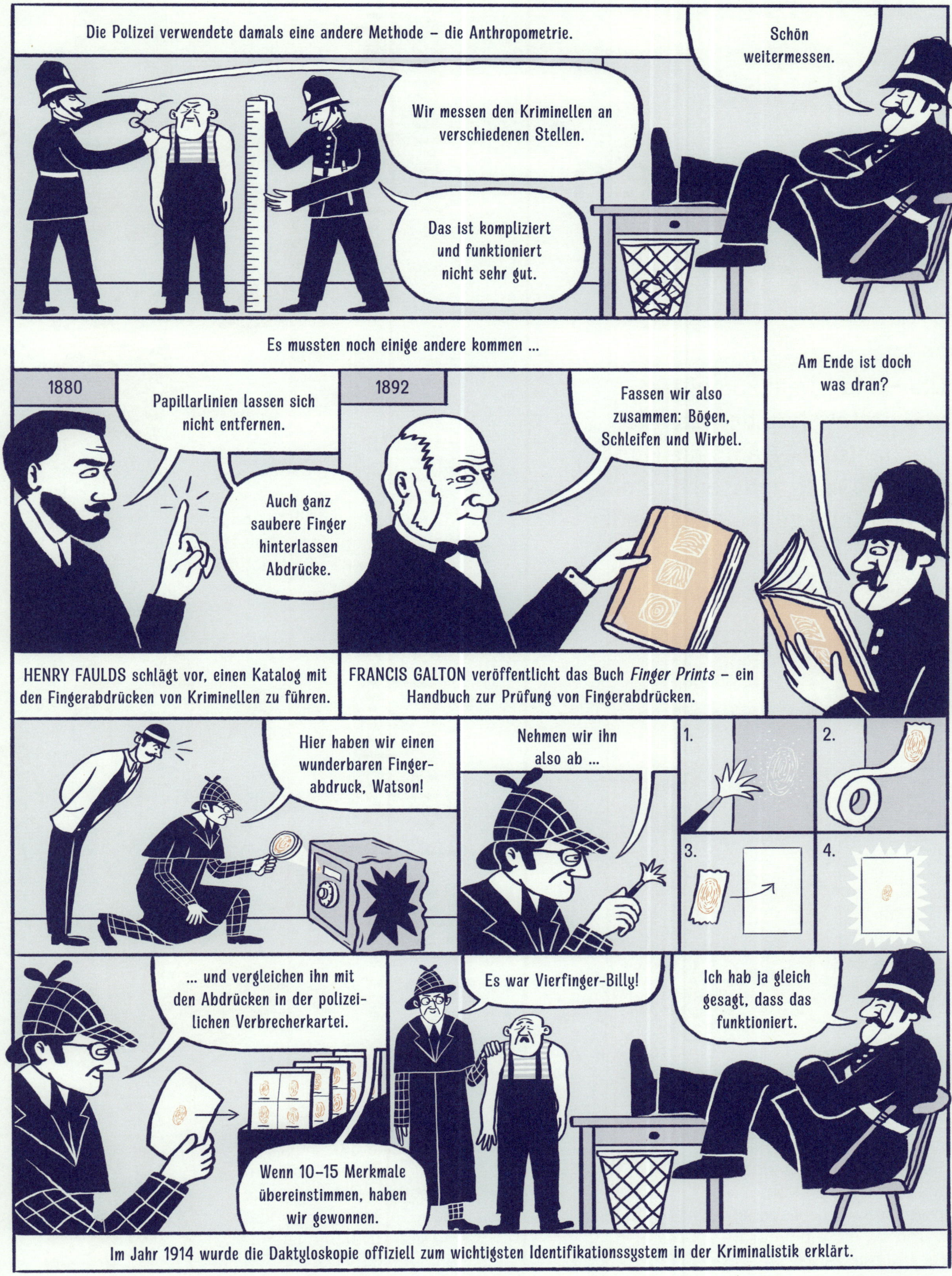

Die Polizei verwendete damals eine andere Methode – die Anthropometrie.
Wir messen den Kriminellen an verschiedenen Stellen.
Das ist kompliziert und funktioniert nicht sehr gut.
Schön weitermessen.
Es mussten noch einige andere kommen ...
1880
Papillarlinien lassen sich nicht entfernen.
Auch ganz saubere Finger hinterlassen Abdrücke.
HENRY FAULDS schlägt vor, einen Katalog mit den Fingerabdrücken von Kriminellen zu führen.
1892
Fassen wir also zusammen: Bögen, Schleifen und Wirbel.
FRANCIS GALTON veröffentlicht das Buch *Finger Prints* – ein Handbuch zur Prüfung von Fingerabdrücken.
Am Ende ist doch was dran?
Hier haben wir einen wunderbaren Fingerabdruck, Watson!
Nehmen wir ihn also ab ...
1.
2.
3.
4.
... und vergleichen ihn mit den Abdrücken in der polizeilichen Verbrecherkartei.
Wenn 10–15 Merkmale übereinstimmen, haben wir gewonnen.
Es war Vierfinger-Billy!
Ich hab ja gleich gesagt, dass das funktioniert.
Im Jahr 1914 wurde die Daktyloskopie offiziell zum wichtigsten Identifikationssystem in der Kriminalistik erklärt.

Im Inneren der Hand

Die Hand ist ein komplexer und perfekt funktionierender Mechanismus. Damit die Hand handeln kann, müssen ihre einzelnen Teile genau aufeinander abgestimmt sein. Welche sind das?

Gelenke und Bänder

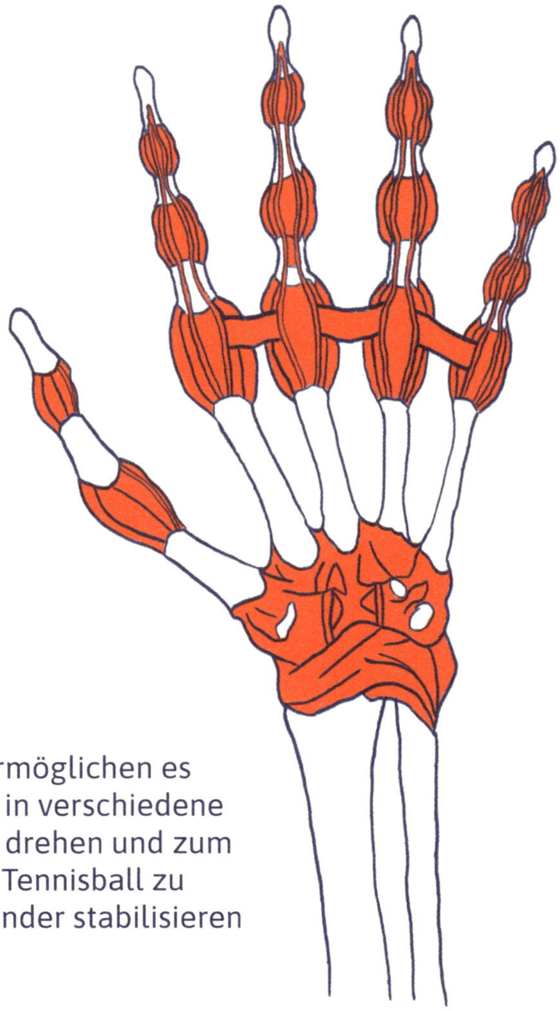

BIEGEN

Die Gelenke ermöglichen es der Hand, sich in verschiedene Richtungen zu drehen und zum Beispiel einen Tennisball zu fangen. Die Bänder stabilisieren die Gelenke.

Knochen

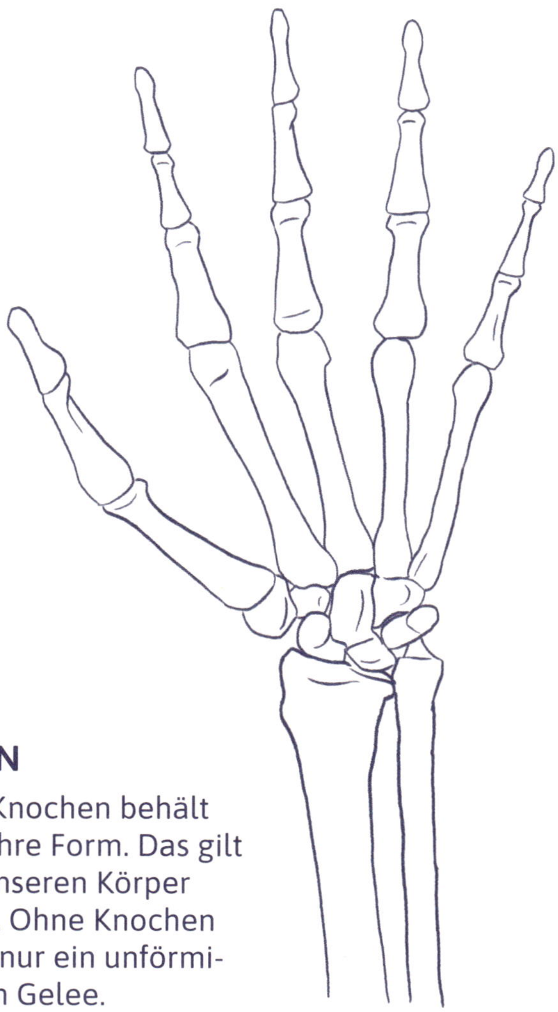

STÜTZEN

Dank der Knochen behält die Hand ihre Form. Das gilt auch für unseren Körper insgesamt. Ohne Knochen wären wir nur ein unförmiger Haufen Gelee.

Muskeln und Sehnen

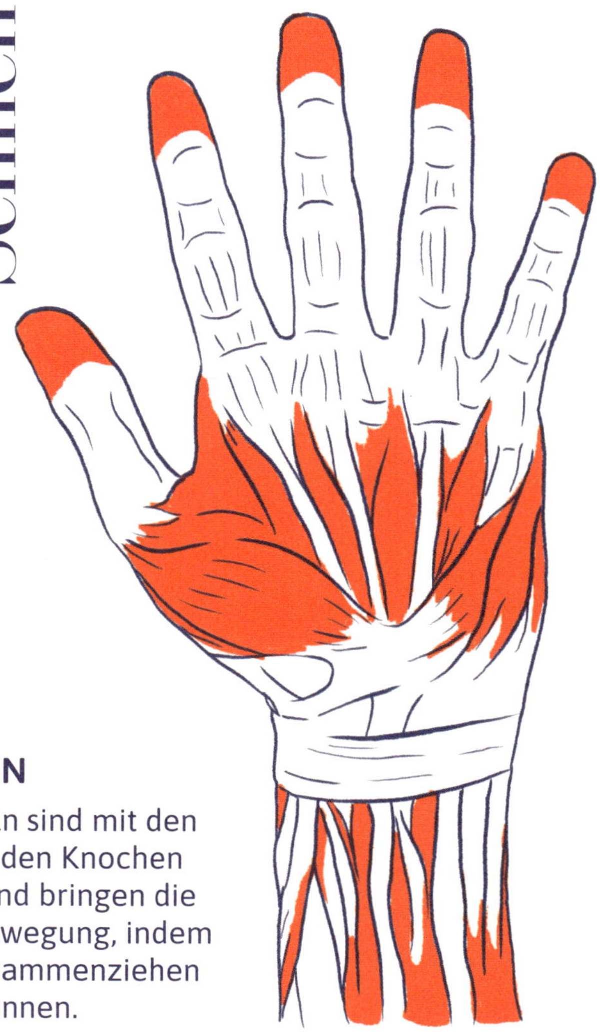

BEWEGEN

Die Muskeln sind mit den Sehnen an den Knochen befestigt und bringen die Hand in Bewegung, indem sie sich zusammenziehen und entspannen.

Adern

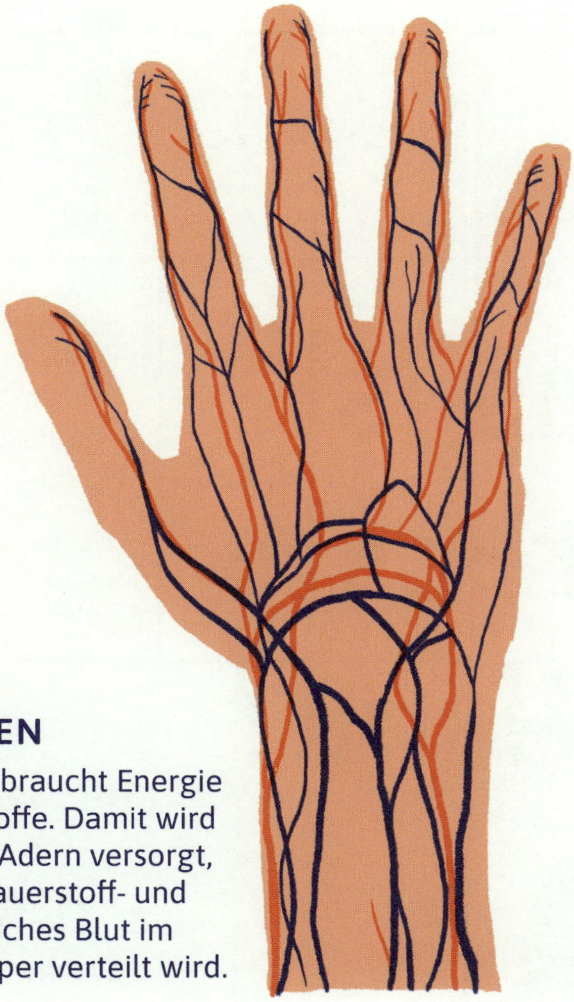

ERNÄHREN

Der Körper braucht Energie und Nährstoffe. Damit wird er über die Adern versorgt, durch die sauerstoff- und nährstoffreiches Blut im ganzen Körper verteilt wird.

Haut

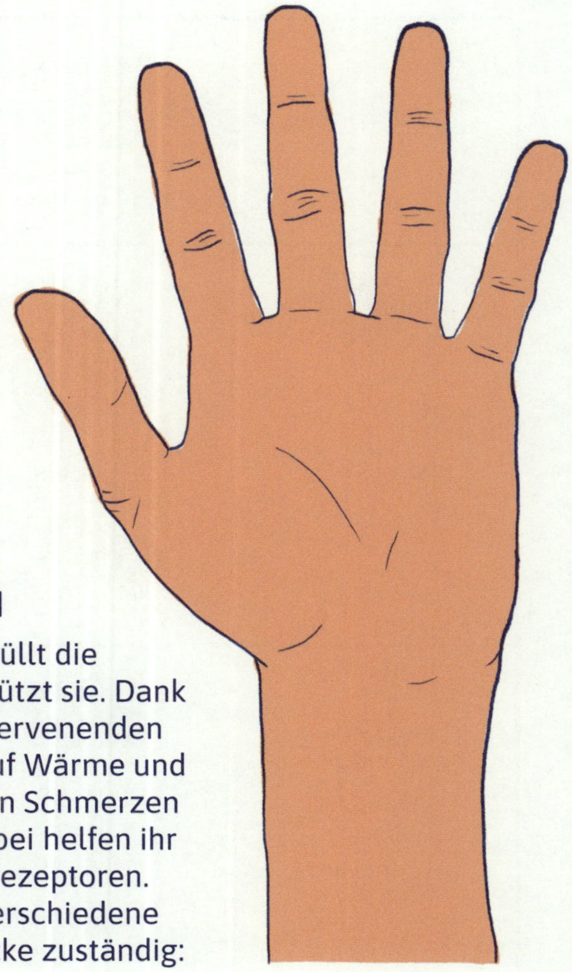

SCHÜTZEN

Die Haut umhüllt die Hand und schützt sie. Dank zahlreicher Nervenenden reagiert sie auf Wärme und Kälte und kann Schmerzen erkennen. Dabei helfen ihr auch die Tastrezeptoren. Die sind für verschiedene Sinneseindrücke zuständig:

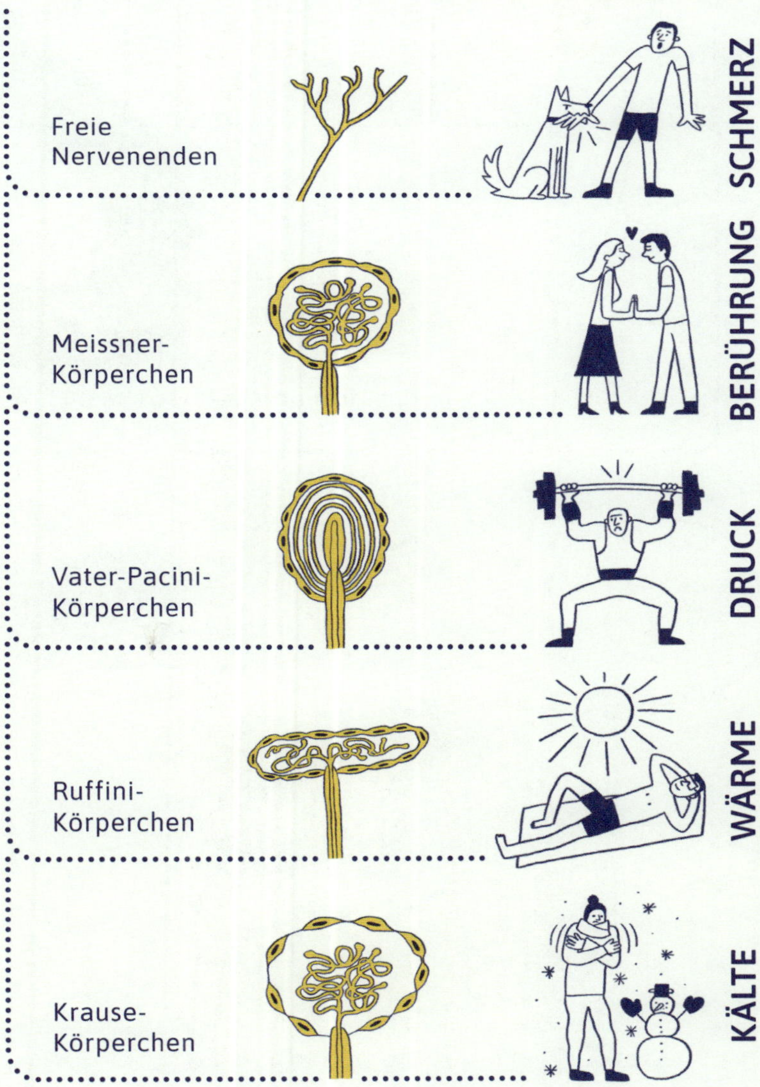

Nerven

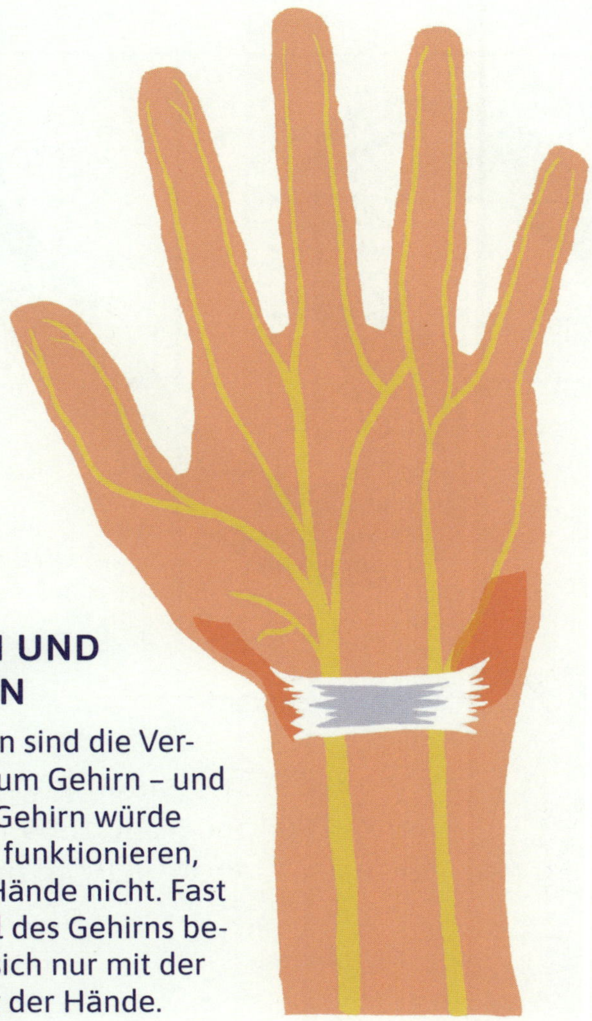

FÜHLEN UND STEUERN

Die Nerven sind die Verbindung zum Gehirn – und ohne das Gehirn würde gar nichts funktionieren, auch die Hände nicht. Fast ein Viertel des Gehirns beschäftigt sich nur mit der Steuerung der Hände.

Und was ist
das Allerbeste
an der Hand?

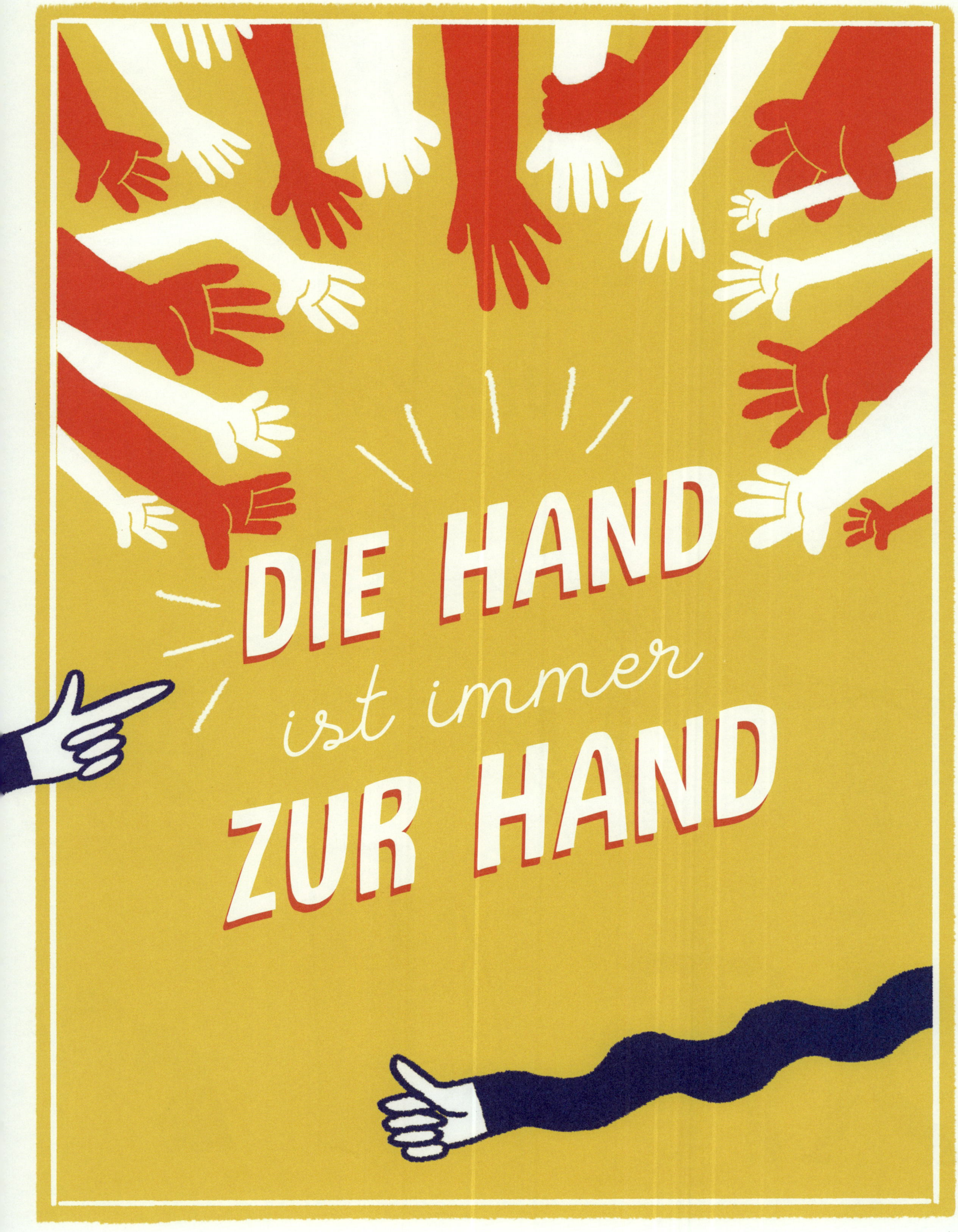
DIE HAND
ist immer
ZUR HAND

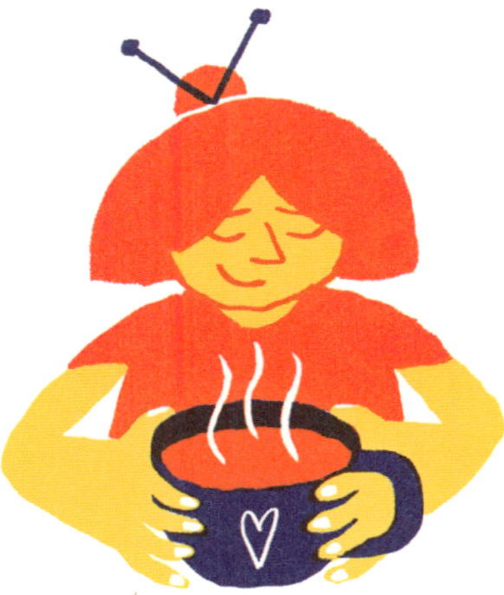

eine große Tasse
Tee halten

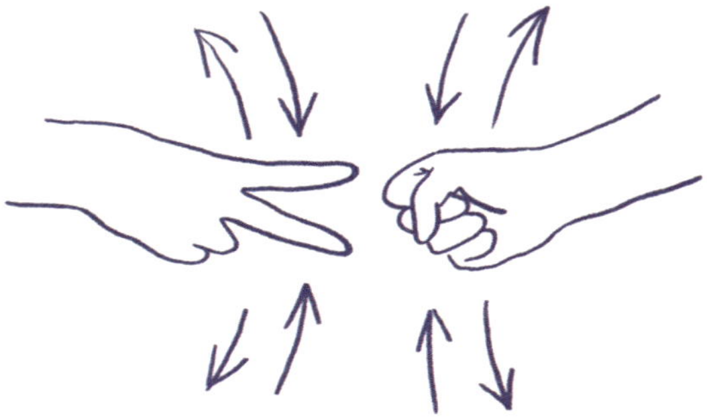

Schere, Stein,
Papier spielen

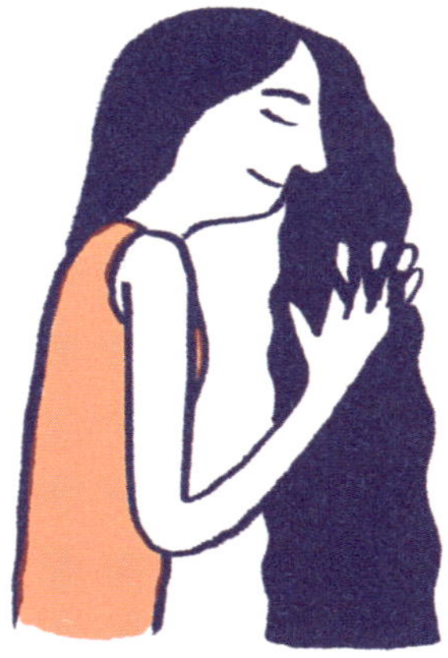

Haare kämmen

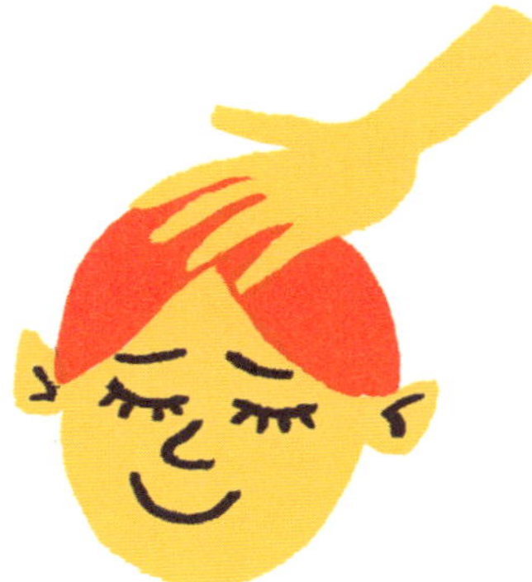

streicheln

Was kann

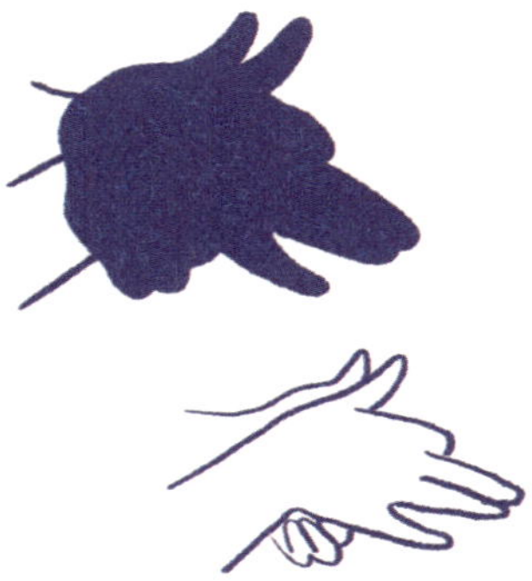

sich in einen
Wolf verwandeln

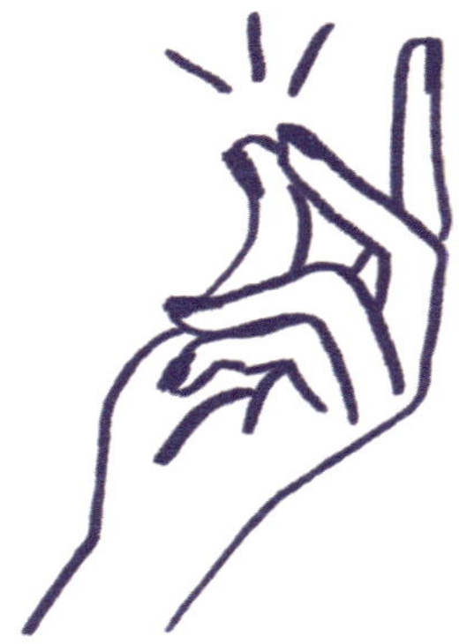

schnipsen

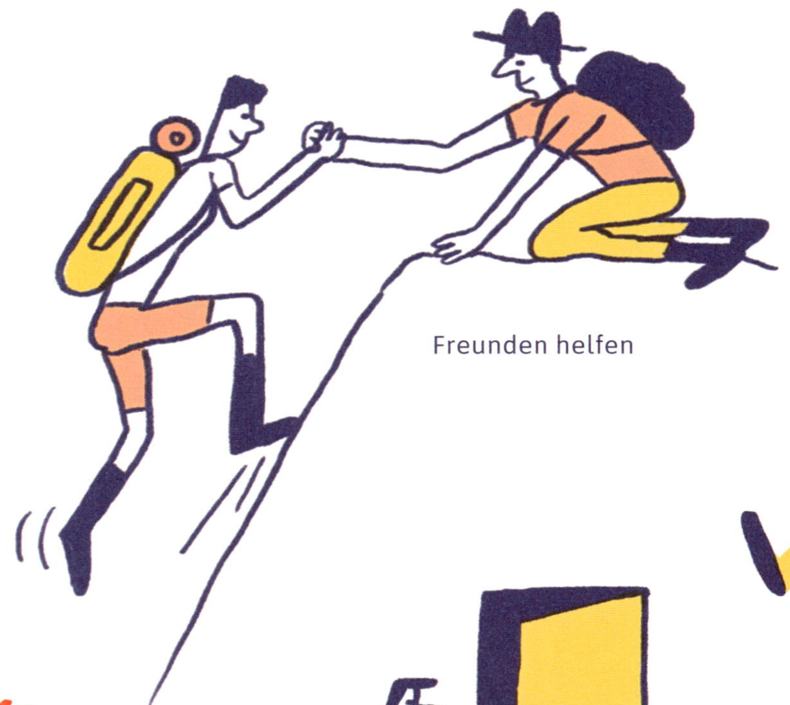

Freunden helfen

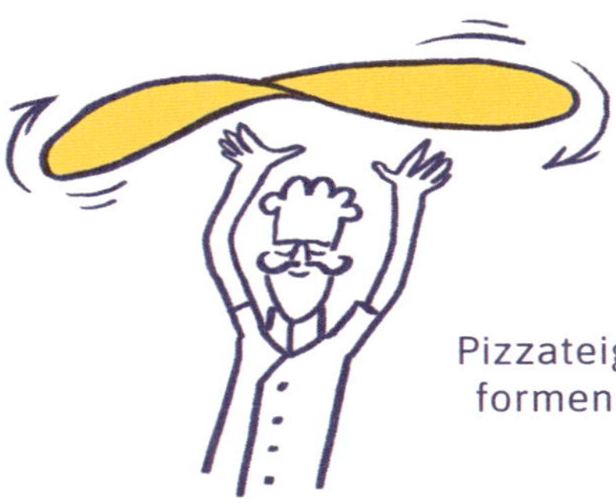

Pizzateig
formen

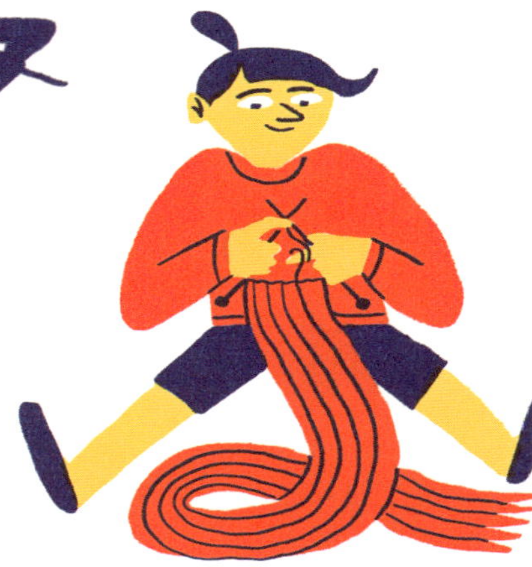

stricken

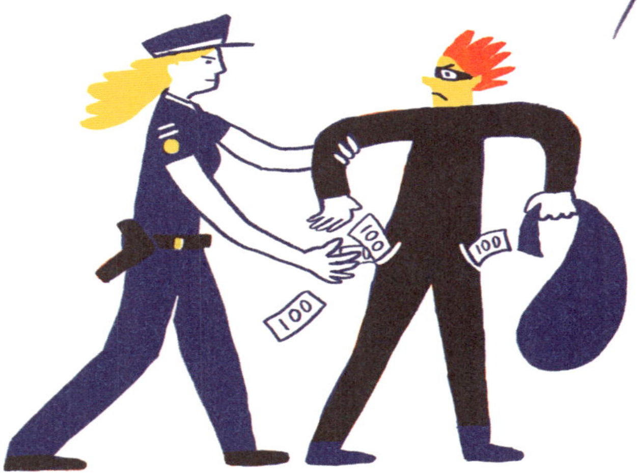

einen Dieb fangen stehlen

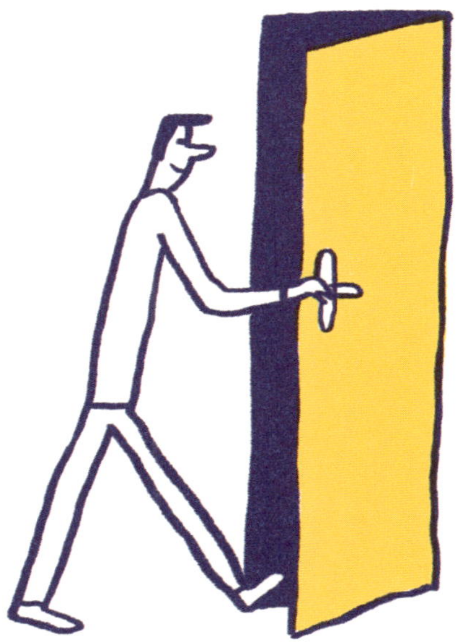

Türen öffnen

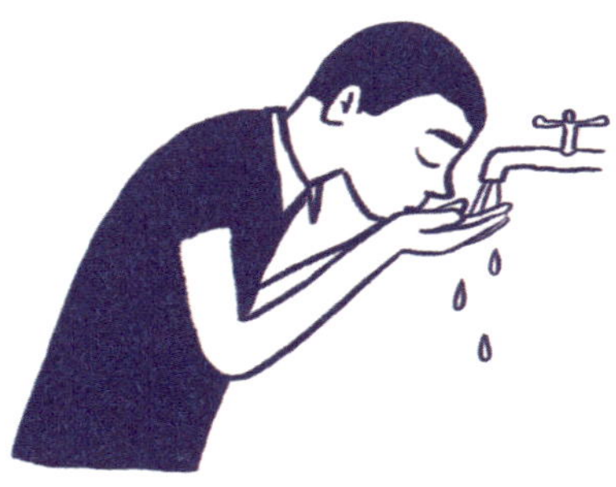

ein Trinkglas ersetzen

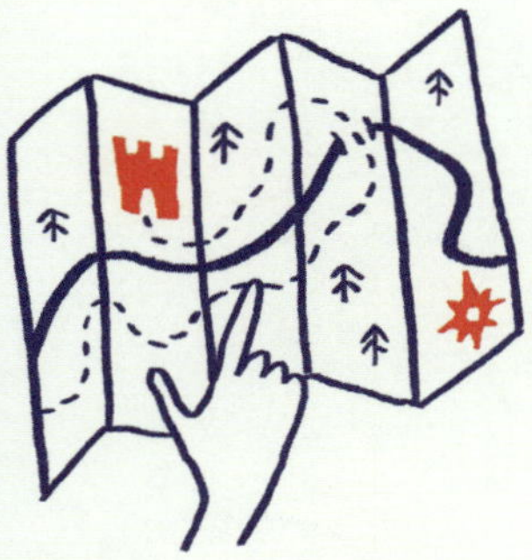

mit dem Finger auf der Landkarte reisen

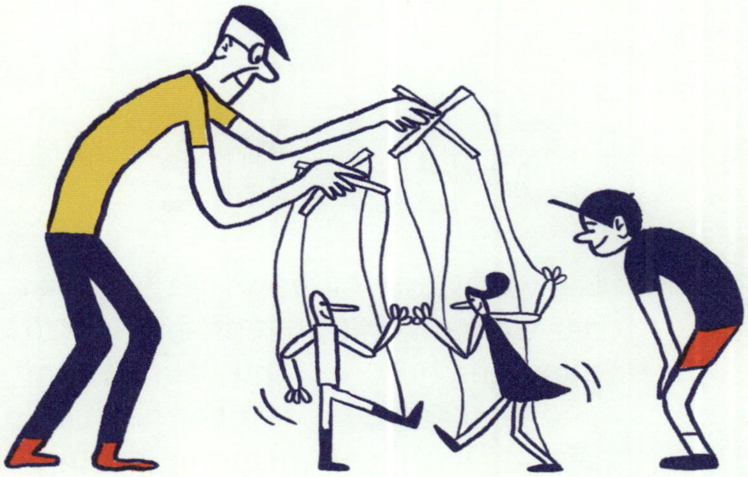

Theater spielen

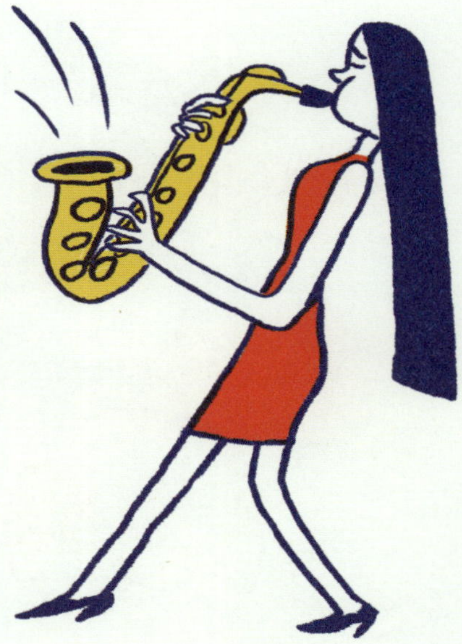

Saxofon spielen

die menschliche Hand?

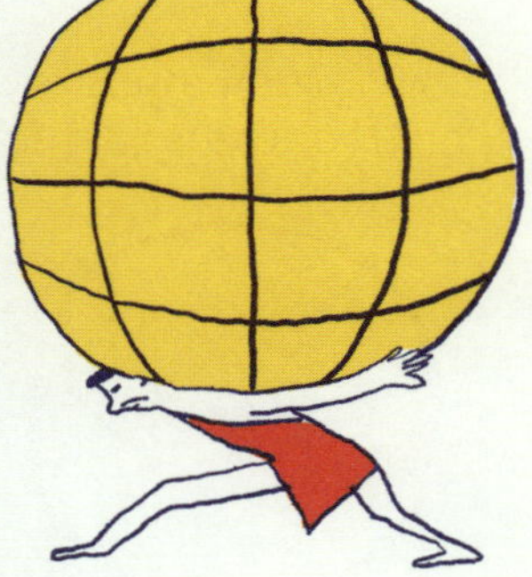

das Himmelsgewölbe halten

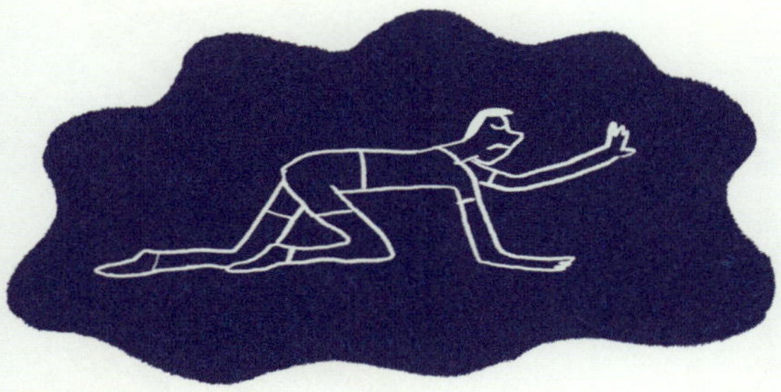

im Dunkeln den Weg finden

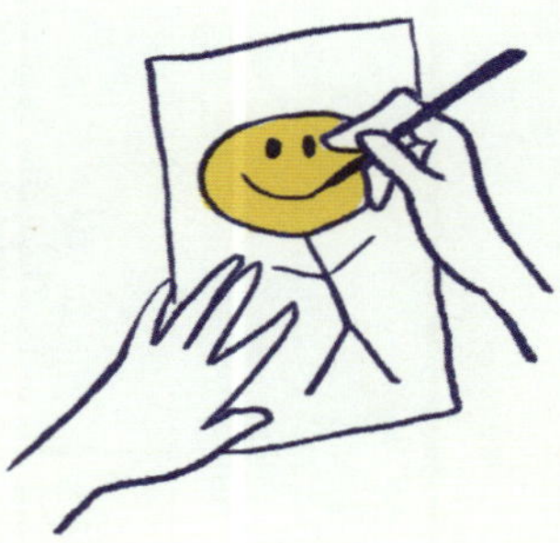

malen

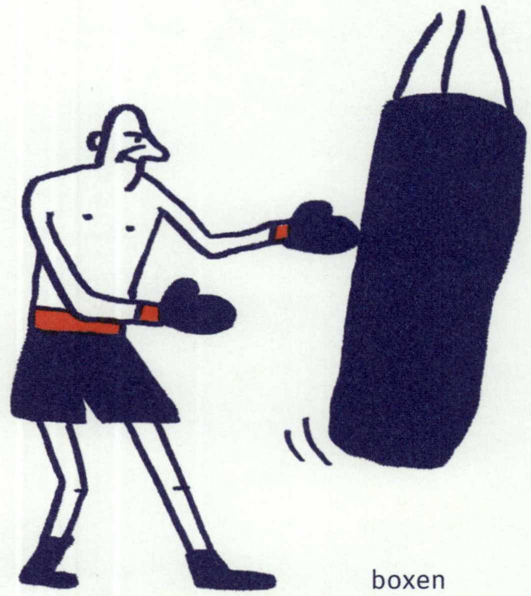

boxen

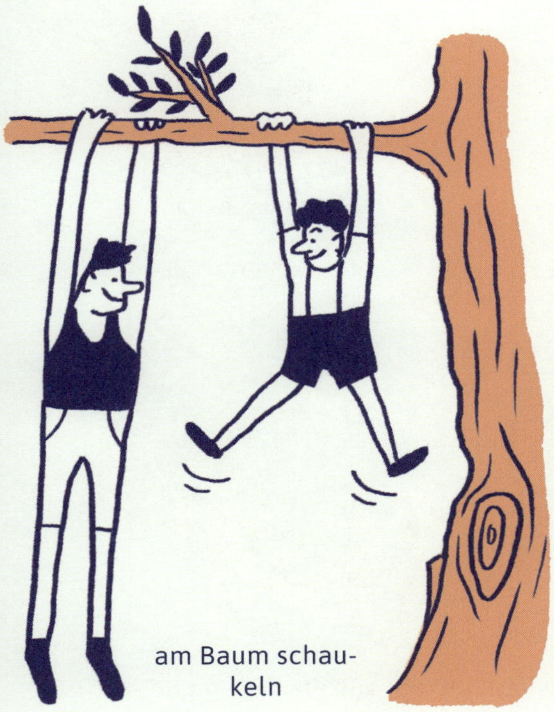

am Baum schaukeln

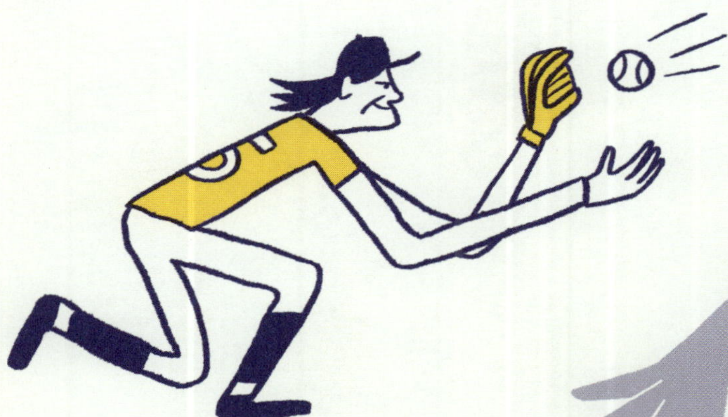

Bälle fangen

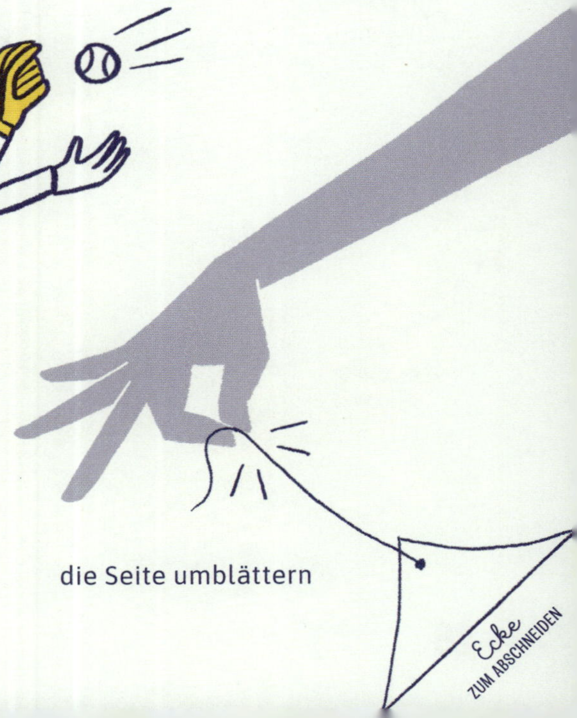

die Seite umblättern

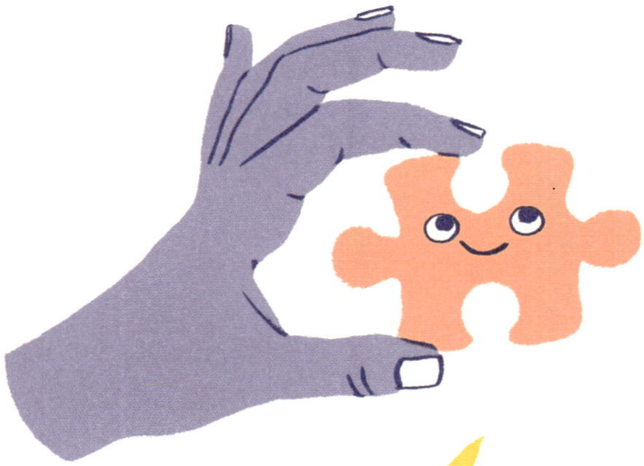

Sie hält

Die wichtigste Aufgabe der Hand ist der Umgang mit Gegenständen. Wir benutzen unsere Hände permanent und denken kaum darüber nach. Wir können mit ihnen nicht nur kräftig greifen, sondern auch winzig kleine Dinge handhaben.

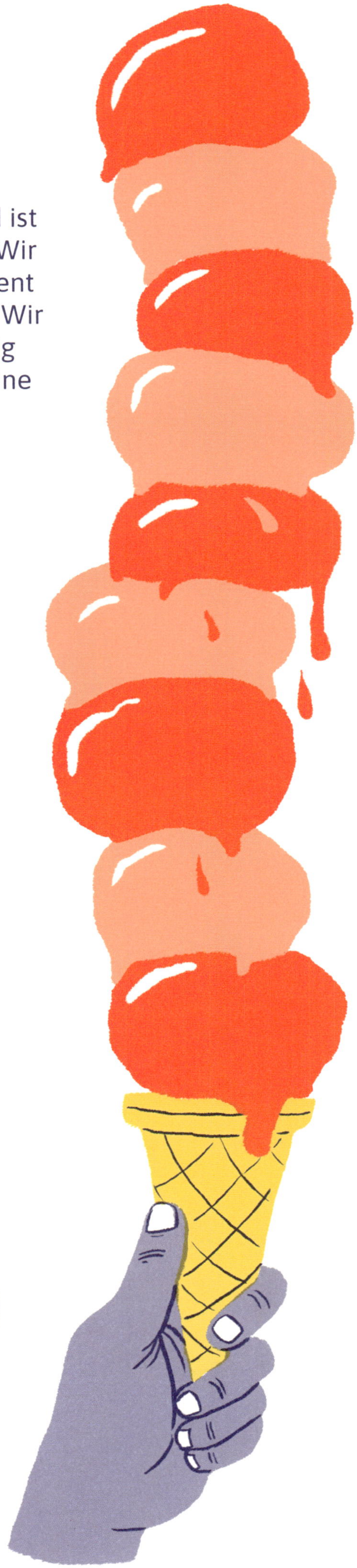

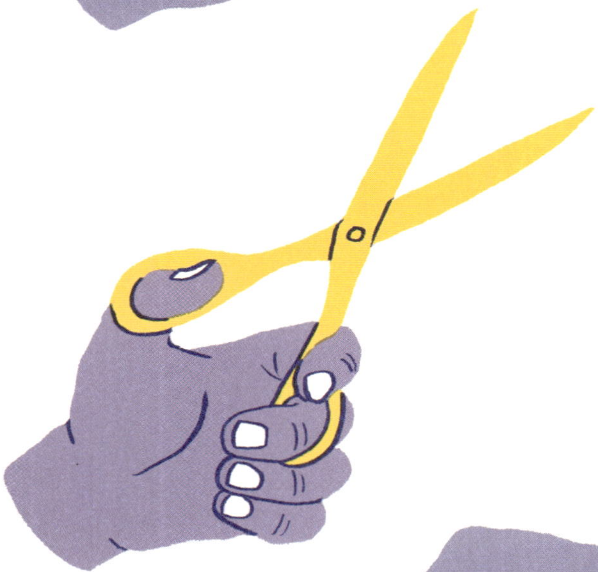

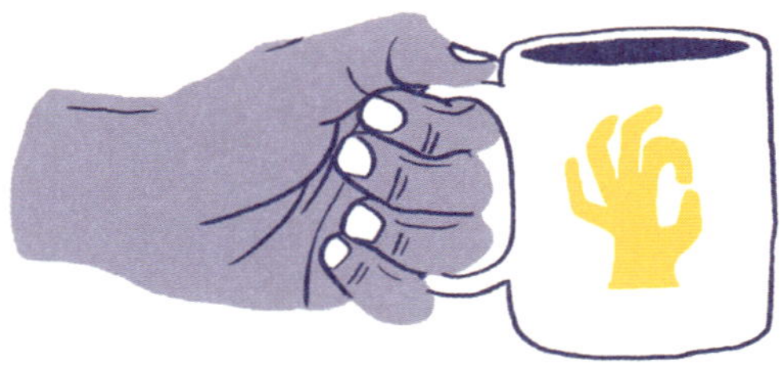

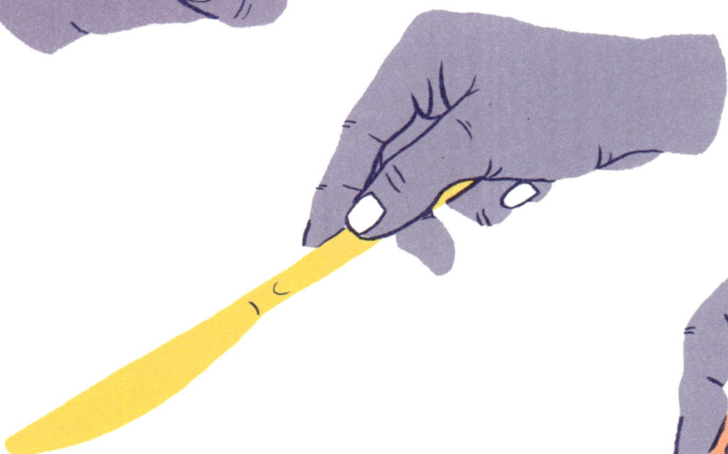

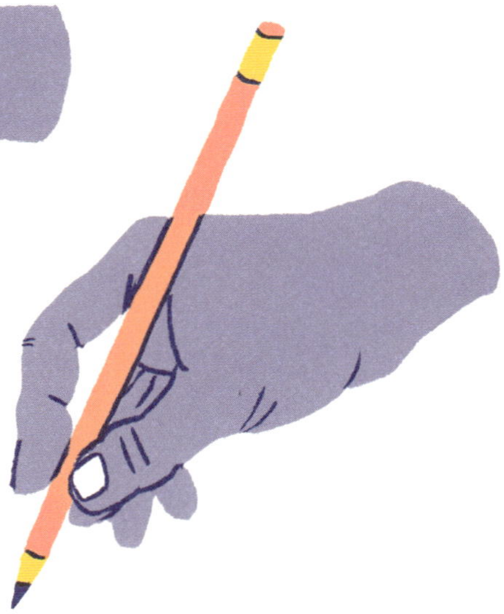

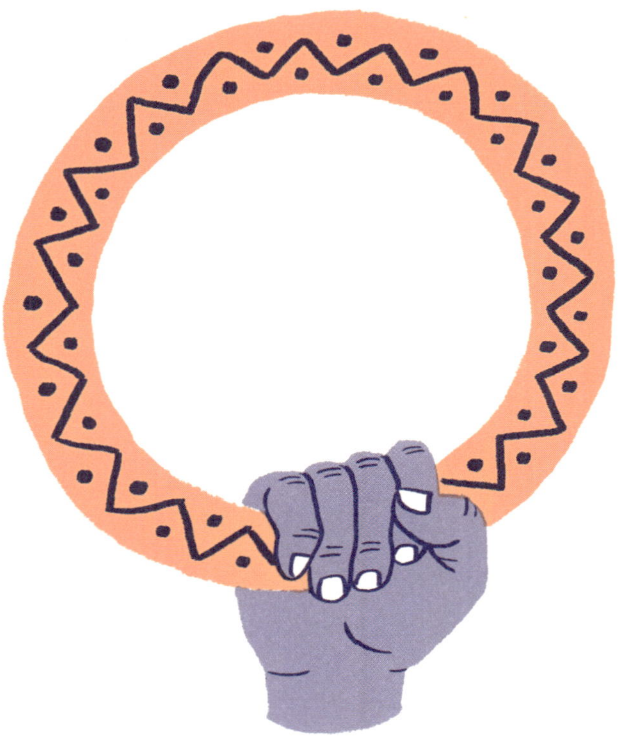

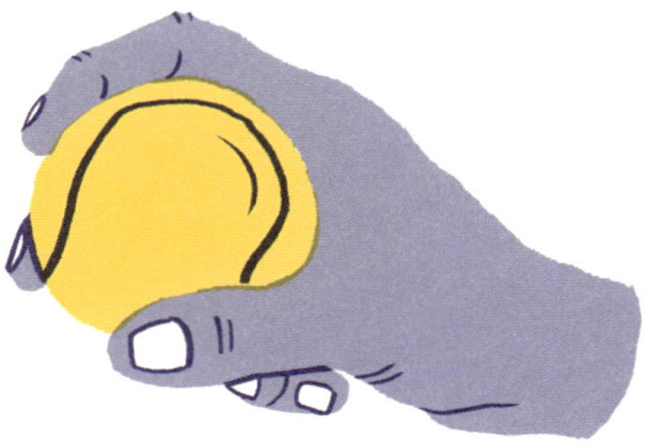

Wir halten jede Sache anders, je nachdem, wie schwer, groß oder zerbrechlich sie ist und wozu wir sie brauchen.

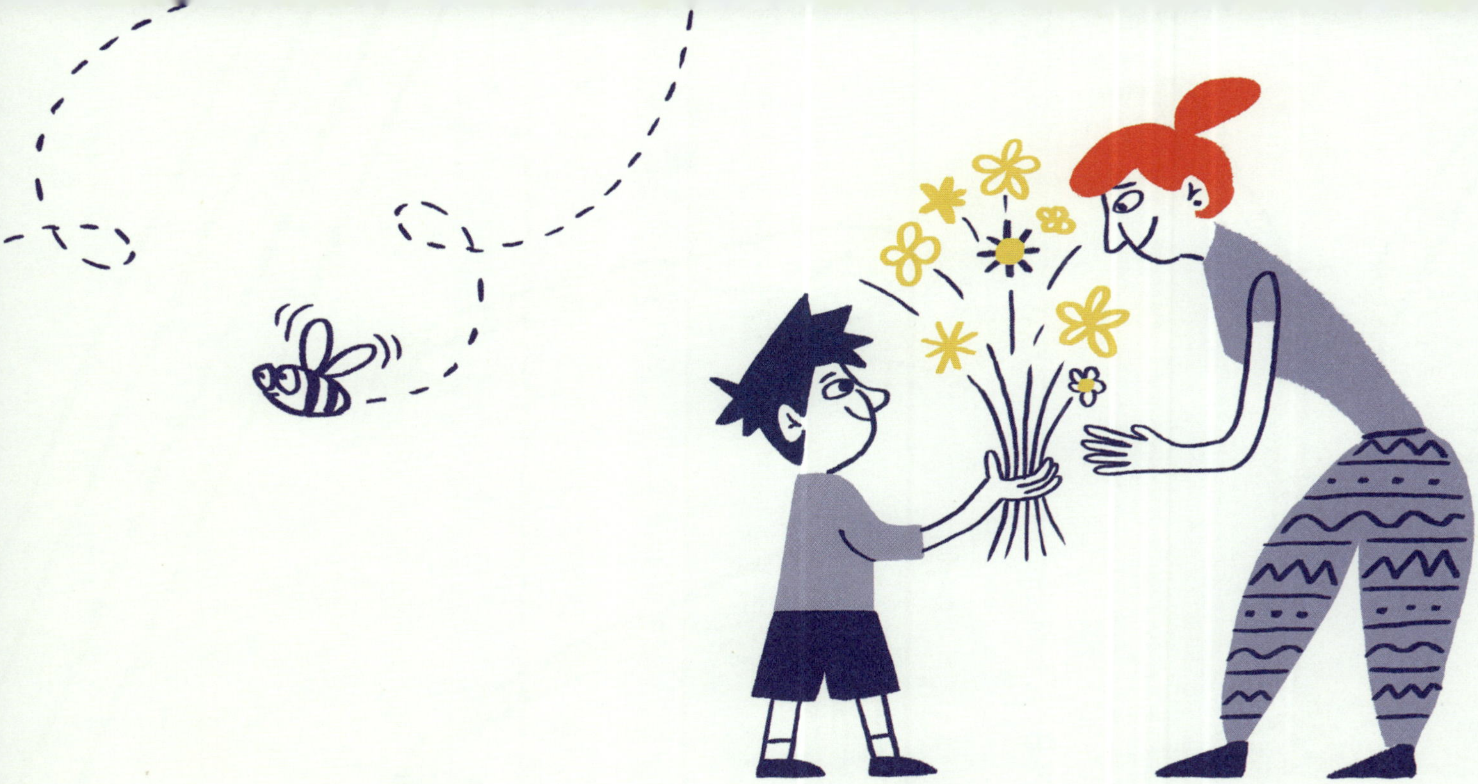

gibt & kooperiert

Kannst du einen schweren Topf Suppe mit einer Hand tragen oder die Schnürsenkel mit einer Hand zubinden? Das geht nicht so gut. Für manche Tätigkeiten brauchen wir einfach beide Hände.

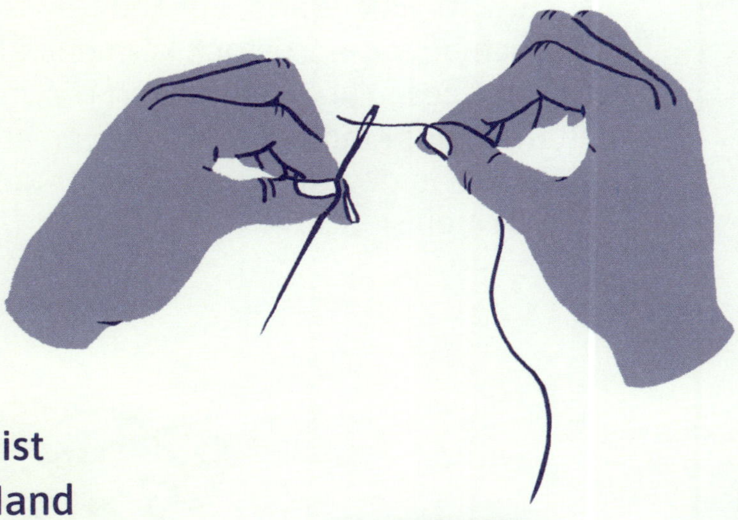

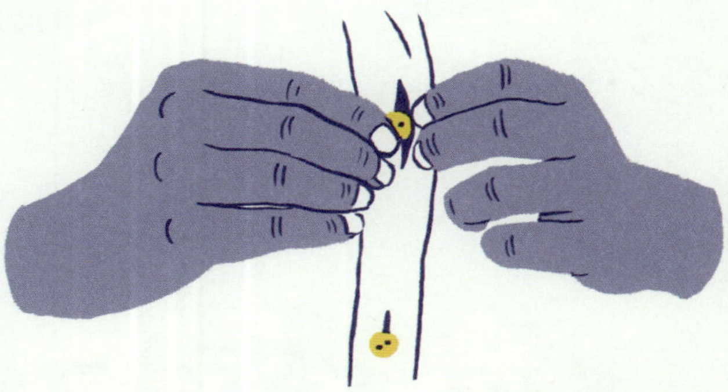

Wann ist eine Hand zu wenig?

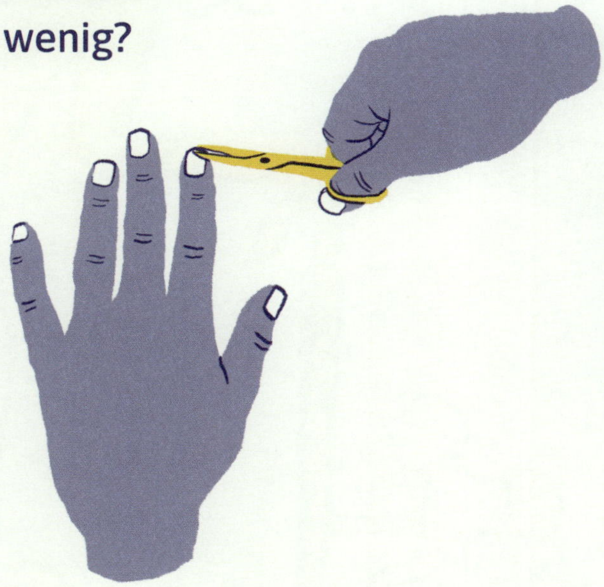

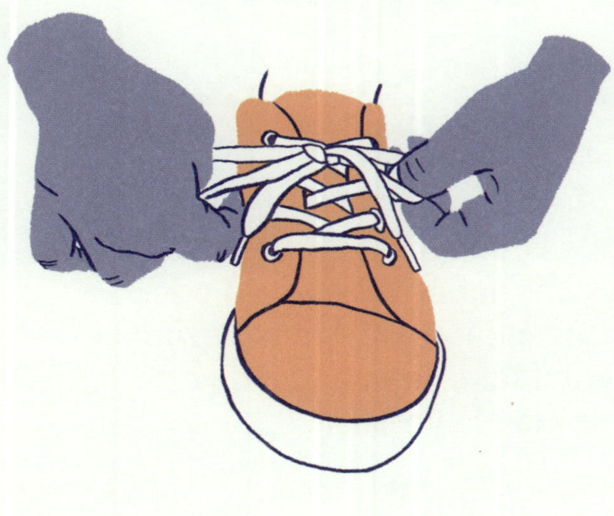

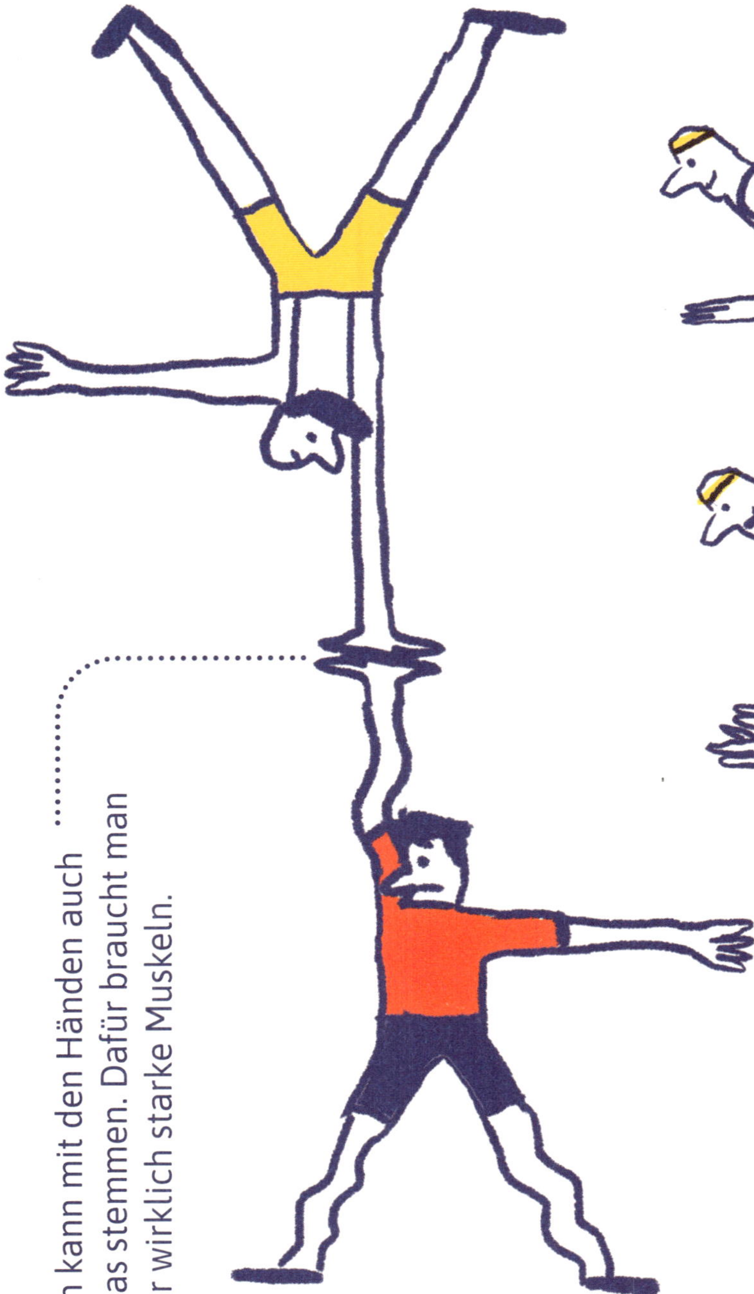

Man kann mit den Händen auch etwas stemmen. Dafür braucht man aber wirklich starke Muskeln.

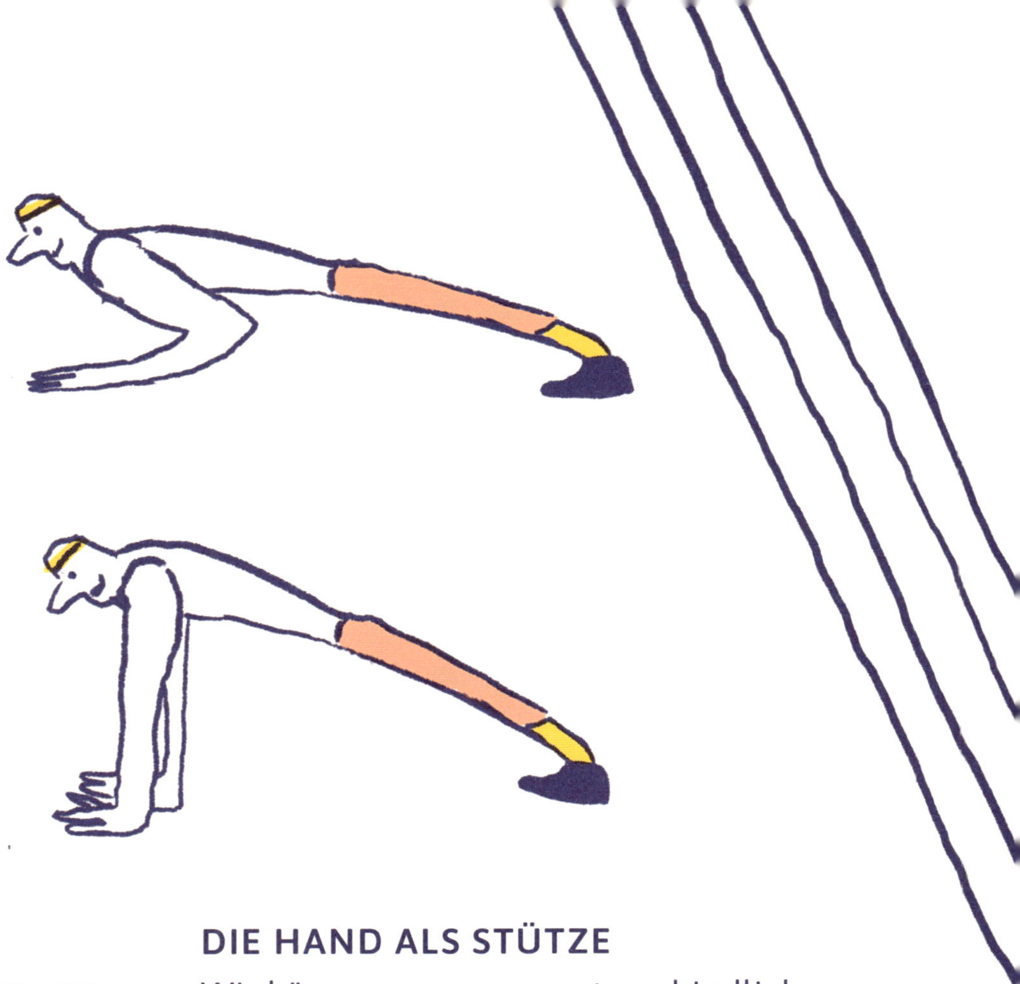

DIE HAND ALS STÜTZE

Wir können uns ganz unterschiedlich abstützen. Eine Wand, ein anderer Mensch oder ein Skistock können dabei helfen. Diese Fähigkeit nutzen wir vor allem in der Kindheit und im Alter, also in Zeiten, in denen wir wackeliger auf den Beinen sind.

sie stützt

Mehr über Stöcke auf S. 68

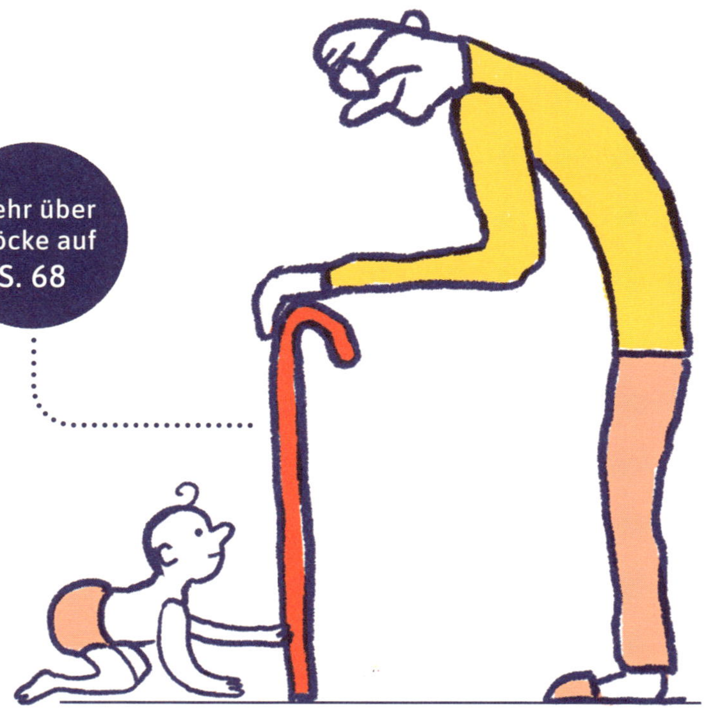

Die Hände kommen uns gelegen, wenn wir uns auf etwas stützen oder uns abstützen müssen. Wenn du zum Beispiel hinfällst, dann hältst du instinktiv die Hände vor dich.

BERÜHRUNG

Wir berühren nicht nur Gegenstände, sondern auch einander. Die Berührung ist die „erste Sprache“ unseres Lebens, deshalb wird ein Baby gleich nach der Geburt von den Eltern in die Arme genommen.

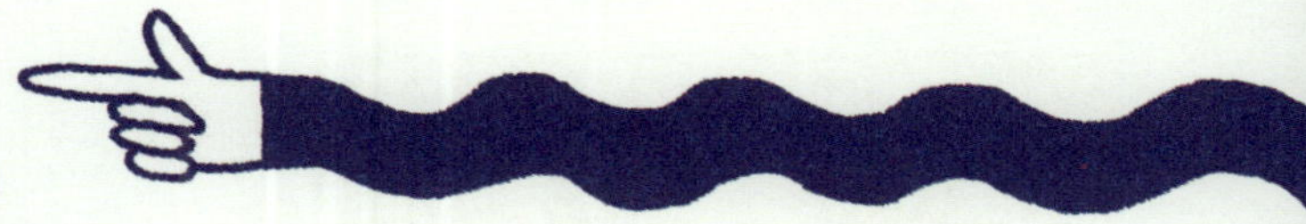

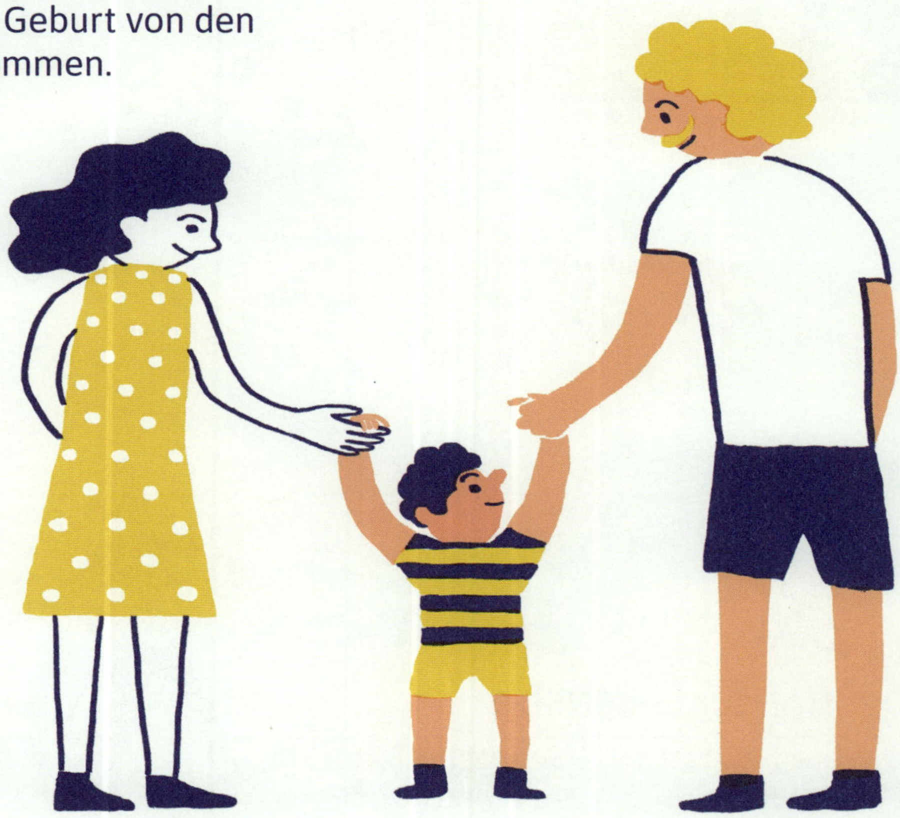

Manche Berührungen drücken Zuneigung aus: Umarmungen oder Streicheln.

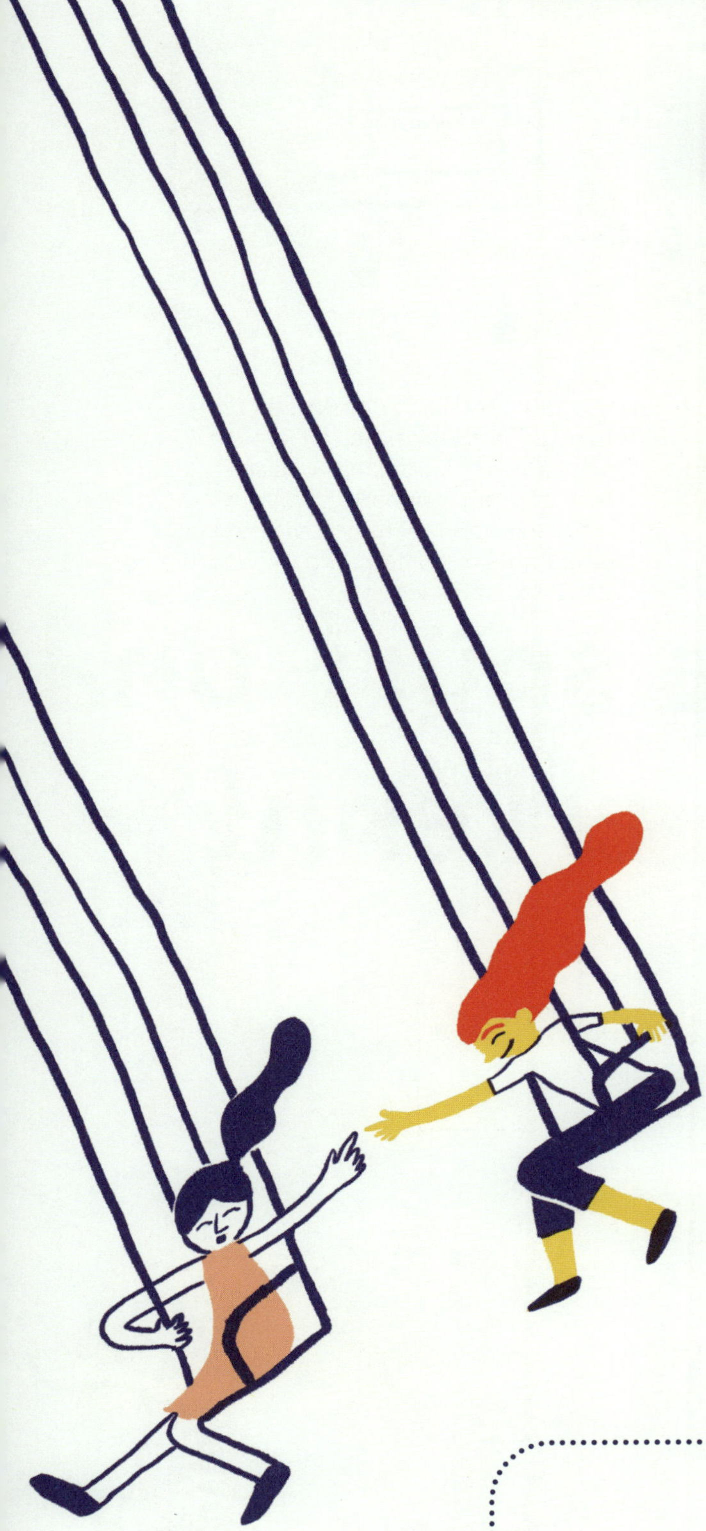

und berührt

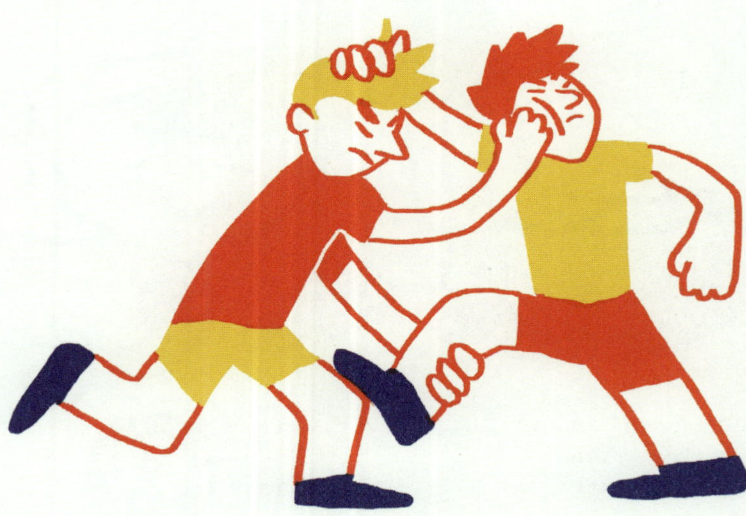

Andere bedeuten das Gegenteil, zum Beispiel ein Stoß mit der Faust.

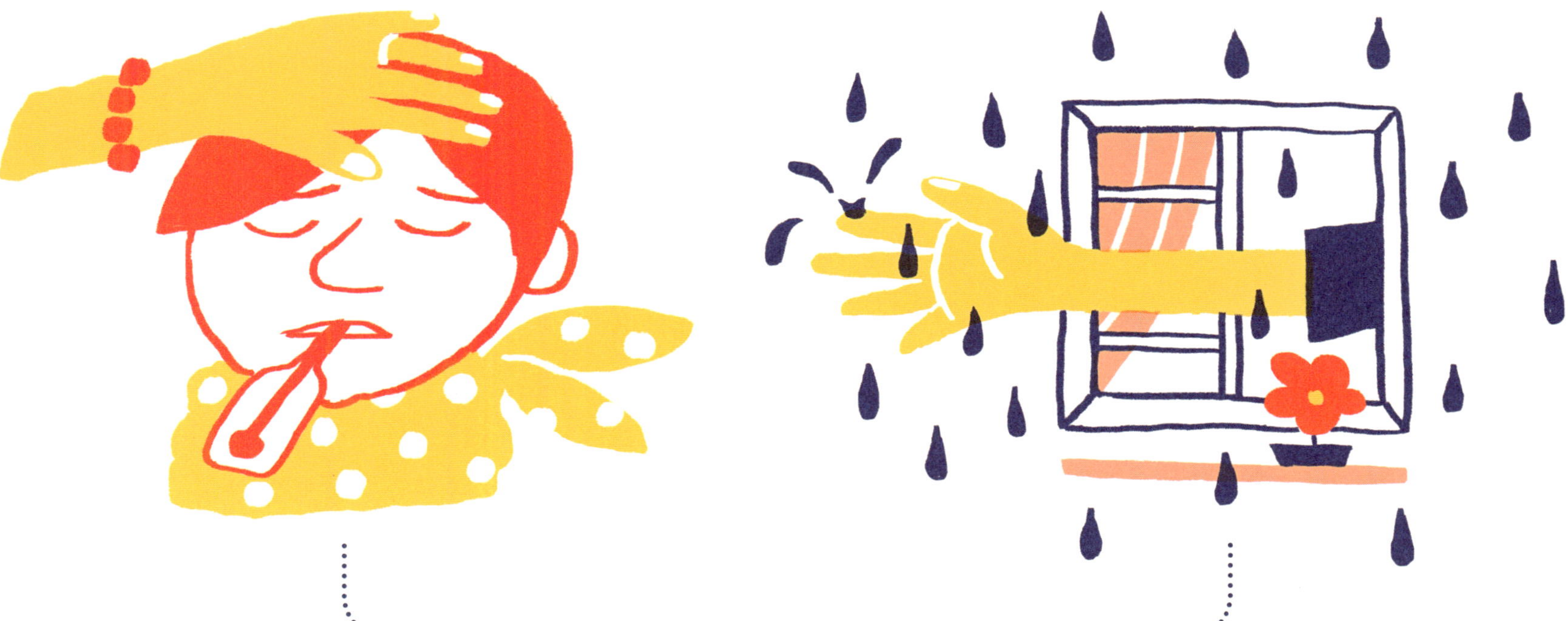

Mit dem Tastsinn nehmen wir Kälte, Feuchtigkeit und Wärme wahr.

sie spürt und erkennt

DIE HAND ALS SENSOR

Unsere Haut ist eine Schutzhülle für den Körper, aber sie hat auch eine sensorische Funktion. Was bedeutet das? Dass ihre Nerven auf Reize aus der Umgebung reagieren. Wir haben einen Tastsinn, der mithilfe von Rezeptoren und Nervenenden Signale ans Gehirn sendet. Und weil die Fingerkuppen mit Abstand am meisten Rezeptoren haben, ist die Hand für Entdeckungen und Erforschungen das beste Werkzeug.

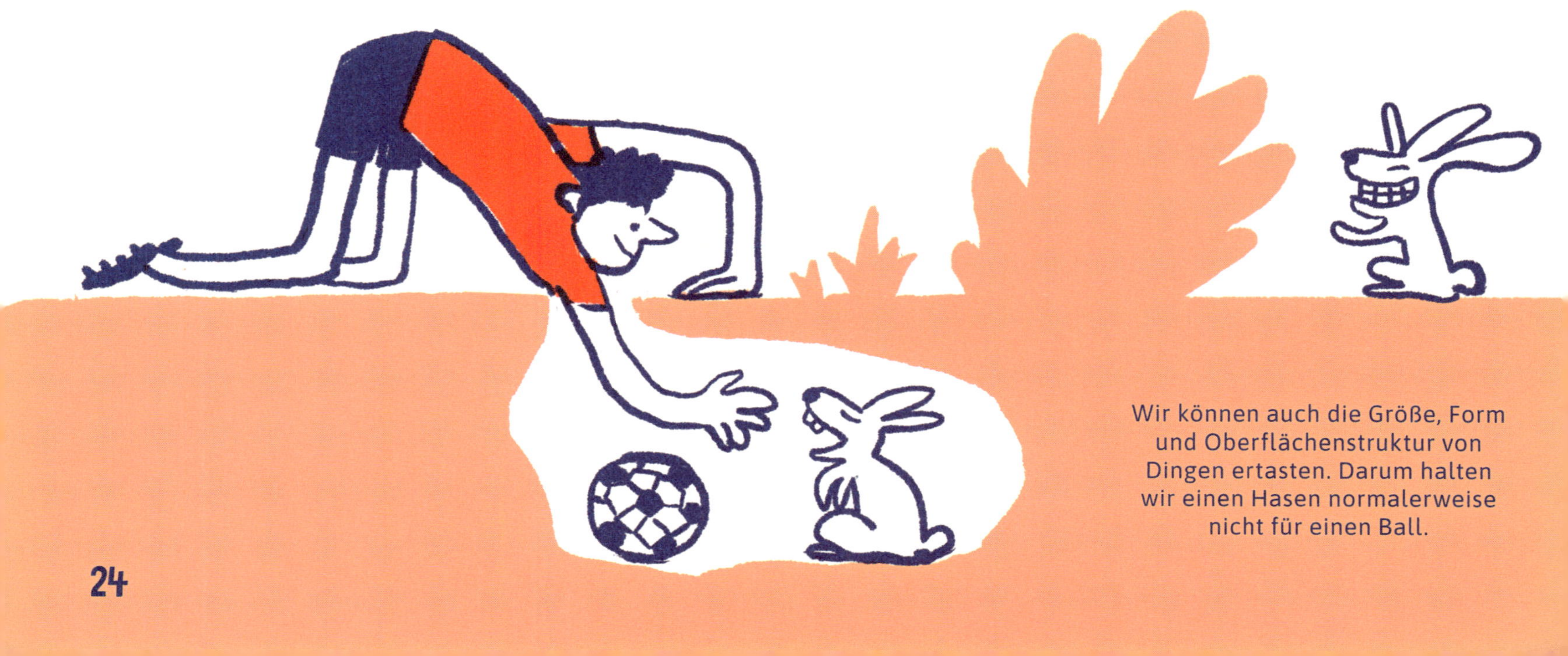

Wir können auch die Größe, Form und Oberflächenstruktur von Dingen ertasten. Darum halten wir einen Hasen normalerweise nicht für einen Ball.

DER TASTSINN

Der Tastsinn ist der erste Sinn, der sich beim Baby schon im Mutterleib entwickelt. Er ist – nach dem Sehen – der Sinn, auf den wir uns am meisten verlassen.

Wenn du nicht glaubst, was du siehst, dann fasst du es an, um dich zu vergewissern.

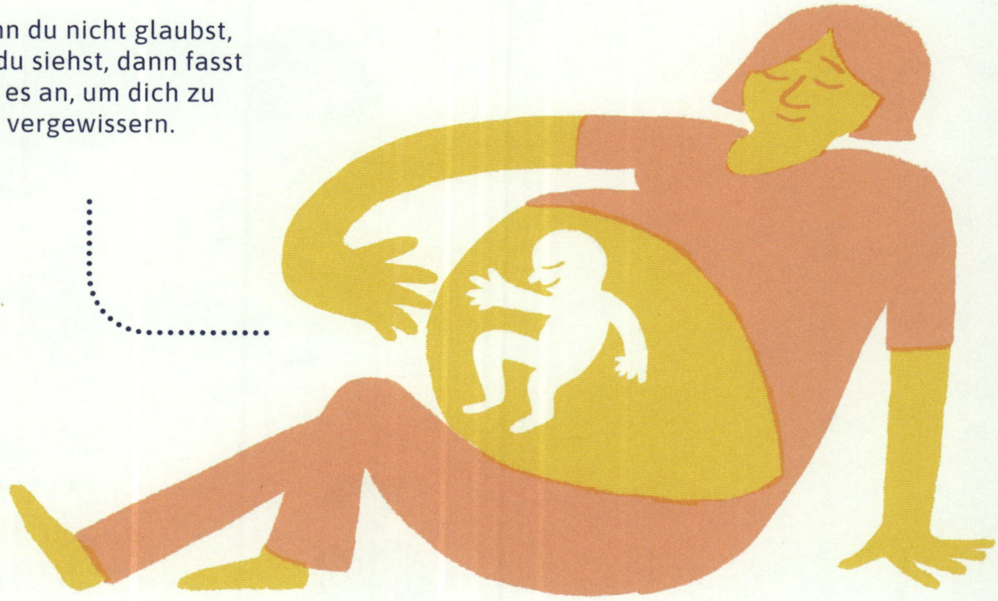

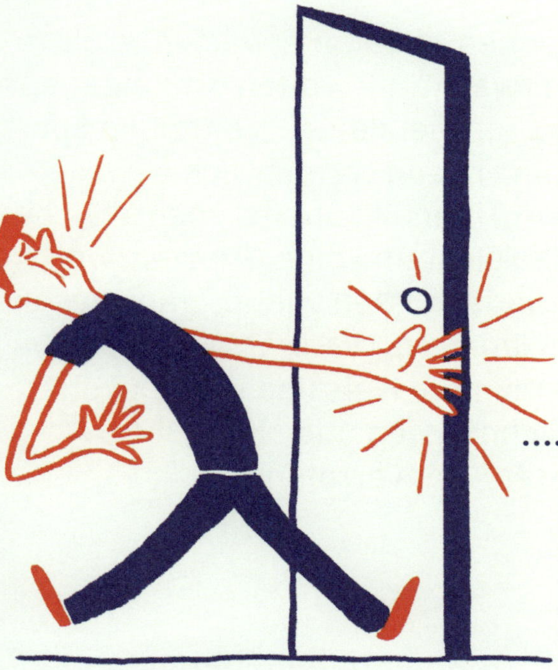

Neugier

9 von 10 Ärzt:innen empfehlen sie

Die Hand nimmt auch Schmerzen wahr. Aua! So merken wir, dass wir uns gerade in der Tür eingeklemmt haben oder wie heiß der Ofen ist.

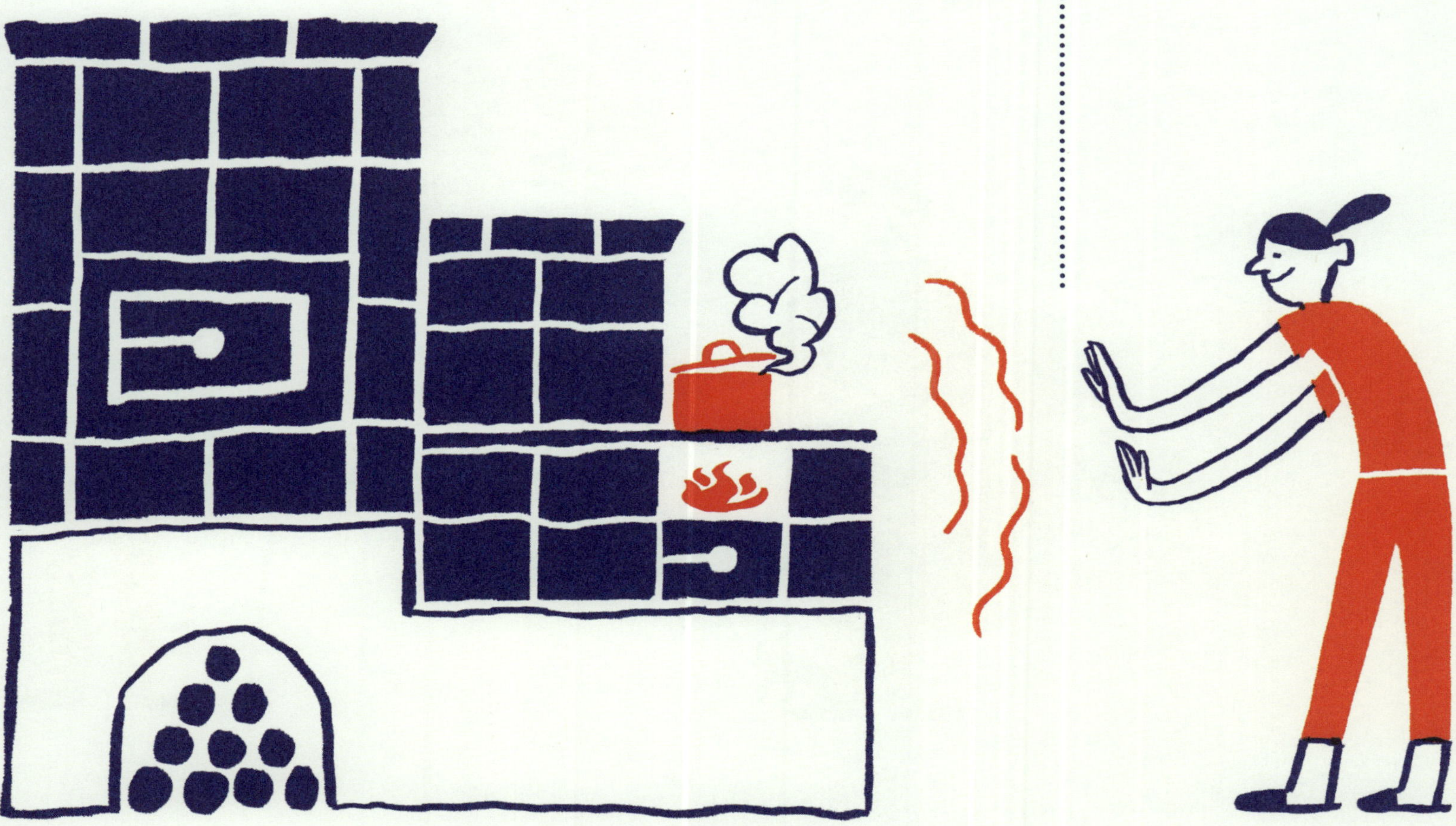

sie verrät unser Alter

Kinder können es kaum erwarten, groß zu werden. Erwachsene wollen oft jünger aussehen und tun viel dafür – sie treiben Sport, gehen zum Friseur, cremen sich ein …
Bei diesem Thema kennt der menschliche Erfindungsreichtum keine Grenzen. Um unsere Hände müssen wir uns ganz besonders gut kümmern. Warum? Weil sie zusammen mit dem Hals und dem Dekolleté am allerschnellsten und ziemlich zuverlässig unser Alter verraten.

0

3

12

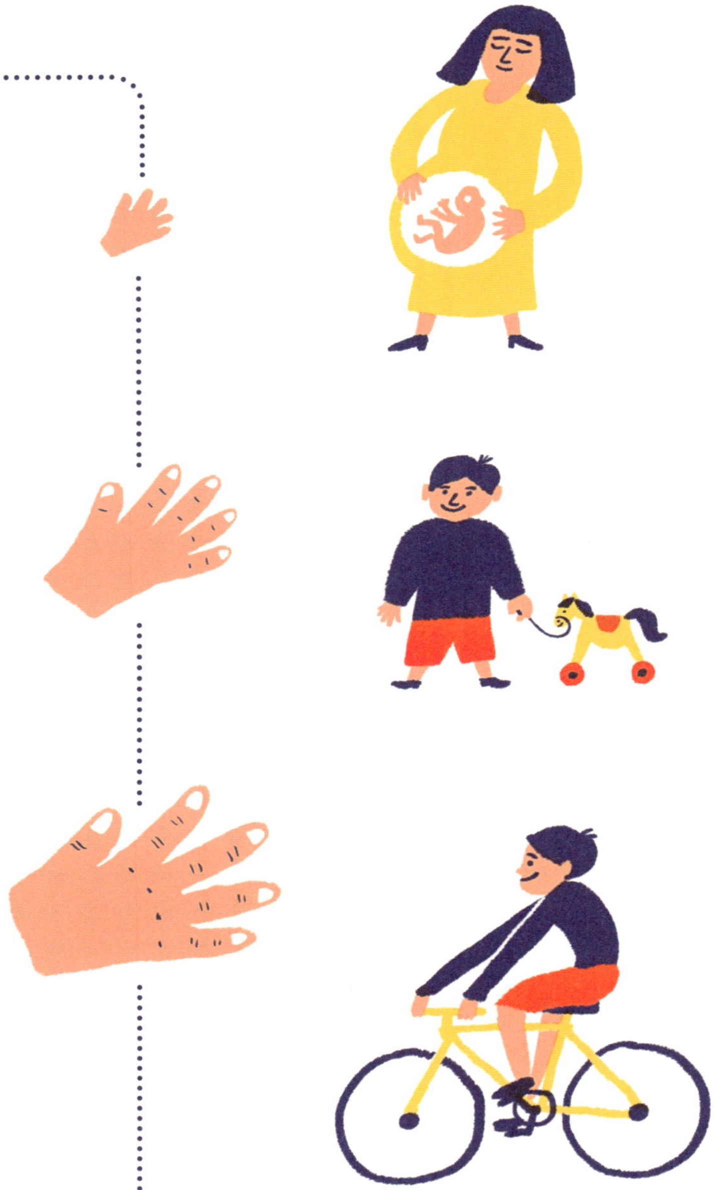

Schon ab dem 25. Lebensjahr beginnt die Haut zu altern.

31

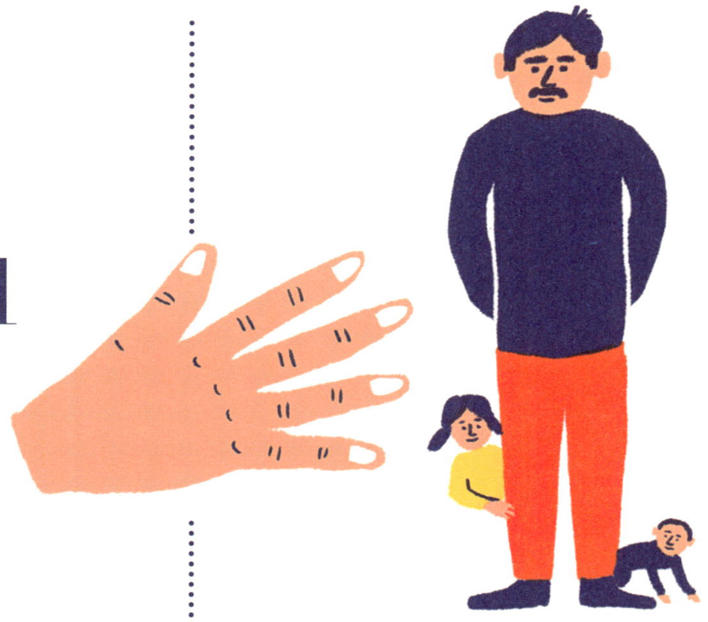

73

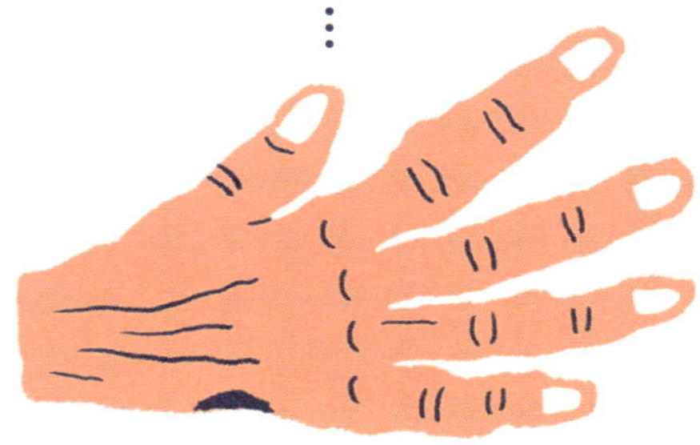

Die Hände verändern im Laufe der Jahre ihre Größe. Sie werden krumm und schwielig, die Linien tiefer. Die Haut altert und wird dünner, Falten und Pigmentflecken tauchen auf. All unsere Handlungen schreiben sich in unsere Hände ein.

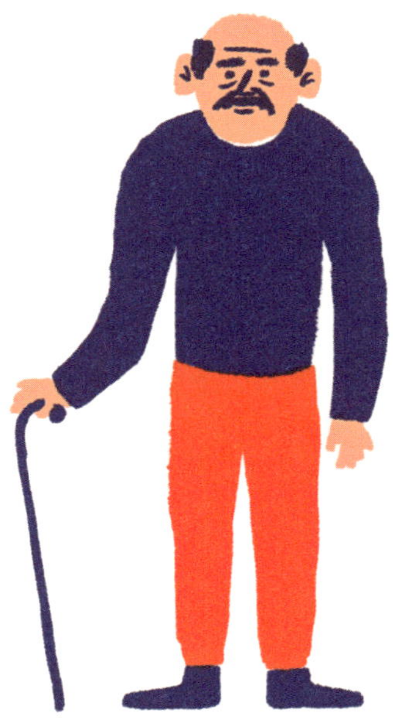

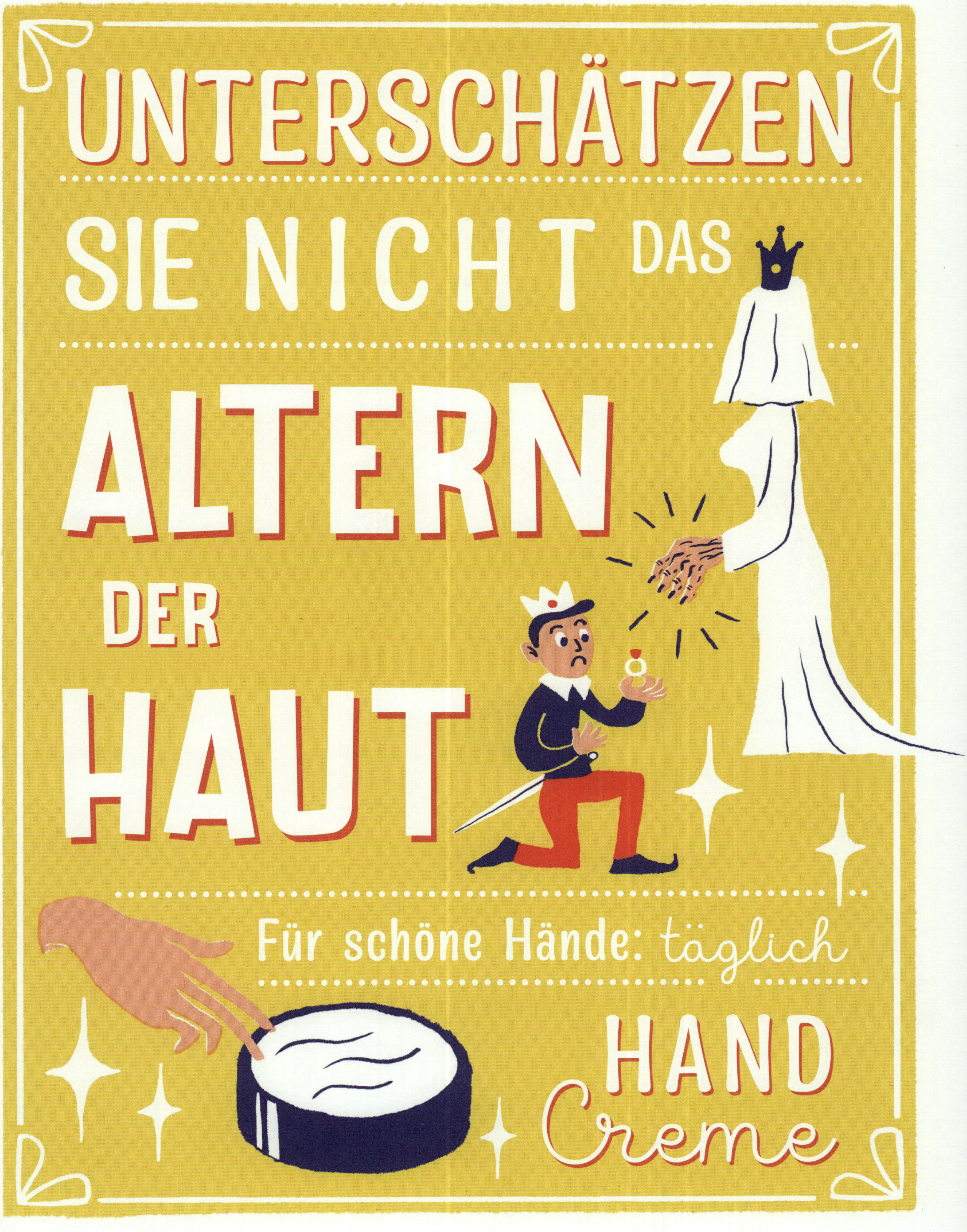
UNTERSCHÄTZEN
SIE NICHT DAS
ALTERN
DER
HAUT
Für schöne Hände: täglich
HAND
Creme

sie kommuniziert

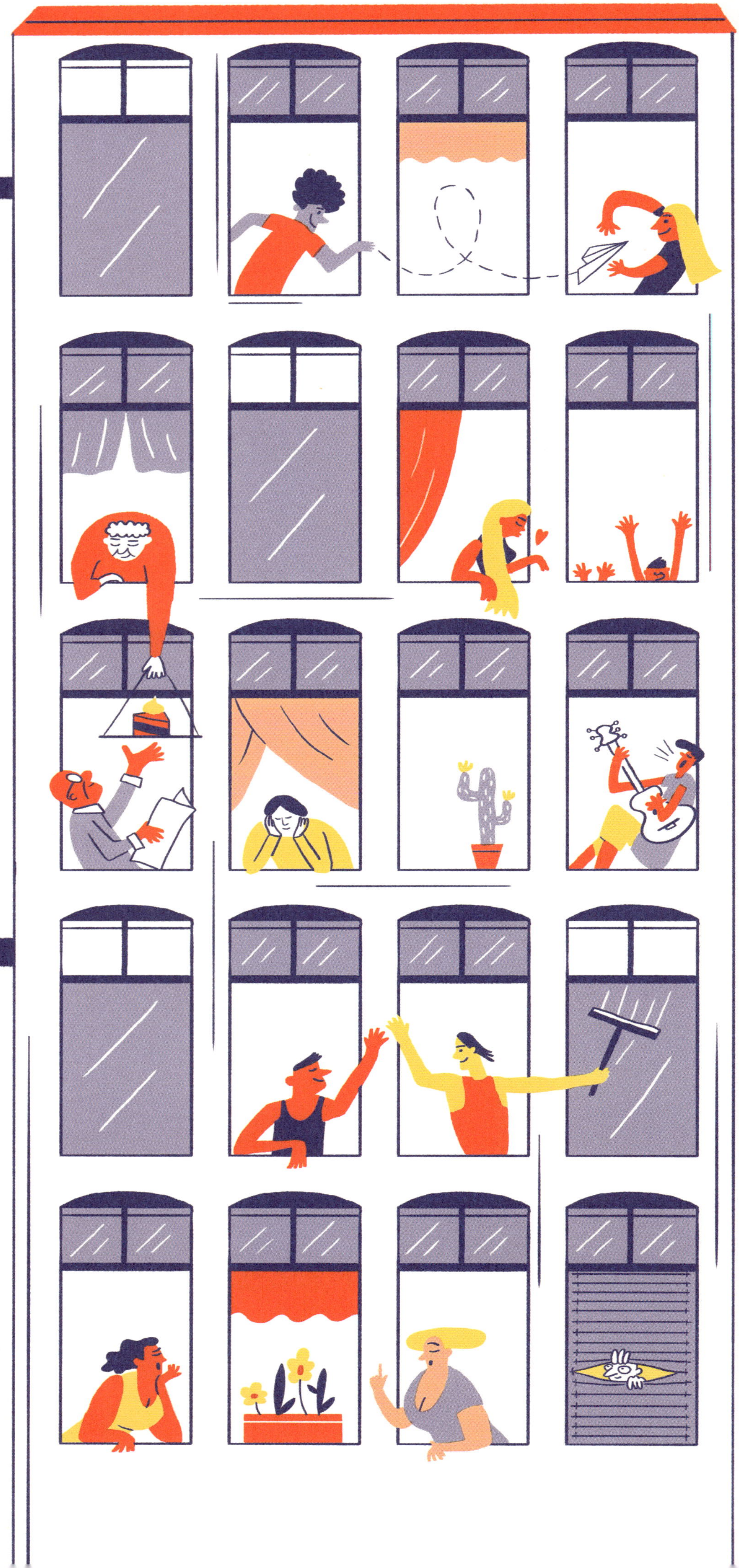

Kommunikation bedeutet, dass Menschen Informationen austauschen, dass sie sich verständigen. Ohne Verständigung würde die Welt nicht funktionieren. Ein einfaches „Hallo“ ist Kommunikation, ein langes Gespräch mit einer Freundin auch.

VERBALE UND NONVERBALE KOMMUNIKATION

Manchmal reicht die Sprache, also die verbale Kommunikation, nicht aus. Manche Sachen lassen sich mit Worten schwer ausdrücken. Manchmal weißt du nicht, wie du etwas sagen sollst, und suchst nach dem richtigen Ausdruck. Zum Glück haben wir noch die nonverbale Kommunikation. Man kann auch ohne Worte sprechen! Stirnrunzeln, Augenbrauen hochziehen, die Zunge rausstrecken – das ist Mimik, das sind Gesichtsausdrücke. Und dann die Hände, was die alles ausdrücken können!

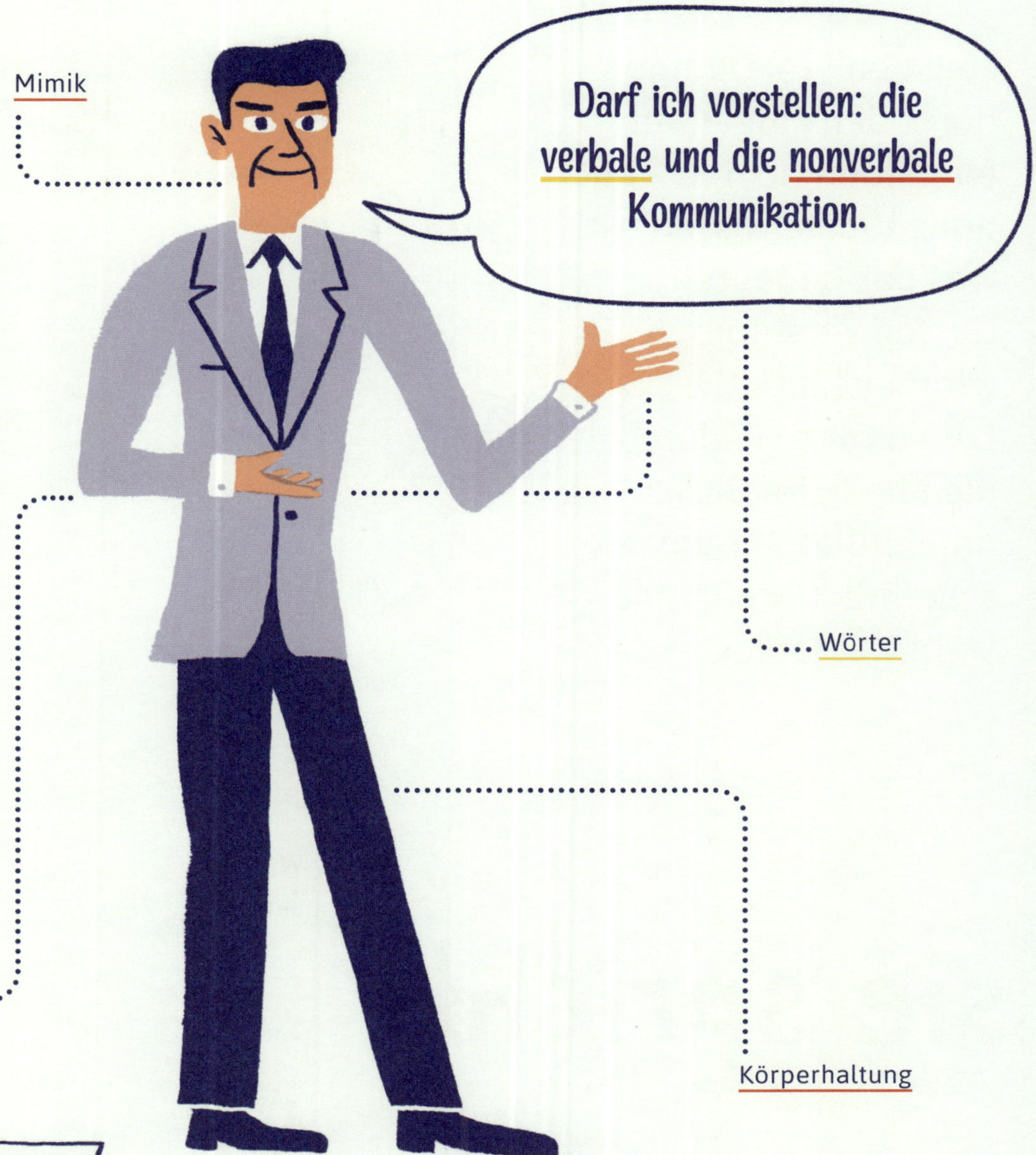

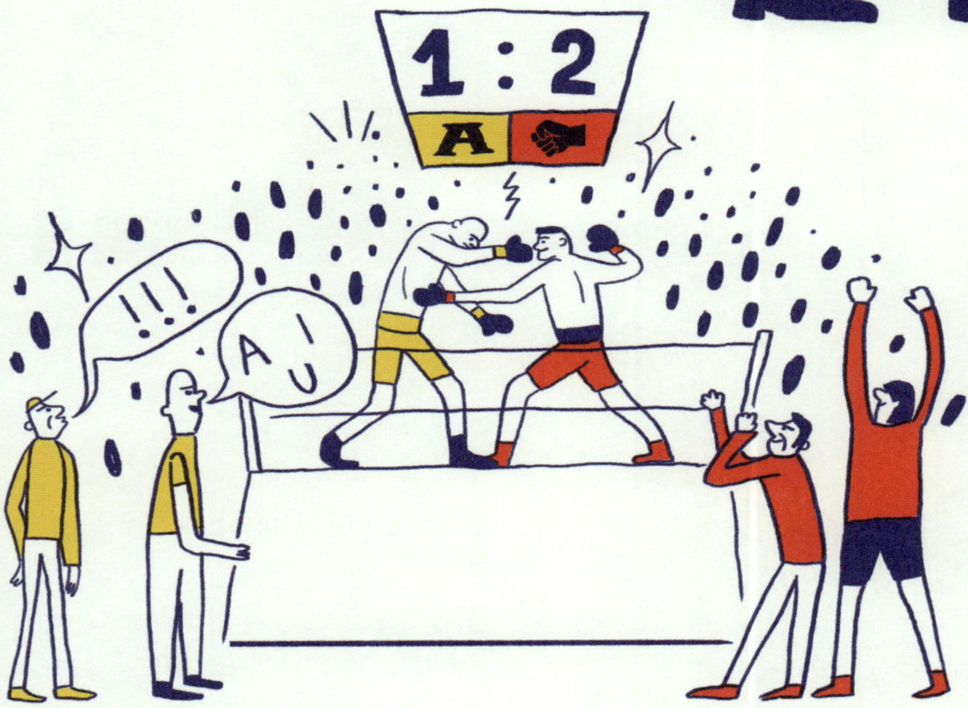

WER SAGT MEHR

Welche Art der Kommunikation ist am besten? Welcher schenken wir mehr Aufmerksamkeit? Das kann man nicht genau sagen, es kommt auf die Situation an: Mal haben die Wörter die Oberhand, mal ist ein Händedruck wirkungsvoller. Oft ist es eine Kombination aus beidem.

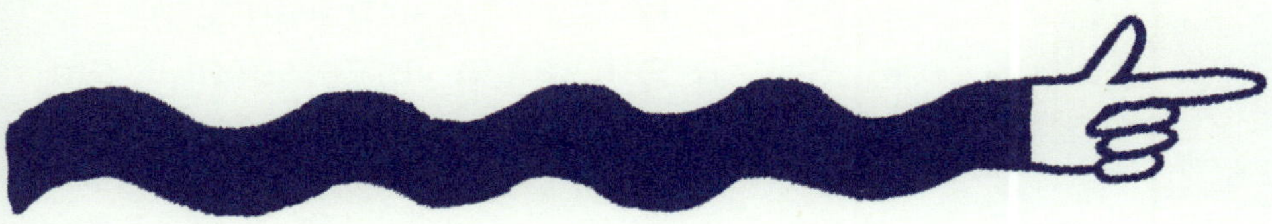

Wie kommuniziert man mit den Händen?
Lies weiter, du wirst es erfahren.

Faust ballen, Daumen hoch, den Finger auf jemanden richten – auch ohne Worte wissen wir, was das bedeutet. Gesten verstehen wir meist intuitiv. Oft werden sie durch die Mimik im Gesicht unterstützt. Ihr Vorteil sind ihre Klarheit und Unmittelbarkeit.

Im Laufe eines Tages vollführen wir bewusst und unbewusst eine unglaubliche Menge von Gesten.

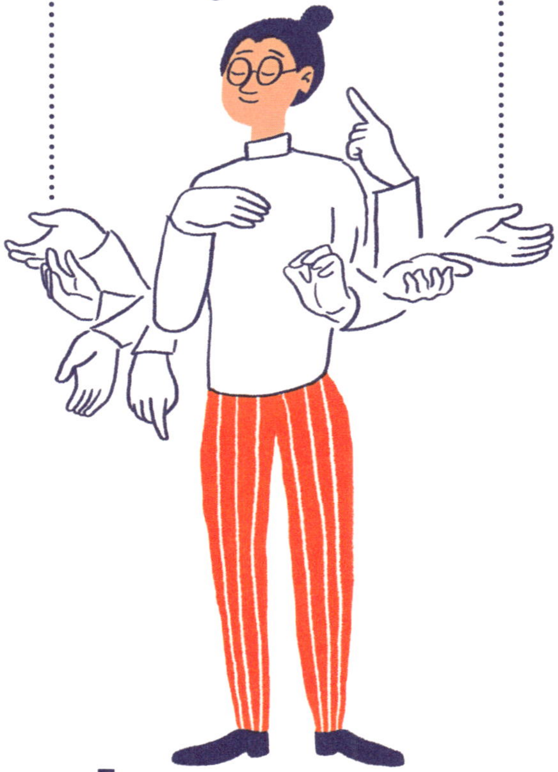

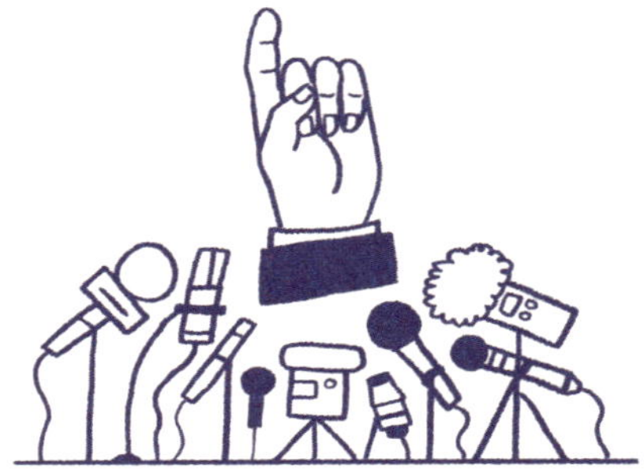

DIE MACHT DER GESTEN

Fast immer begleiten wir das, was wir sagen, mit Gesten. Oft ist es uns nicht bewusst, aber vieles von dem, was wir sagen wollen, sagen die Hände für uns. Sie drücken unsere Emotionen aus, sie unterstreichen oder ergänzen unsere Worte. Sie können sie sogar komplett ersetzen.

sie spricht

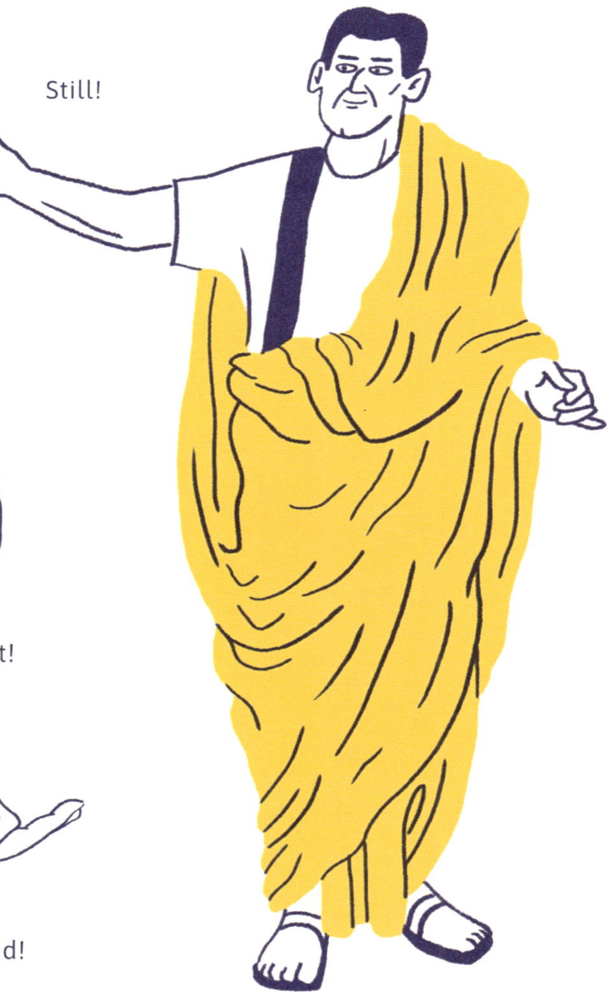

In der Antike waren Gesten sehr bedeutsam. Die Gestik war ein wichtiges Element in der Kunst der Rhetorik.

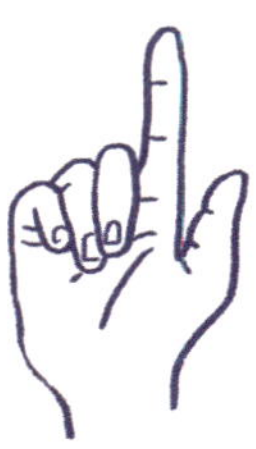

Geste des Redners

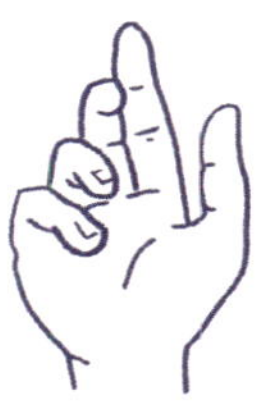

Interessant!

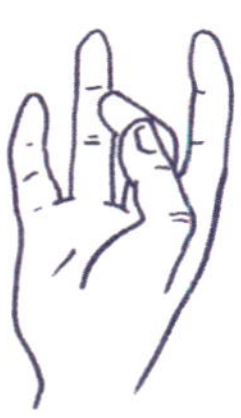

Einleitungsgeste

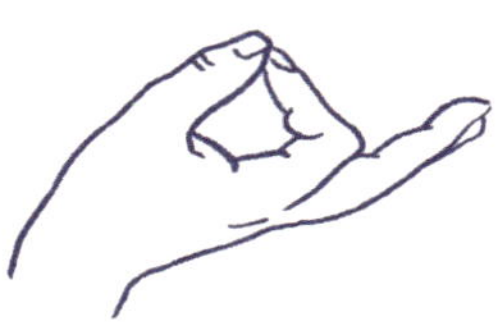

Hervorragend!

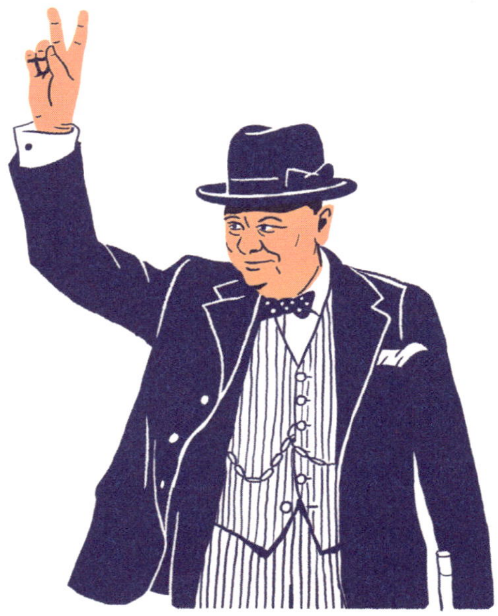

Das V für Victory, also Triumph, wurde während des Zweiten Weltkriegs durch Winston Churchill populär. Die Geste wird bis heute verwendet.

DAS EIGENLEBEN DER GESTEN

Gesten sind ein älteres Kommunikationsmittel als die Sprache. Wir benutzen sie schon seit der Urzeit. Im Laufe der Geschichte können sie sich wandeln – sie geraten in Vergessenheit, tauchen wieder auf oder verändern ihre Bedeutung.

Weitverbreitete Gesten

Einige Gesten haben in bestimmten Ländern eine negative oder sogar vulgäre Bedeutung.

Das gefällt mir
Thailand, Irak

Das gefällt mir gar nicht!

Ruf mich an, Surfergeste

Bleib stehen
Griechenland

Hau ab
ganze Welt

V-Geste für Frieden, Triumph

Geste mit der Handfläche nach innen
England, Australien, Neuseeland, Griechenland

Komm her
Japan, Philippinen

Ich drücke die Daumen, Solidarität
Pakistan

Viel Glück
Vietnam

o.k.
in Japan ein Zeichen für Geld
Brasilien, Türkei, Frankreich, Belgien, Tunesien

Rockergeste
Italien, Brasilien, Kuba, Kolumbien, Portugal, Spanien, Argentinien

i + **Love** + **You** = **Ich liebe dich**
Die Geste kommt aus der Gebärdensprache.

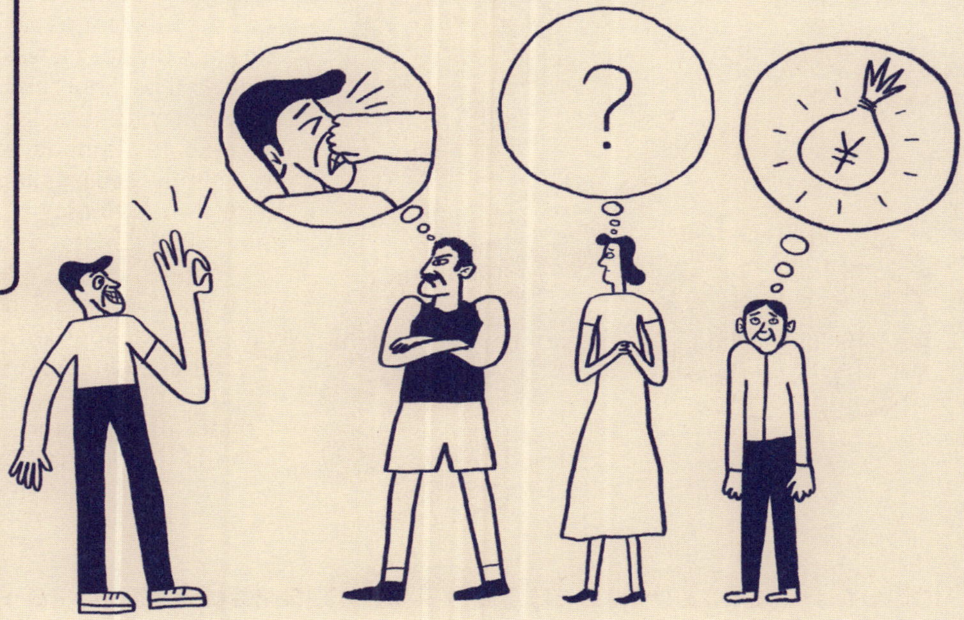

Gesten funktionieren oft auf der ganzen Welt und über kulturelle Grenzen hinweg. Aber Vorsicht ist geboten! So wie Wörter können auch Gesten mehrere Bedeutungen haben.

sie sagt, wie wir uns fühlen

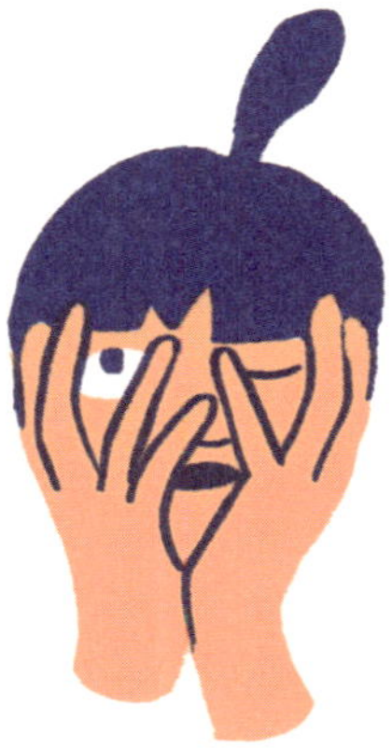

Sprich mich bitte nicht an!

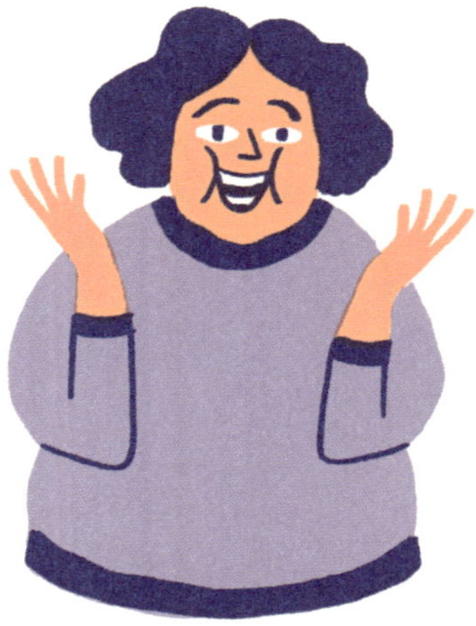

Schön, dich zu sehen!

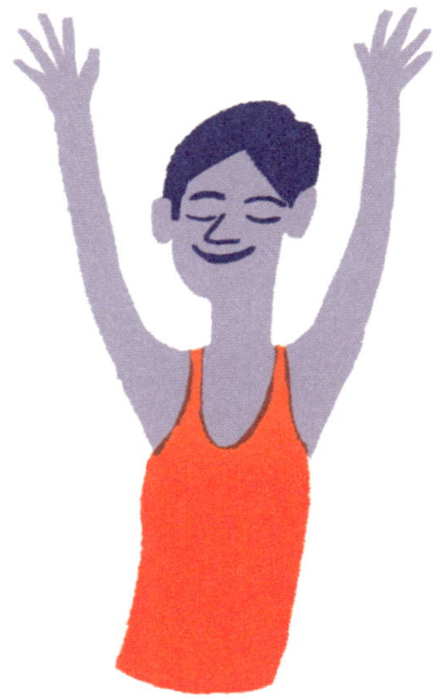

Ich bin glücklich.

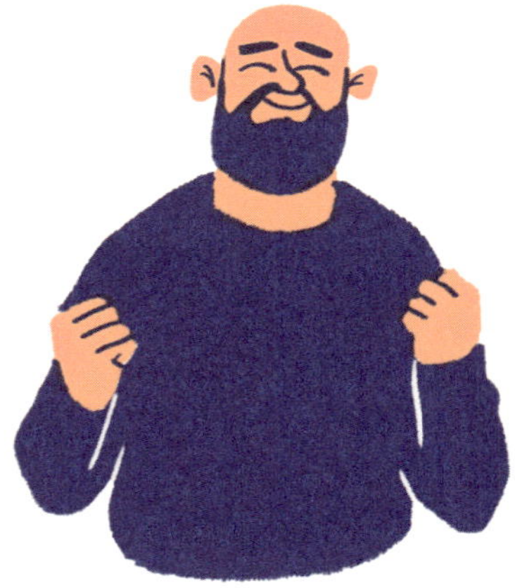

Endlich geschafft!

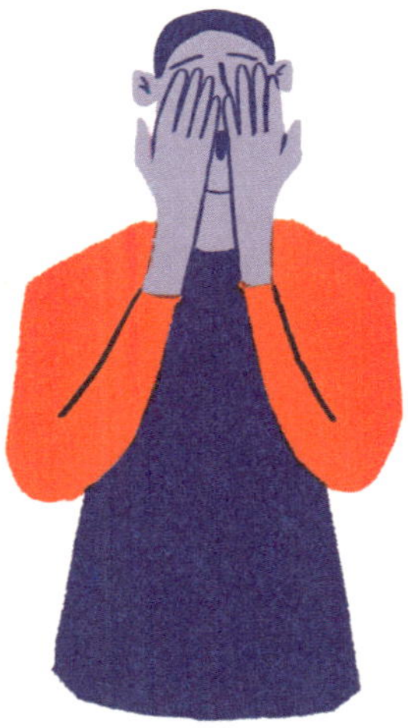

Ich schäme mich.

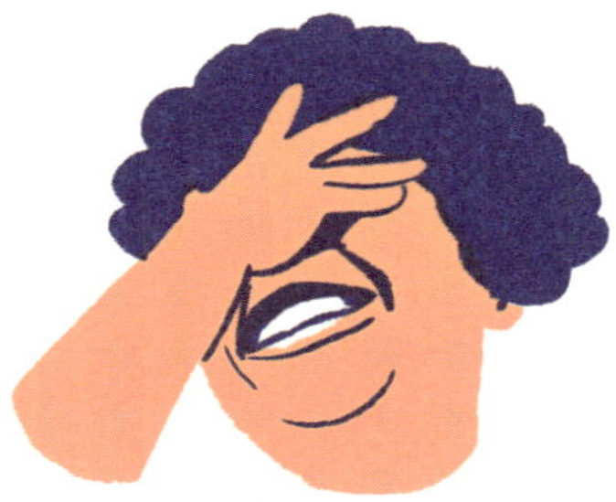

Was für ein Dummkopf!

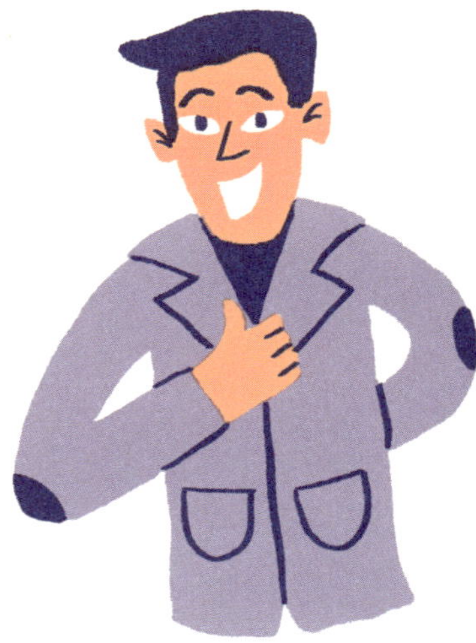

Mir geht es ganz hervorragend.

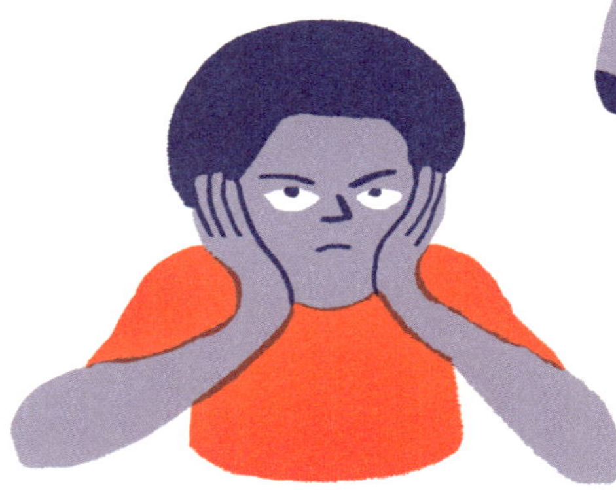

Mir ist schrecklich langweilig.

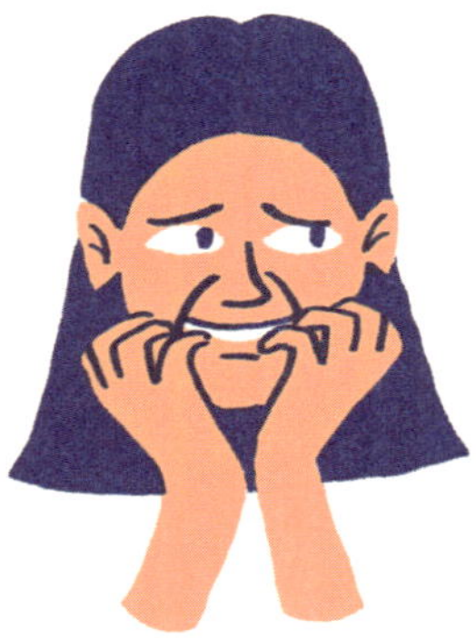

Ich bin total nervös.

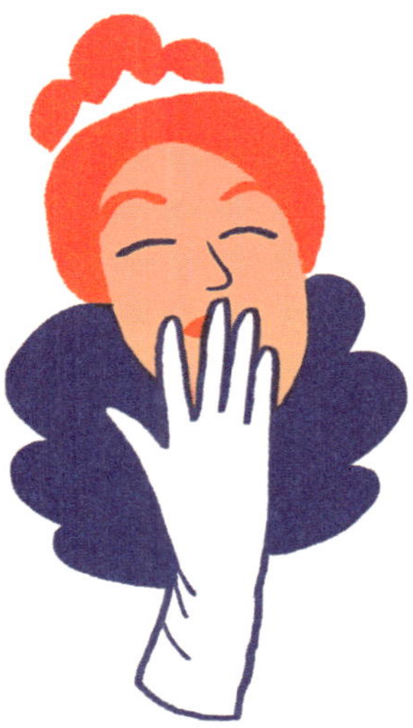

Mach's gut, mein Liebes.

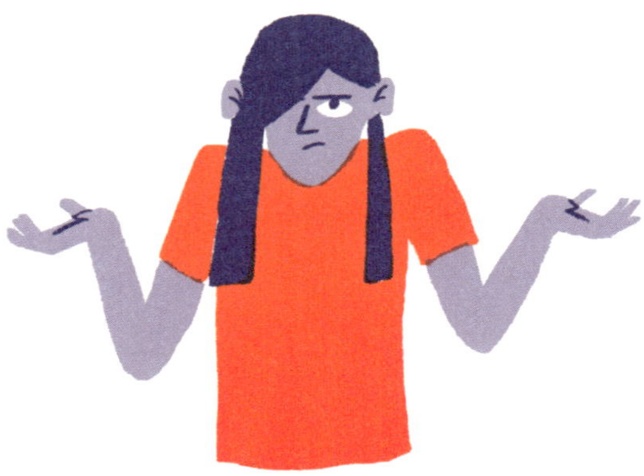

Keine Ahnung, na und?

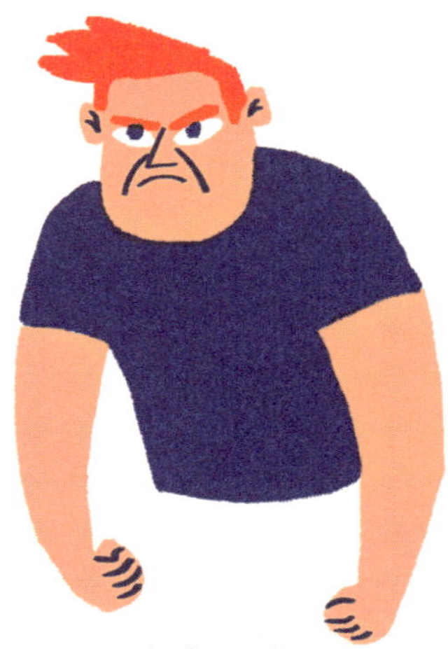

Leg dich nicht mit mir an.

sie signalisiert

Was tun, wenn man mucksmäuschenstill sein muss, nicht laut reden darf oder das Gegenüber zu weit weg ist? Wenn Wörter also nicht weiterhelfen?

Nun, wir haben ja die Hände. Neben den Gesten und dem Fingeralphabet gibt es noch zahlreiche weitere Kommunikationssignale. Die haben verschiedene Berufs- und Interessengruppen speziell für Situationen entwickelt, in denen eine andere Verständigung nicht möglich ist.

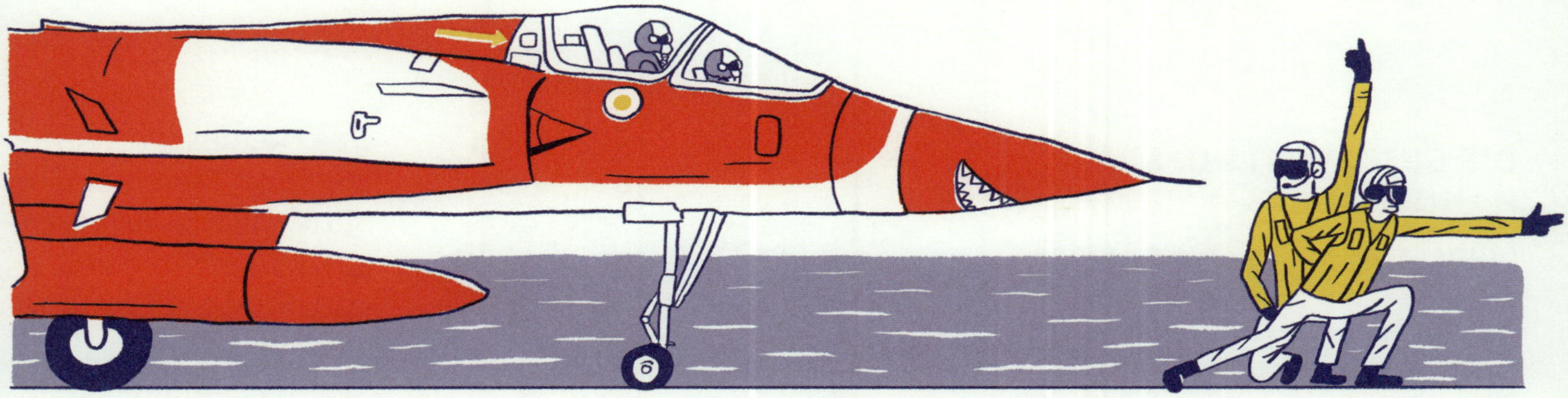

ERSCHWERTE BEDINGUNGEN

Wenn der Empfänger zu weit weg ist oder nicht sprechen kann.

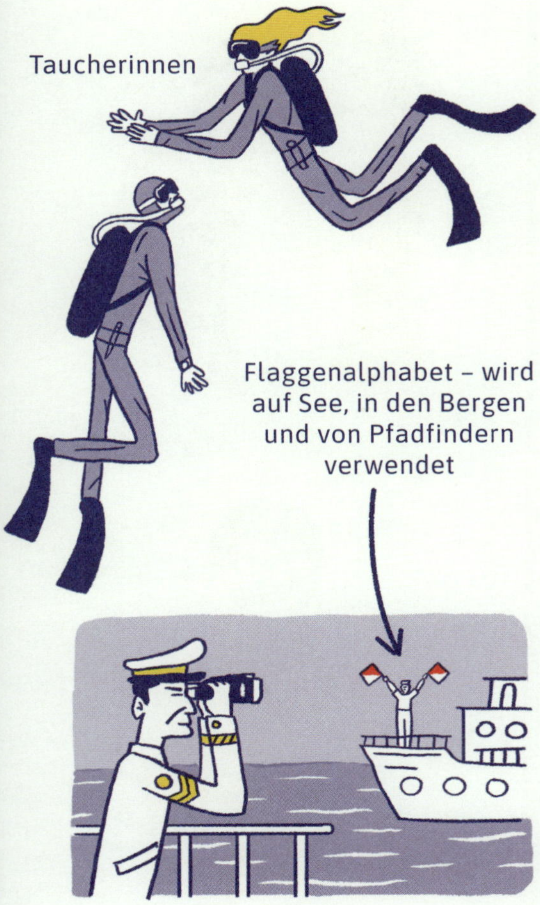

Taucherinnen

Flaggenalphabet – wird auf See, in den Bergen und von Pfadfindern verwendet

Seeleute

STRATEGIEN

Wenn ich meine Absichten nicht verraten will oder unbemerkt bleiben muss.

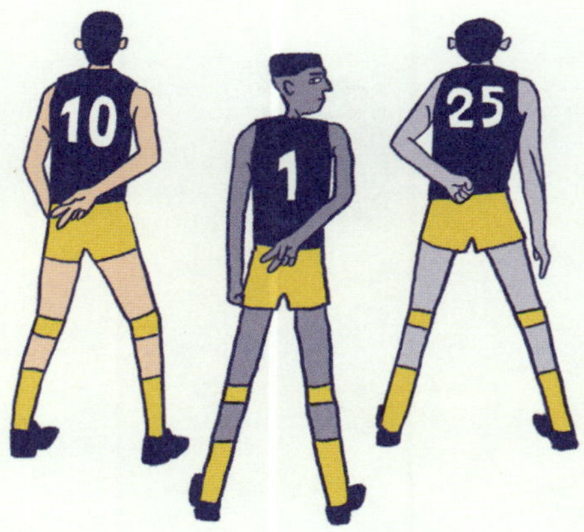

Volleyballspieler

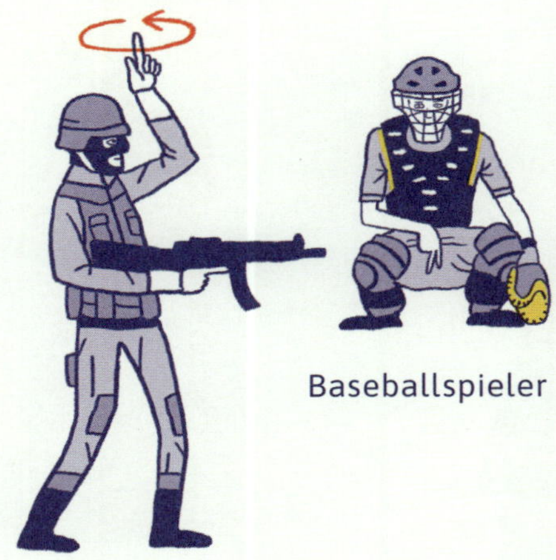

Baseballspieler

Soldaten

NAVIGATION UND ORGANISATION

Für wieder andere Fälle …

Fahrradfahrerinnen

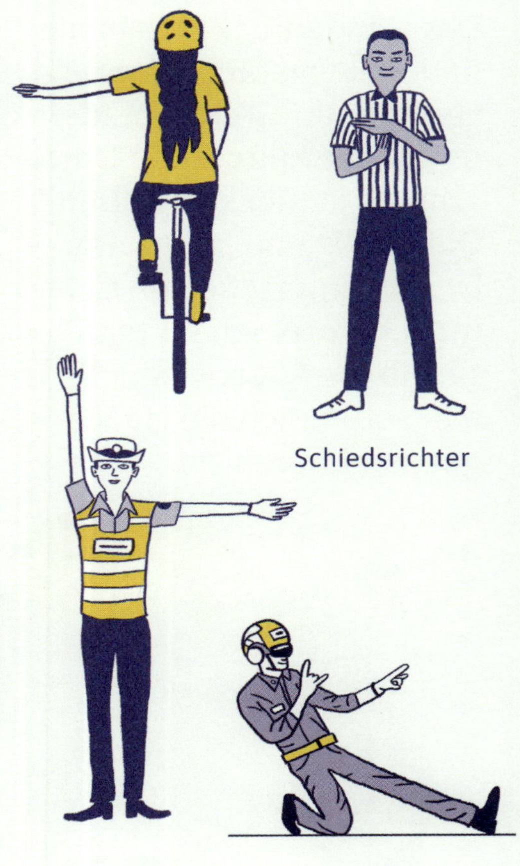

Schiedsrichter

Verkehrspolizisten

Fluglotsen

sie begrüßt

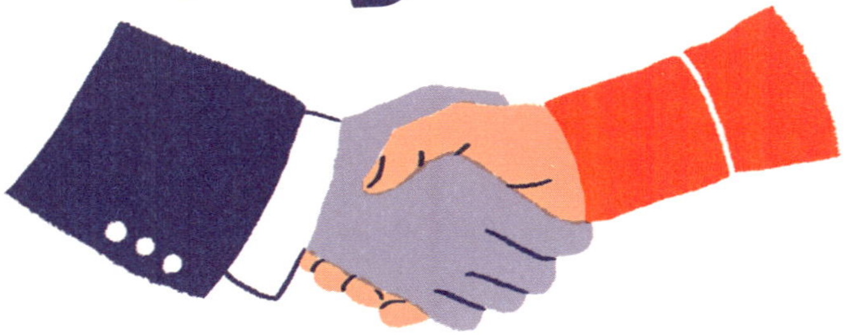

Jemandem zu einem verbalen Gruß – also „Hallo“ oder „Guten Tag“ – die rechte Hand zu geben, ist eine der ältesten und weltweit am weitesten verbreiteten Gesten. Sie drückt Respekt, Freundschaft und gute Absichten aus.

DIE GESCHICHTE DES HÄNDEDRUCKS

Früher gab man sich die Hand zum Zeichen der friedlichen Absichten aller Gesprächsteilnehmer. Heute verwendet man den Händedruck etwa zur Besiegelung einer Vereinbarung.

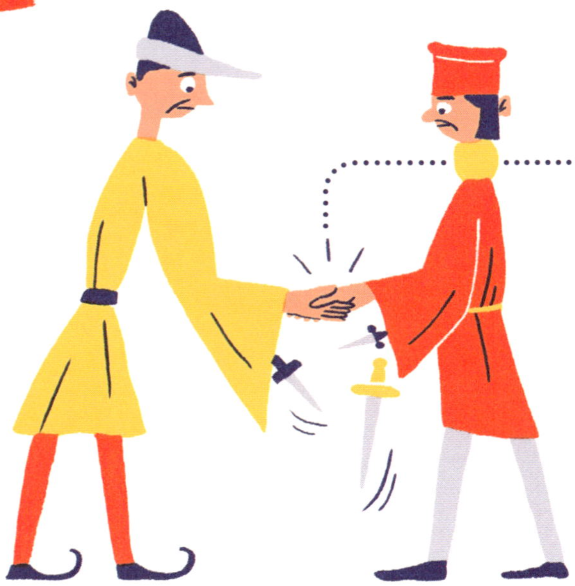

Das Händeschütteln zur Begrüßung kam im Mittelalter in Europa auf – angeblich, um durch das Schütteln versteckte Waffen in den Ärmeln zu entdecken.

Andere Begrüßungen

Der Händedruck ist ein international verständlicher und verbreiteter Gruß. Trotzdem ist es gut, die kulturellen Unterschiede im Blick zu haben. Die Stärke und Länge des Drucks unterscheiden sich, mancherorts schaut man sich in die Augen, manchmal sollen sich die Hände gar nicht berühren.

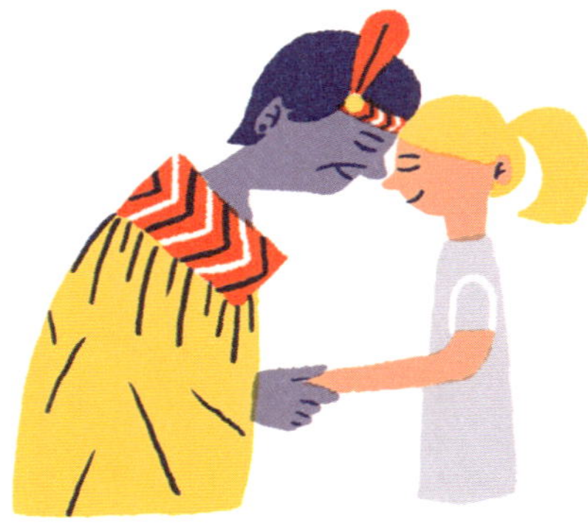

Hongi (Maori-Gruß)

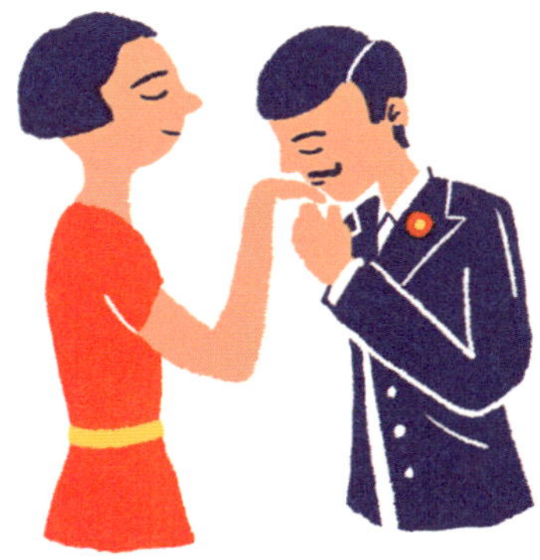

Handkuss

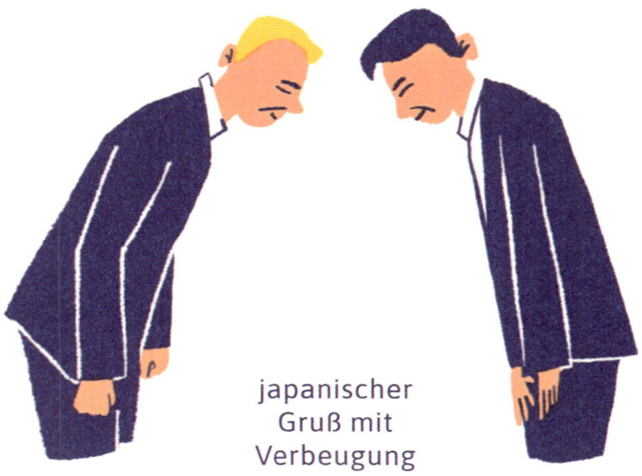

japanischer Gruß mit Verbeugung

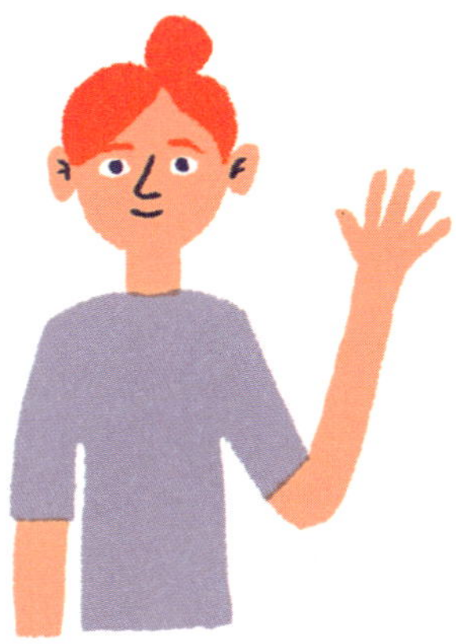

Winken

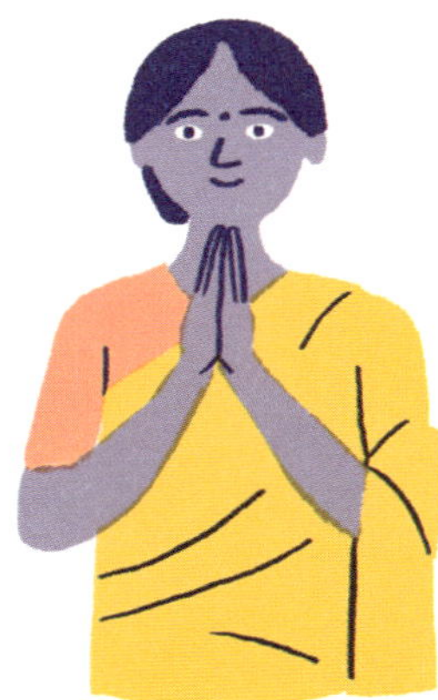

Namaste (hinduistischer Gruß)

Richtiges Händeschütteln

Die ältere Person gibt der jüngeren die Hand.

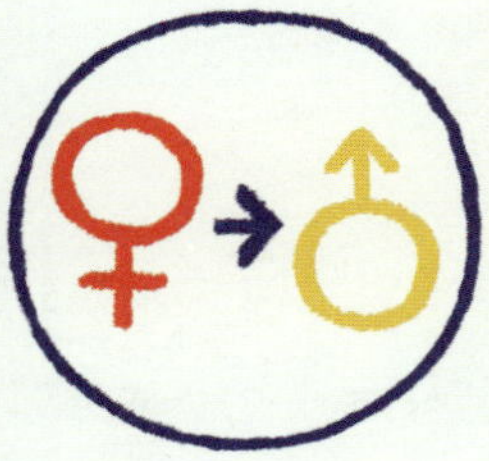

Die Frau gibt dem Mann die Hand.

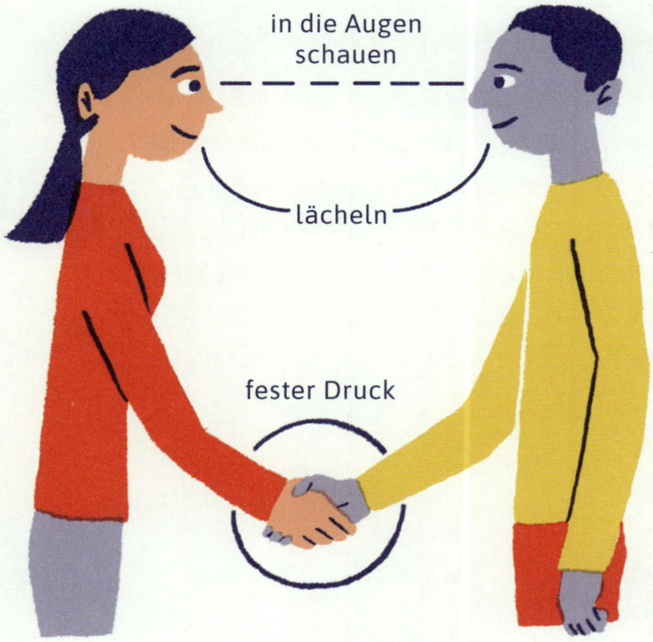

Was man nicht tun sollte

mit Handschuhen die Hände schütteln

eine schmutzige Hand reichen

zu fest packen

zu lasch fassen

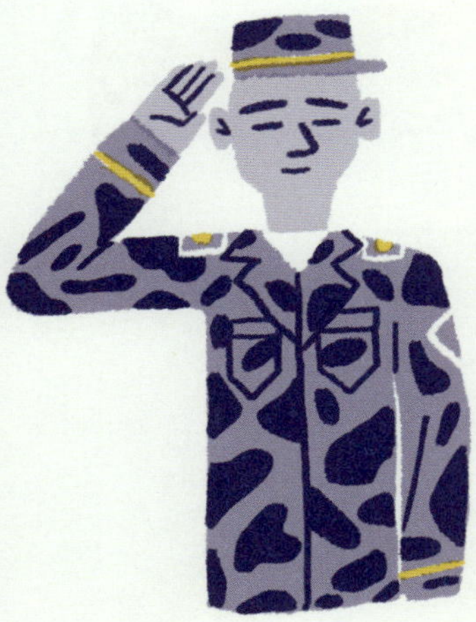

salutieren (Militär)

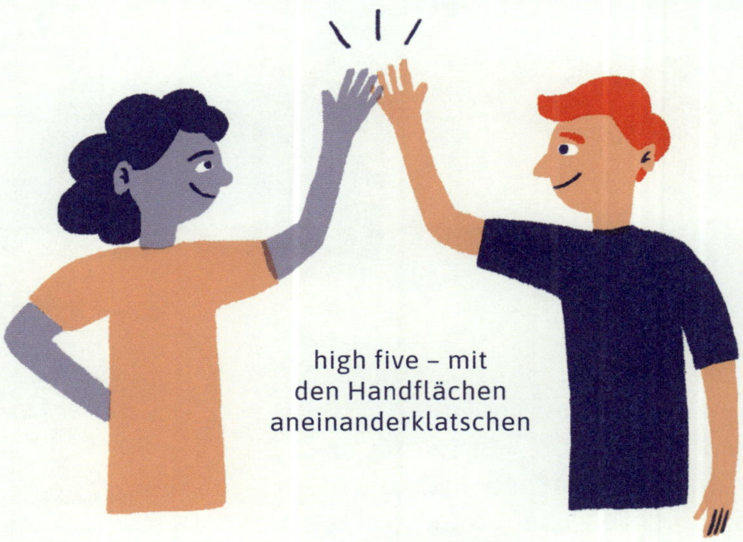

high five – mit den Handflächen aneinanderklatschen

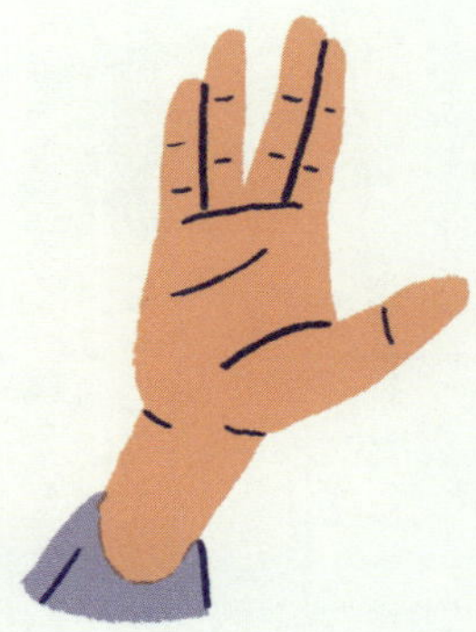

„Lebe lang und in Frieden!"

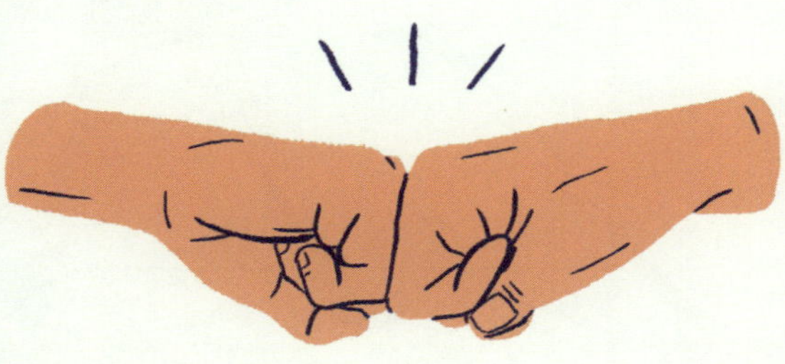

fist bump – Fäuste aneinanderstoßen

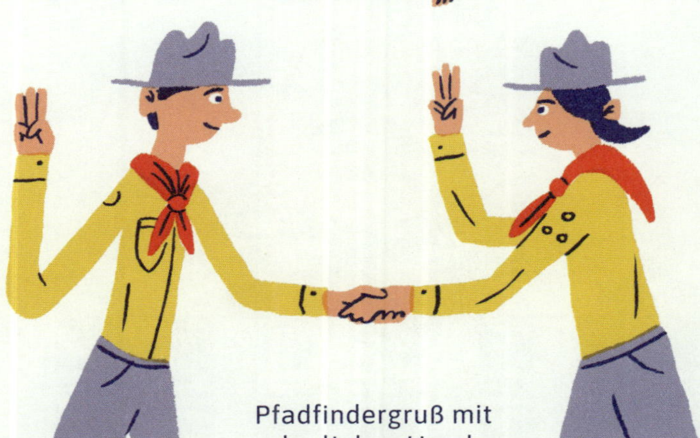

Pfadfindergruß mit der linken Hand

sie kann die Augen ersetzen

Das Sehen ist der wichtigste Sinn des Menschen. Ungefähr 80% der Informationen nehmen wir mit den Augen auf. Also fast alles. Und wenn wir nicht sehen können?

DIE HÄNDE SIND DIE AUGEN SEHBEHINDERTER MENSCHEN

Wer nicht gut sehen kann, kann mit den Händen lesen, Gegenstände erkennen und sich eine Vorstellung vom Aussehen der Freunde bilden. Die Hände helfen beim Kunstgenuss, beim Spielen und bei der Orientierung durch die verschlungenen Wege und Straßen der Städte.

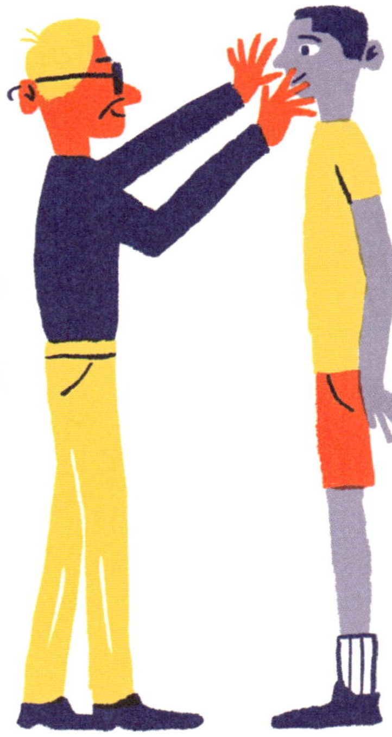

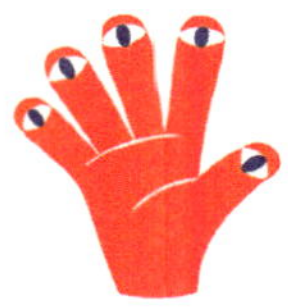

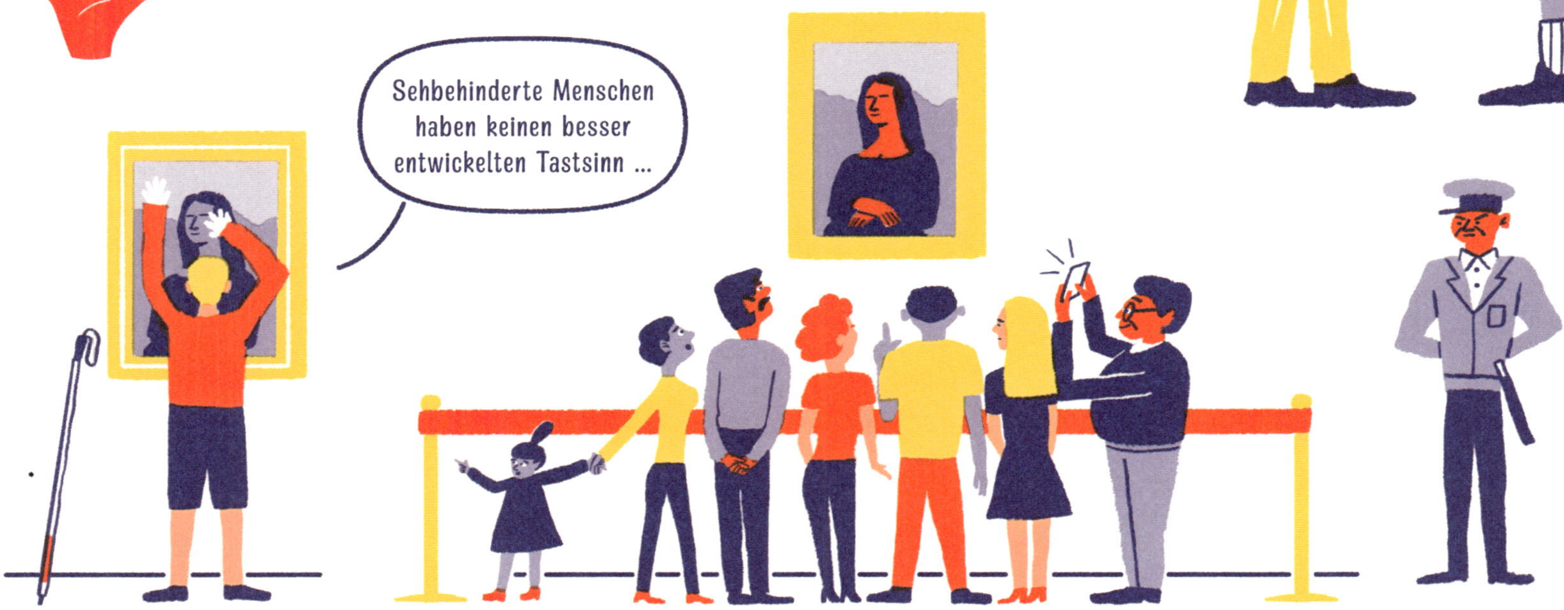

Überall gibt es Zeichen und ertastbare Hinweise für sehbehinderte Menschen. Achte mal auf die Linien und Orientierungsmarker auf Gehwegen, Wörter in Brailleschrift an Aufzügen, an Geländern, an wichtigen Denkmälern oder auf Medikamentenschachteln.

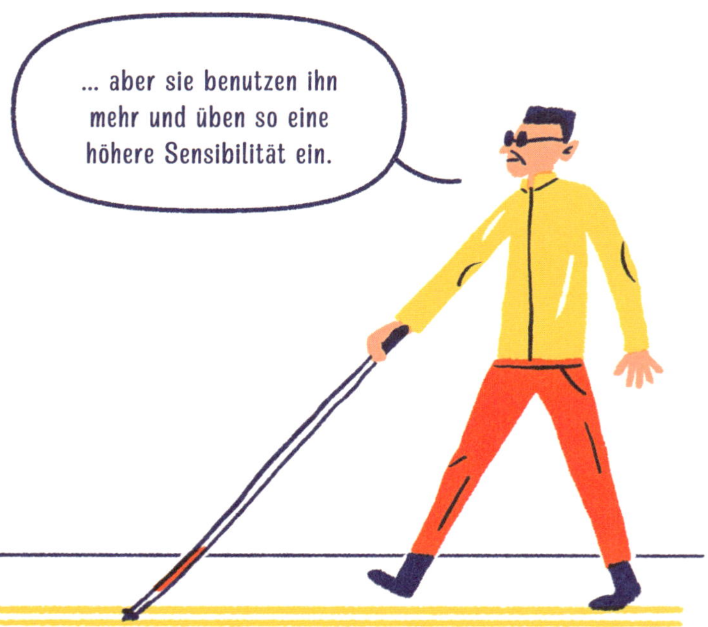

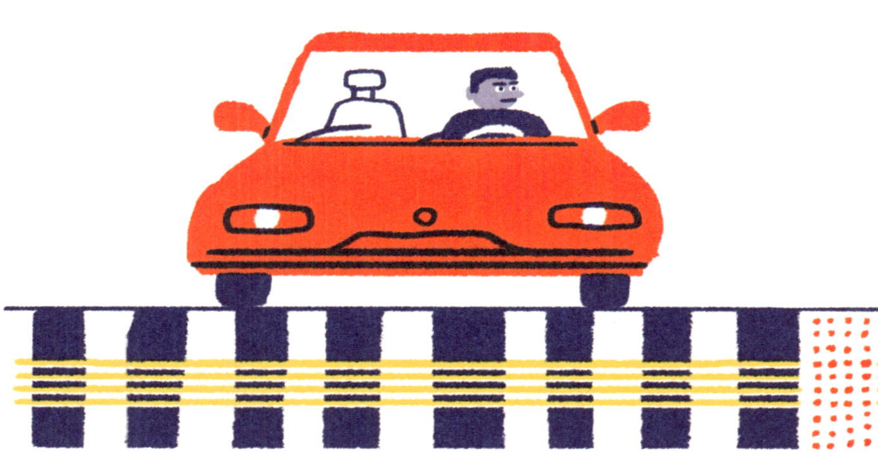

Natürlich benutzen auch sehbehinderte Menschen viele Alltagsgegenstände, zum Beispiel Uhren, Fernbedienungen oder Gesellschaftsspiele, nur jeweils in spezieller Ausfertigung.

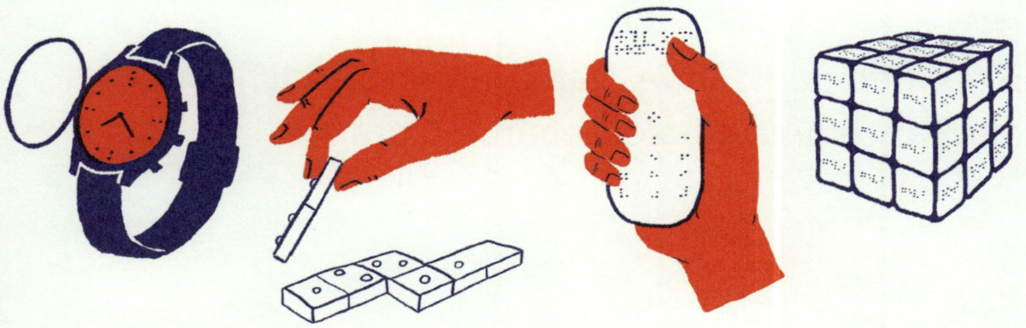

Uhr zum Fühlen — Domino — Fernbedienung — Zauberwürfel

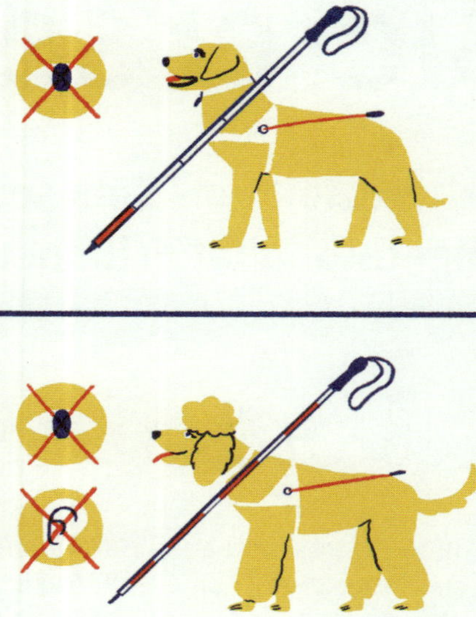

Einen sehbehinderten Menschen erkennst du am weißen Stock oder dem Blindenhund. Mit dem langen Stock kann er die Umgebung abtasten und feststellen, ob auf seinem Weg vielleicht ein Hindernis lauert. Menschen, die außerdem gehörlos sind, haben einen weißen Stock mit roten Streifen.

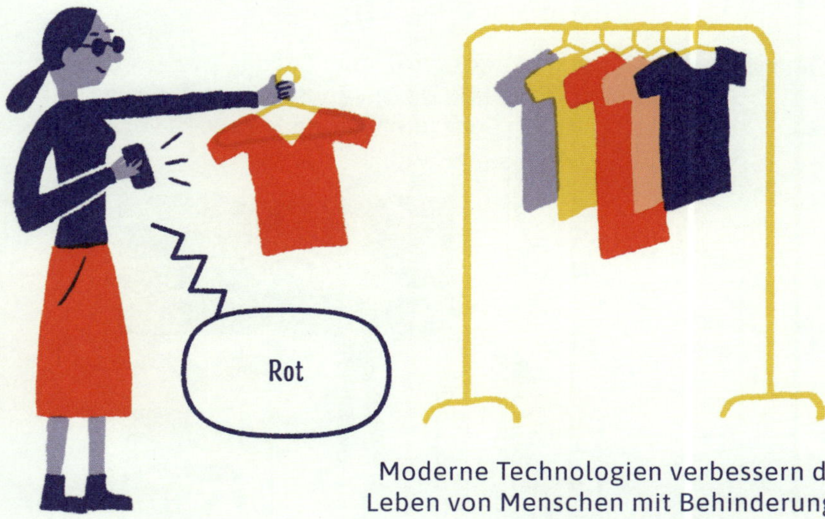

Moderne Technologien verbessern das Leben von Menschen mit Behinderungen ganz entscheidend.

Brailleschrift

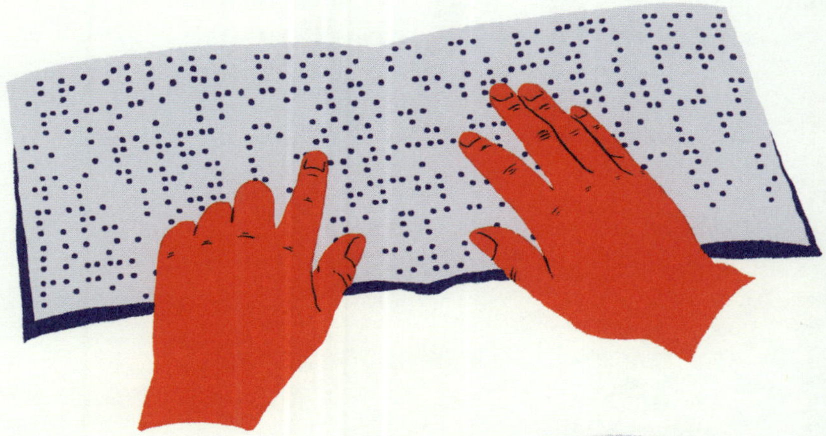

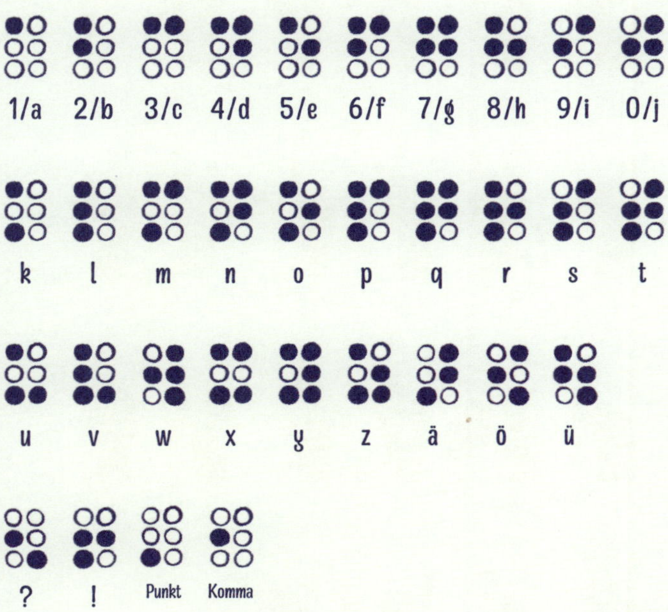

Die Brailleschrift ist nicht ganz einheitlich. Die Zeichen können in unterschiedlichen Ländern verschieden sein.

Es gibt eine spezielle Schrift für sehbehinderte Menschen. Die liest man natürlich mit den Händen. Der Franzose Louis Braille hat sie sich ausgedacht, der selbst eine Sehbehinderung hatte. Diese Schrift ist ein System aus sechs Punkten, die in einem Rechteck angeordnet sind. Einige der Punkte sind erhöht und somit durch Tasten erkennbar. Jeder Buchstabe, jede Zahl und jedes Zeichen hat eine andere Kombination von erhöhten Punkten. Darin besteht das Geheimnis der Brailleschrift.

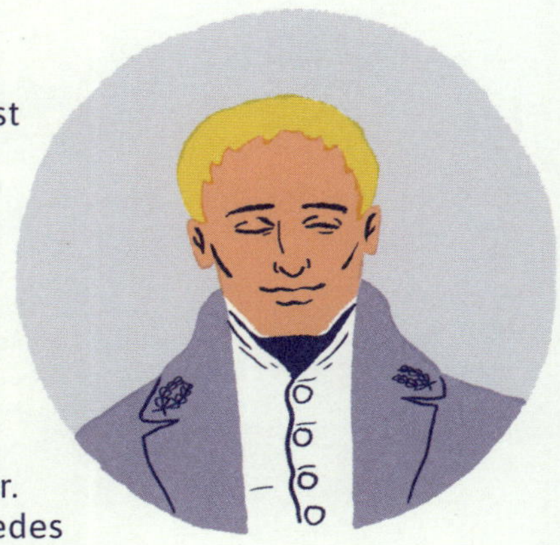

Louis Braille
(1809–1852)

sie ersetzt auch den Mund

Gehörlose Menschen sprechen mithilfe der Hände. Dafür haben sie nicht nur ein Fingeralphabet erfunden, sondern auch eine ganze Gebärdensprache.

Gebärdensprache

Für jedes Wort – und auch für manche Wortgruppen – gibt es eine Gebärde. Für eine Gebärde ist die Position der Hand wichtig, ebenso die Bewegung, die die Hand ausführt. Dabei zählt jedes Detail: wie die Hand gebeugt wird, wie man die Finger hält, wie sie bewegt werden. Ausrufezeichen und Fragezeichen werden durch die Mimik und die Position des Kopfes und des Oberkörpers angezeigt.

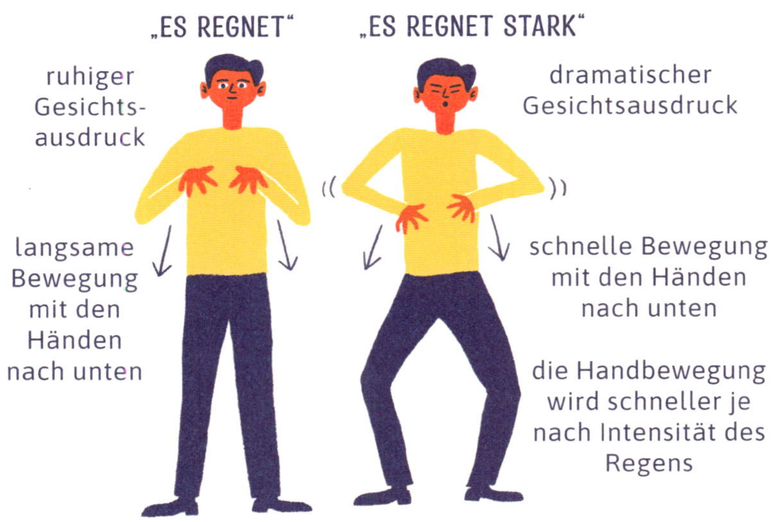

Achtung! So wie sich auch die gesprochene Sprache je nach Land unterscheidet, so sind auch die Gebärdensprachen verschieden.

„WIE HEISST DU?“

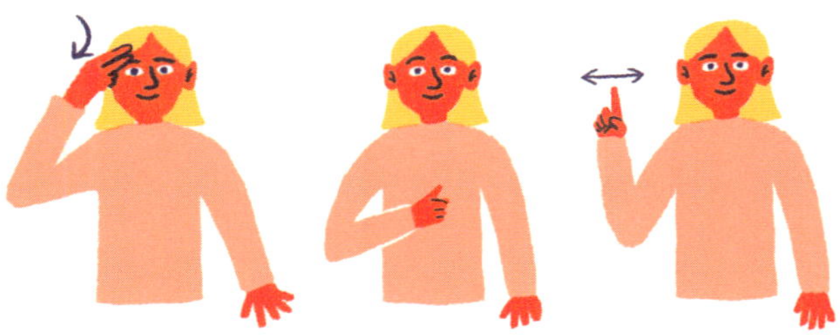

in der britischen Gebärdensprache

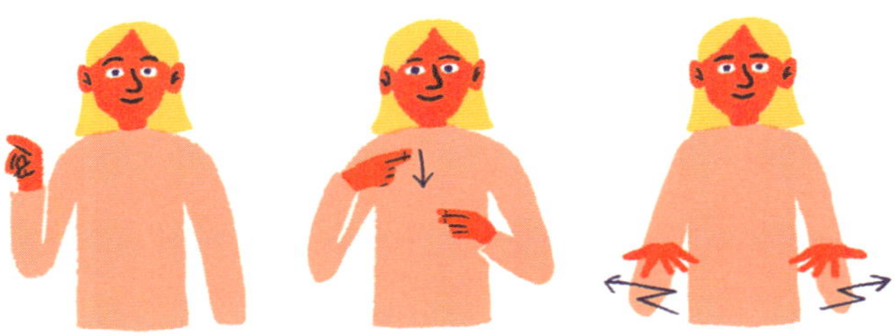

in der US-amerikanischen Gebärdensprache

Fingeralphabet

Man muss nicht gehörlos sein, um das Fingeralphabet zu können. Lerne es, dann kannst du dich während des Unterrichts mit Freundinnen und Freunden verständigen.

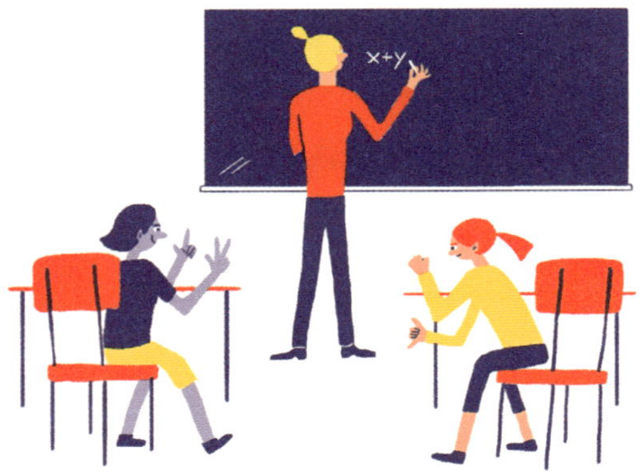

International verbreitet ist das Einhand-Fingeralphabet. Es sieht so aus:

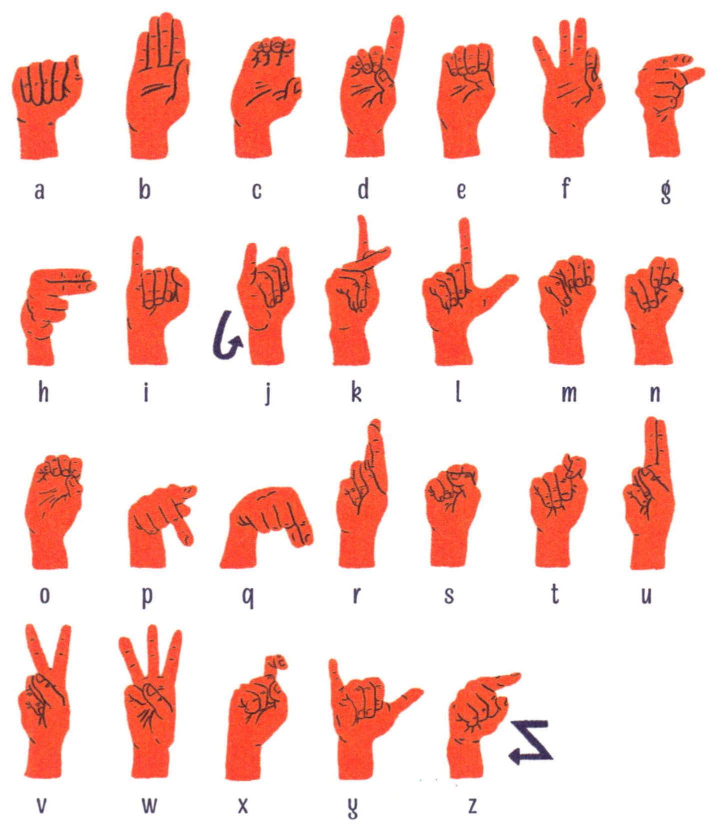

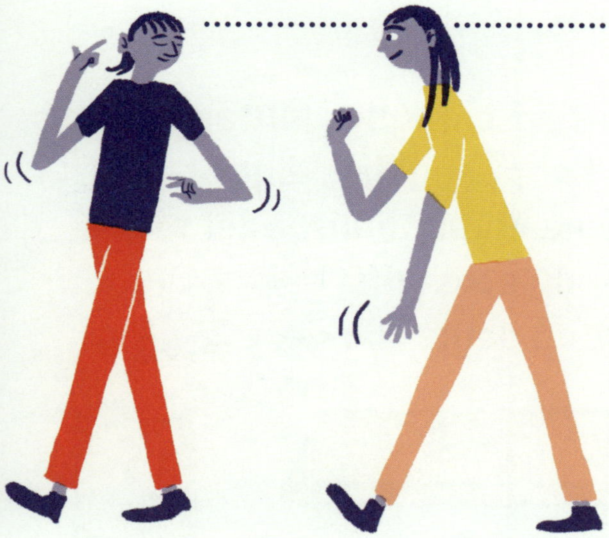

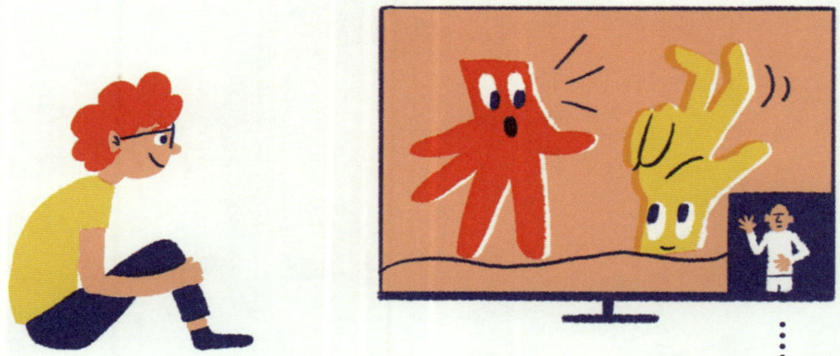

Gehörlose Menschen kommunizieren in Gebärdensprache. Dabei helfen ihnen Gebärdendolmetscher:innen – die hast du bestimmt schon mal im Fernsehen gesehen, in einem kleinen Quadrat am Rand des Bildschirms.

Die Dolmetscherinnen und Dolmetscher assistieren gehörlosen Menschen auch beim Arztbesuch oder im öffentlichen Raum. Oft übersetzen sie Reden von Politikerinnen und Politikern oder sogar – und das ist wirklich ein Erlebnis – Rockkonzerte!

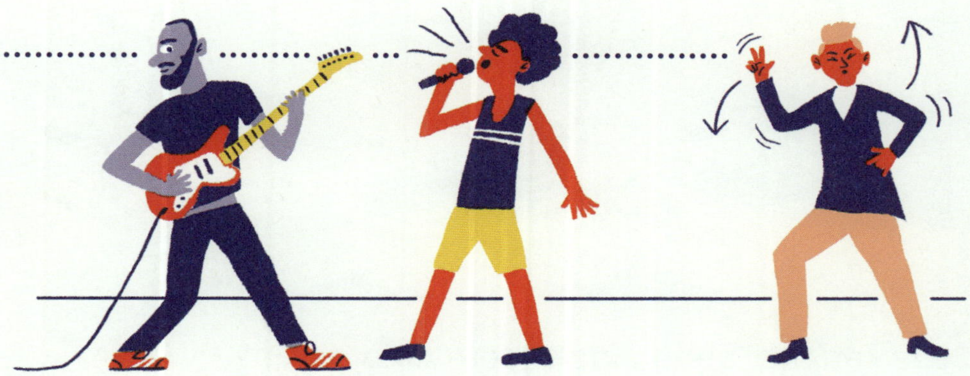

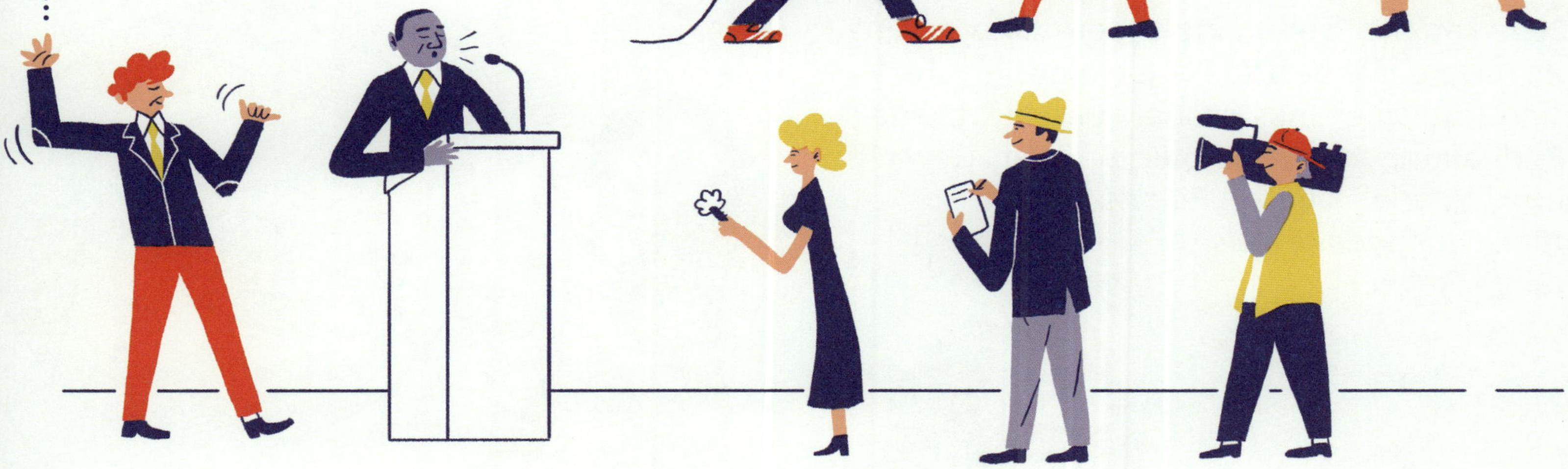

Berühmte sehbehinderte und gehörlose Menschen

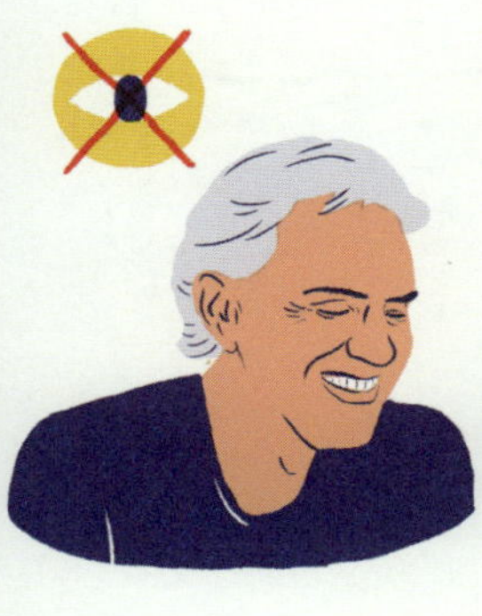

Andrea Bocelli
(*1958)
Opernsänger

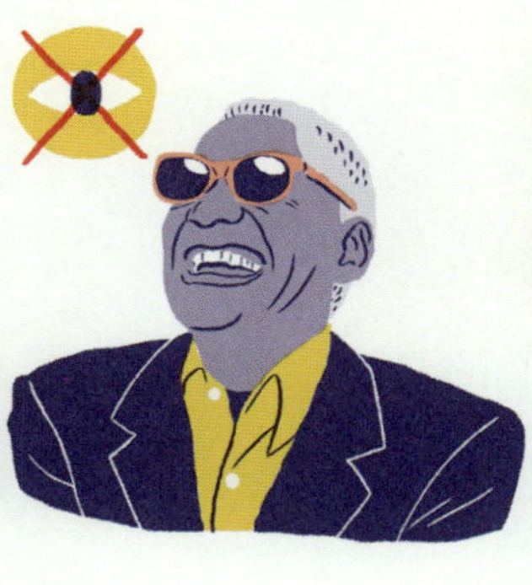

Ray Charles
(1930 – 2004)
Musiker

Helen Keller
(1880 – 1968)
Schriftstellerin

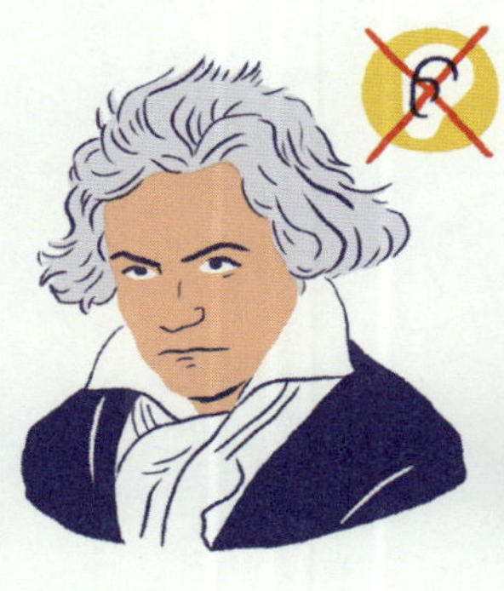

Ludwig van Beethoven
(1770 – 1827)
Komponist

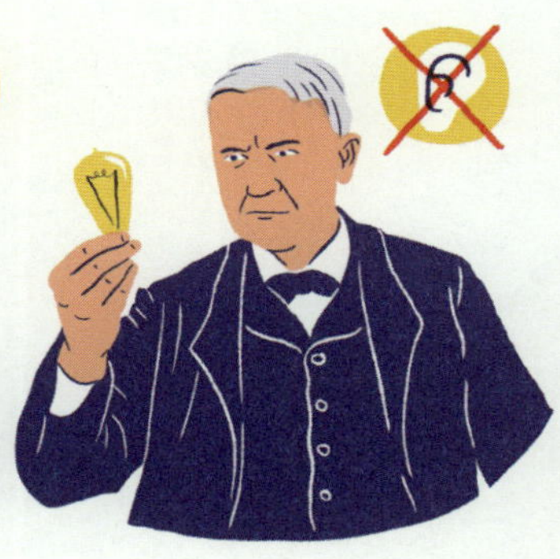

Thomas Alva Edison
(1847 – 1931)
Erfinder

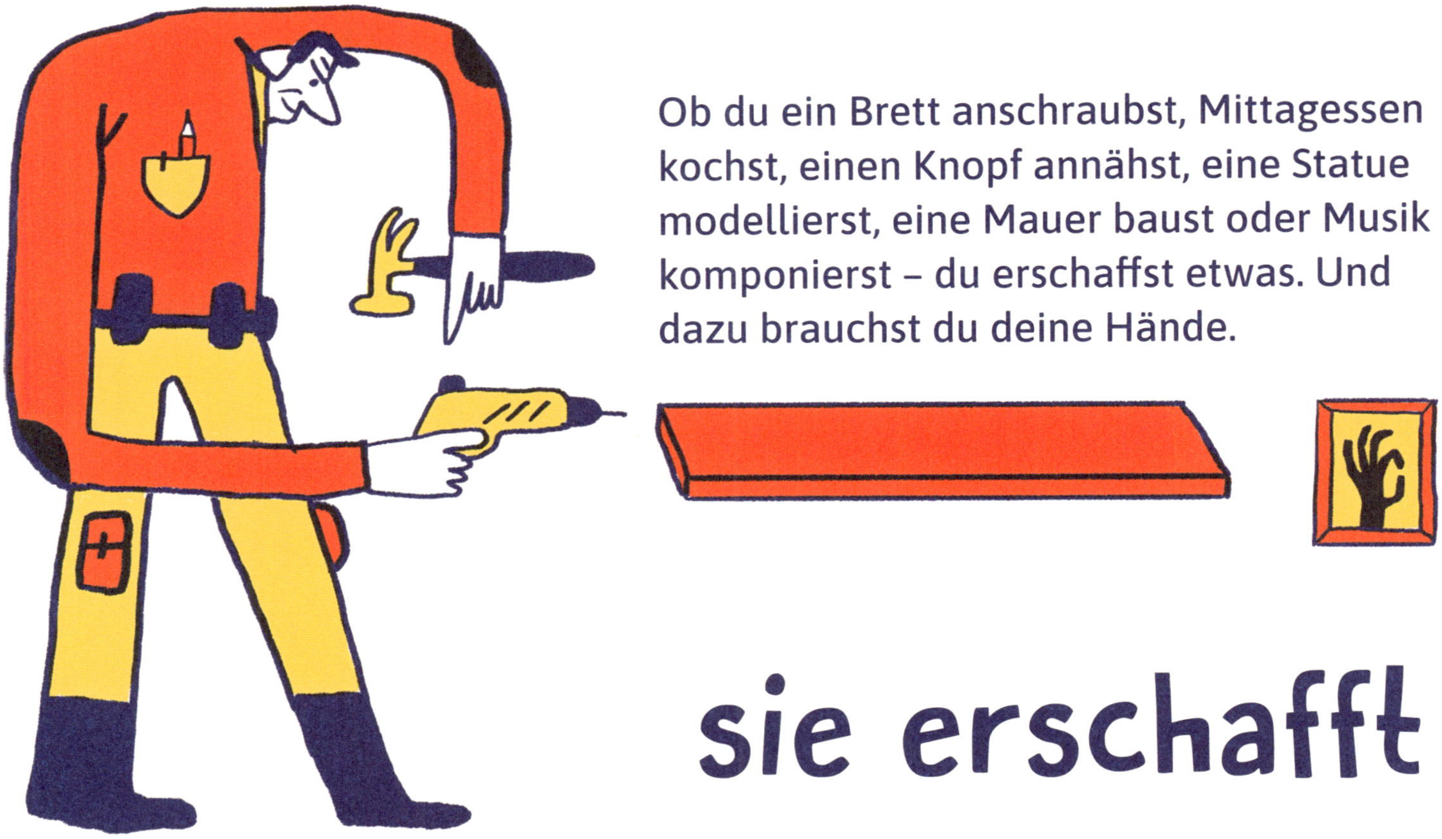

begeisterter Bastler

Ob du ein Brett anschraubst, Mittagessen kochst, einen Knopf annähst, eine Statue modellierst, eine Mauer baust oder Musik komponierst – du erschaffst etwas. Und dazu brauchst du deine Hände.

sie erschafft

Jede Tätigkeit stellt eine andere Anforderung an unsere Hände. Die Hände eines Maurers sind stark, die eines Bastlers geschickt, eine Bildhauerin hat ein Gespür für Form, Gewicht und Material. Und ein Pianist braucht flinke und idealerweise lange Finger.

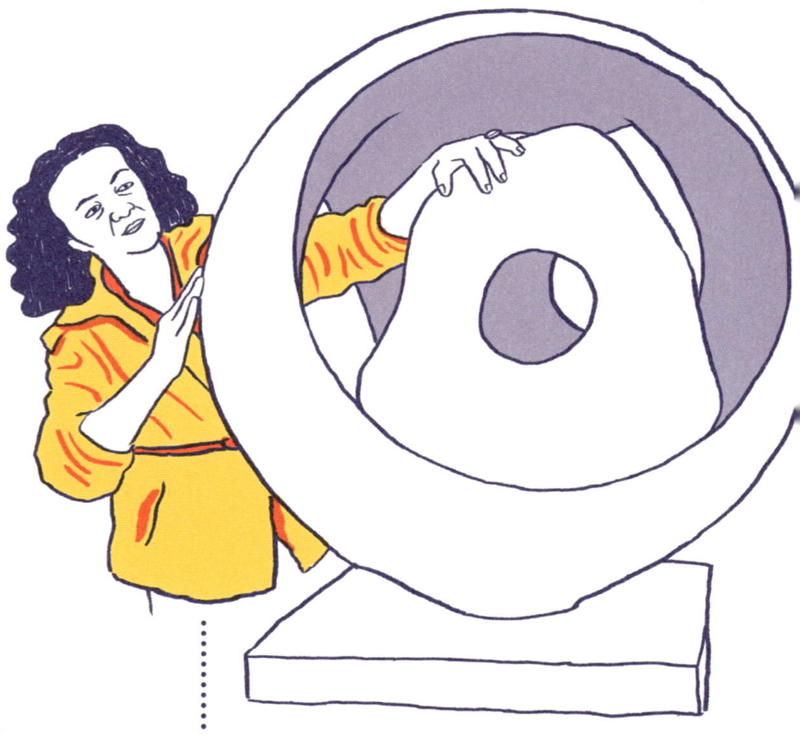

Barbara Hepworth
(1903 – 1975)
Bildhauerin

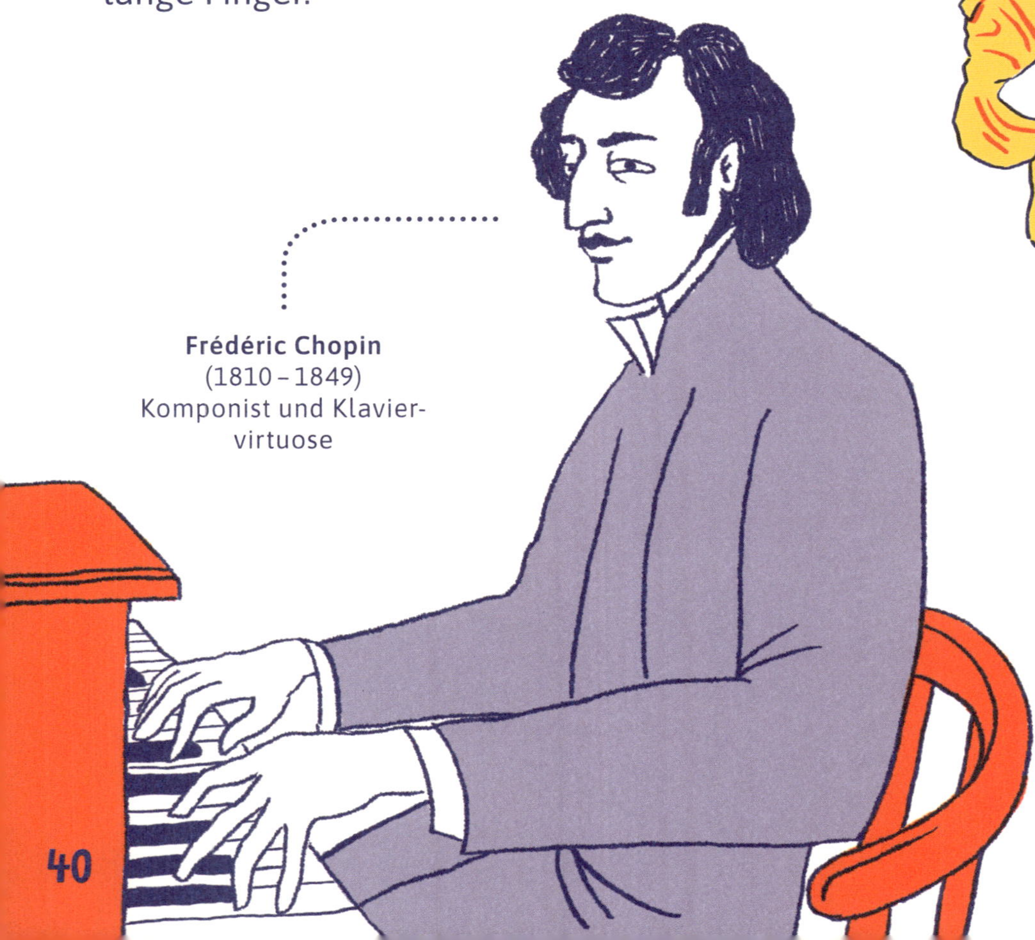

Frédéric Chopin
(1810 – 1849)
Komponist und Klaviervirtuose

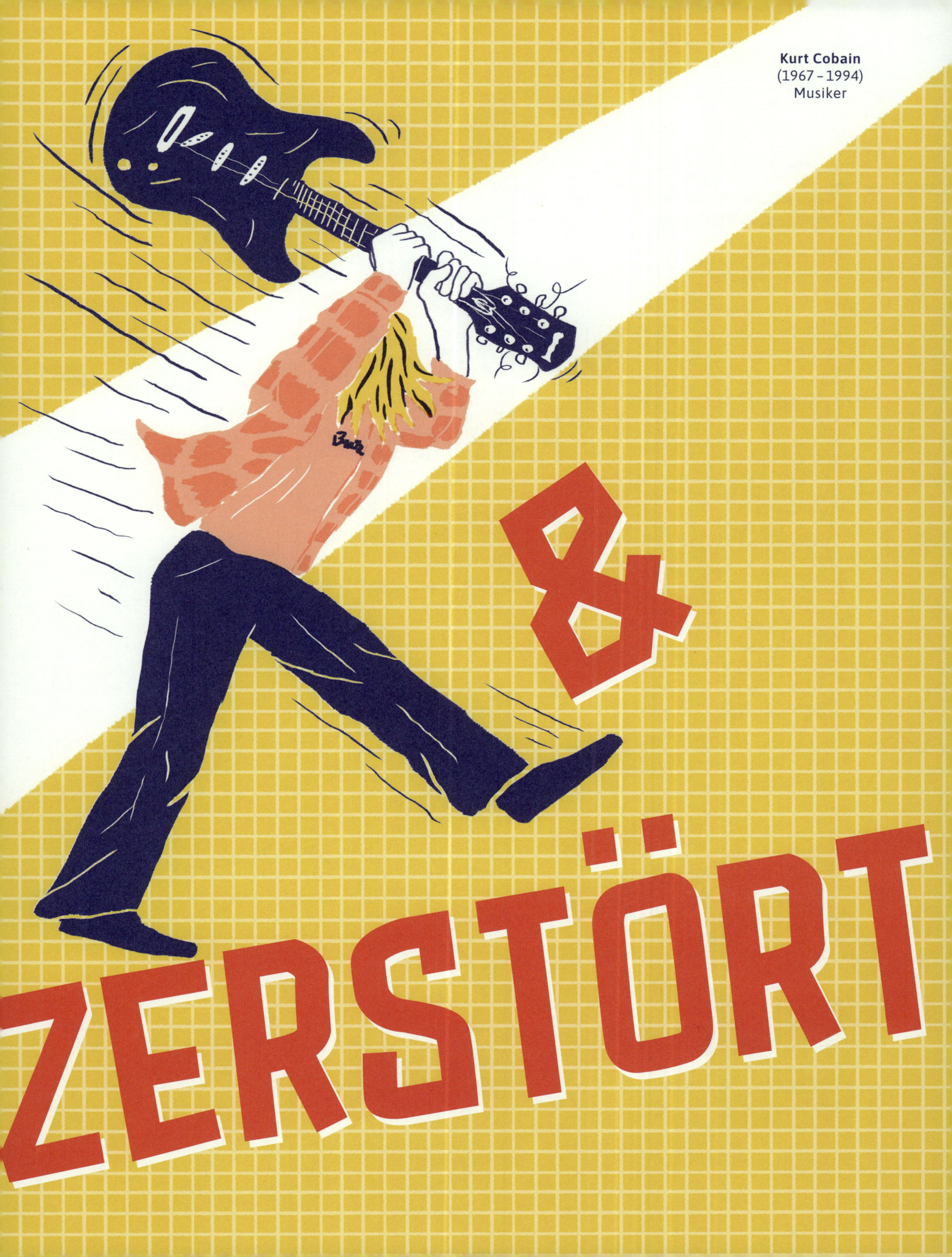

Kurt Cobain
(1967 – 1994)
Musiker

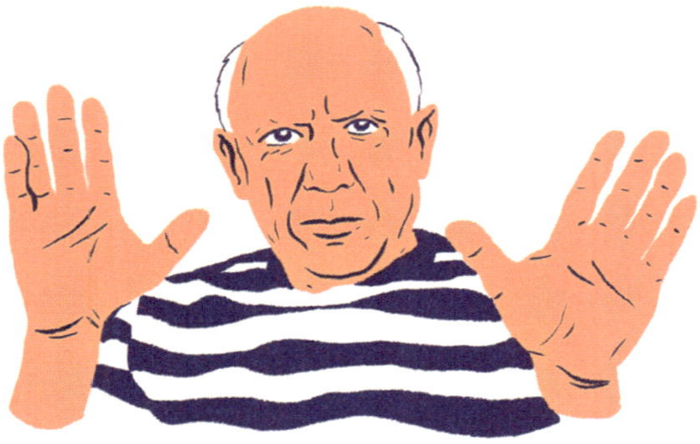

Pablo Picasso
Maler

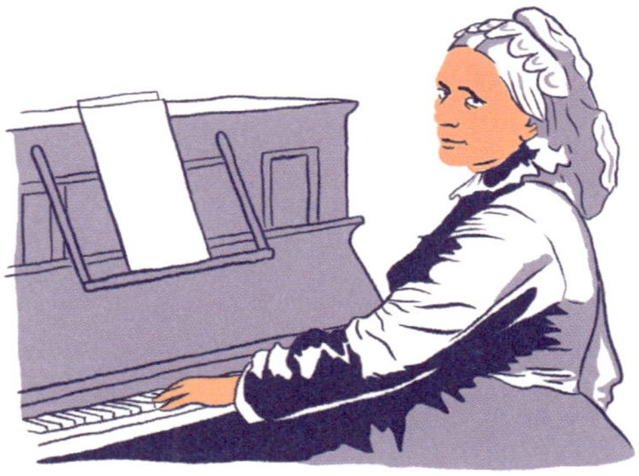

Clara Schumann
Pianistin und Komponistin

Berühmte Hände

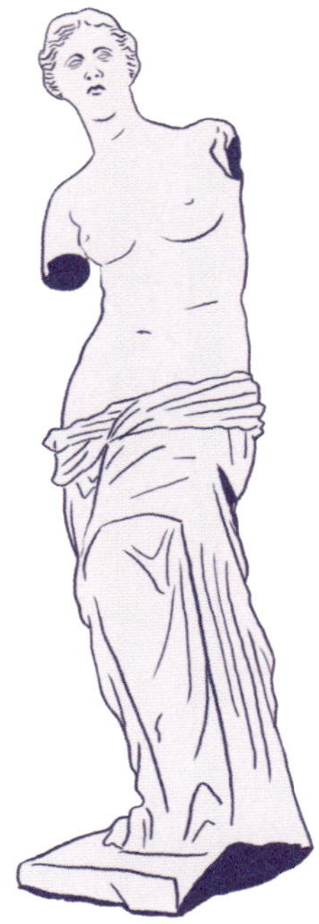

Venus de Milo
Statue

Sie schreiben Geschichte, erschaffen außergewöhnliche Werke und sorgen für unvergessliche Momente. Auf diese Seite passen natürlich nur ganz wenige von ihnen.

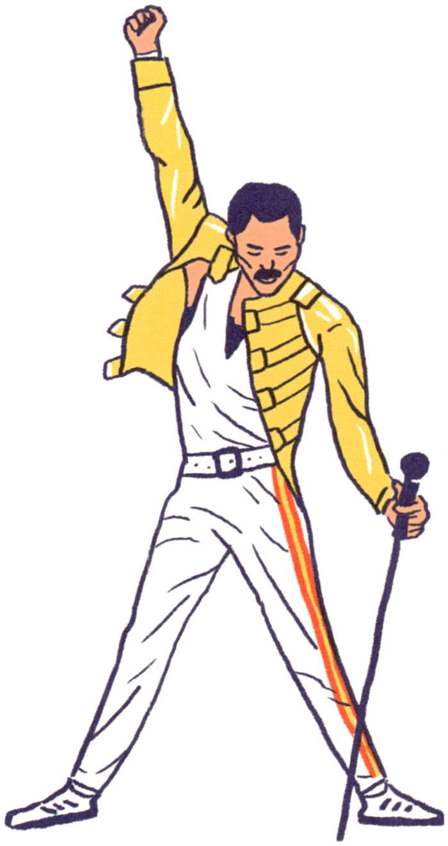

Freddie Mercury
Sänger

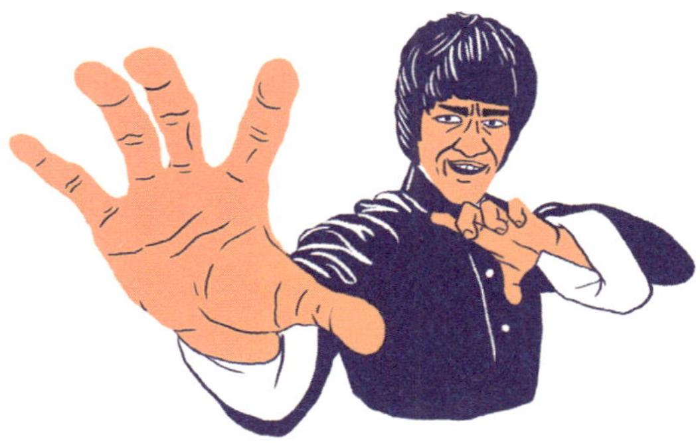

Bruce Lee
Meister der Kampfkünste, Schauspieler

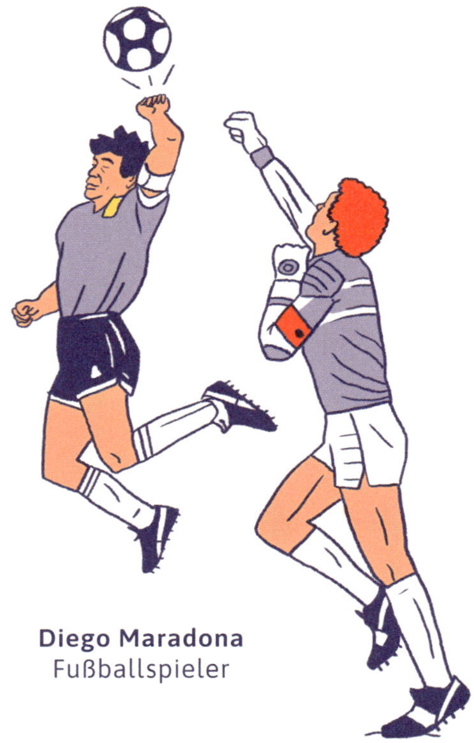

Diego Maradona
Fußballspieler

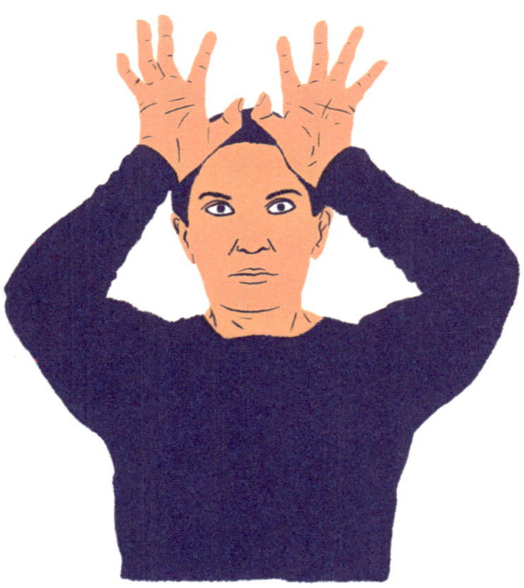

Marina Abramović
Künstlerin

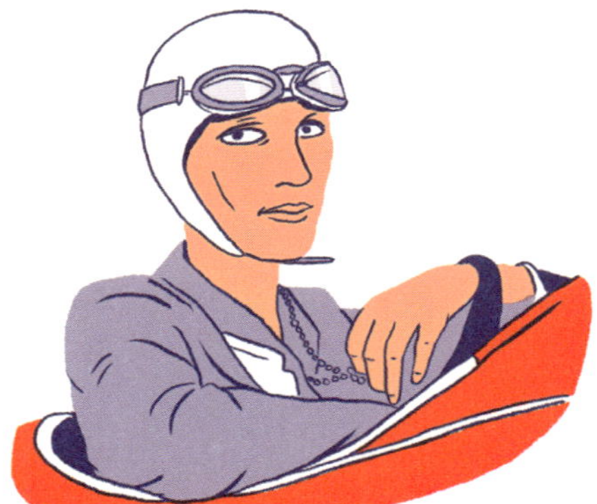

Amelia Earhart
Flugpionierin

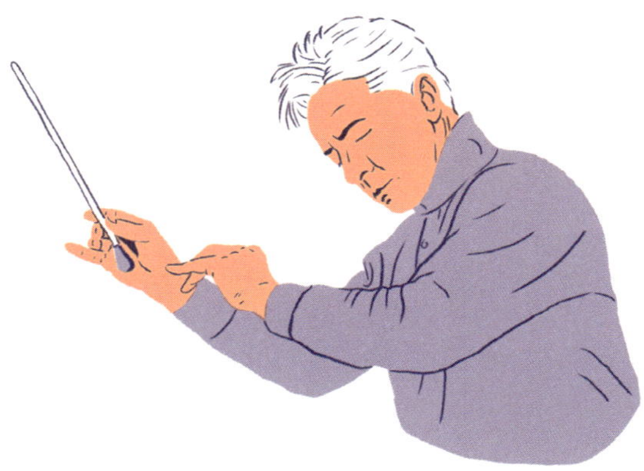

Herbert von Karajan
Dirigent

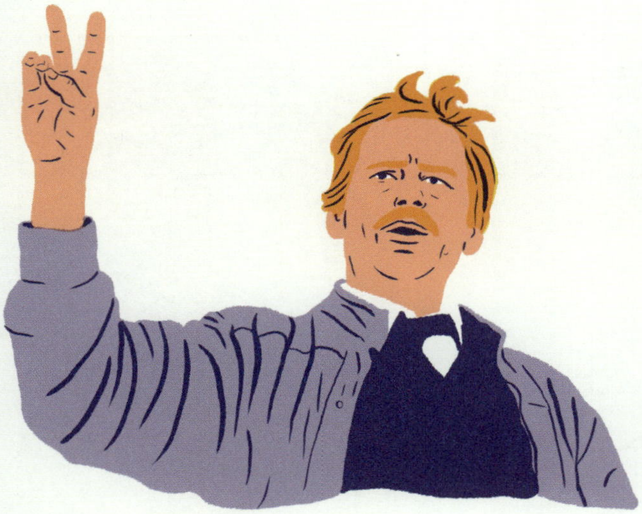

Václav Havel
Präsident

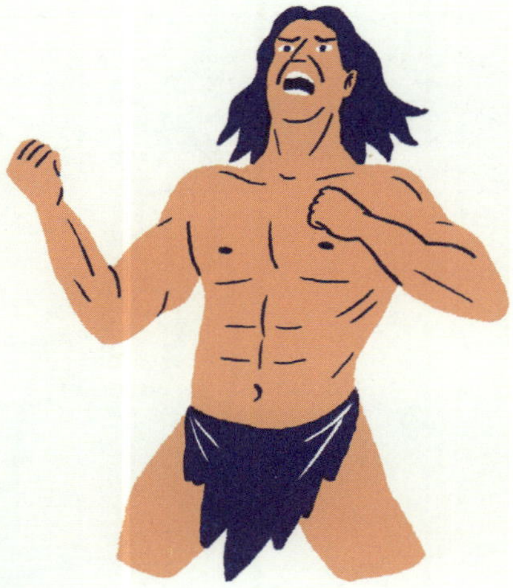

Tarzan
Herr des Dschungels

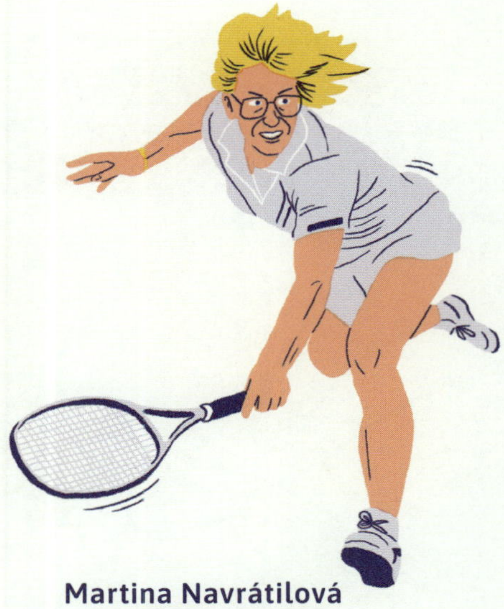

Martina Navrátilová
Tennisspielerin

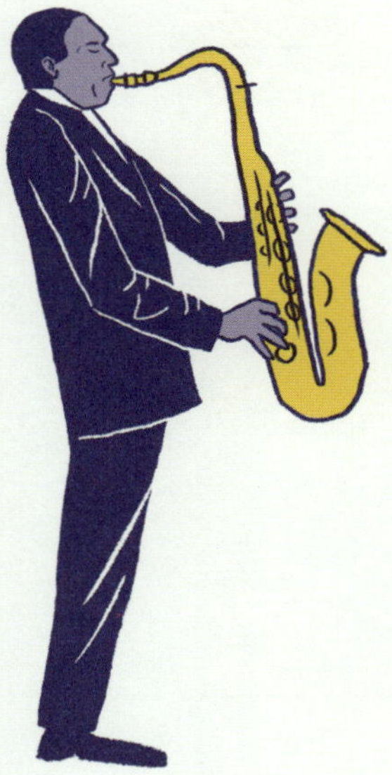

John Coltrane
Jazzmusiker

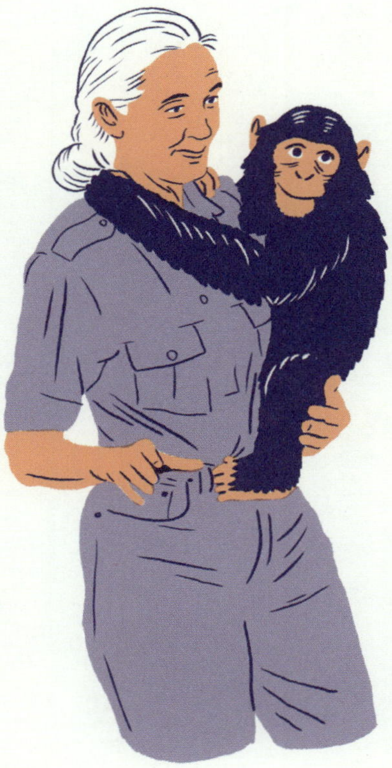

Jane Goodall
Forscherin

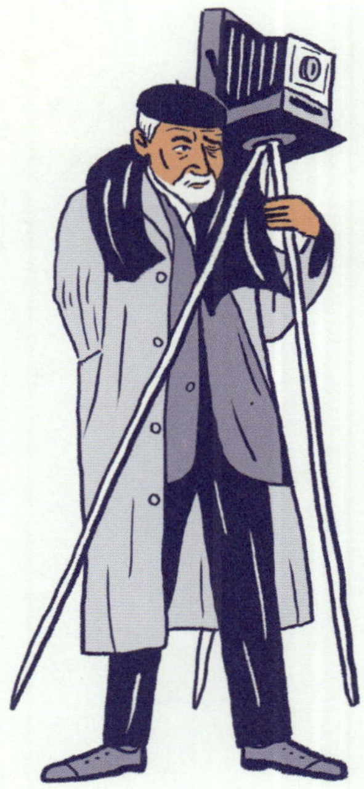

Josef Sudek
Fotograf

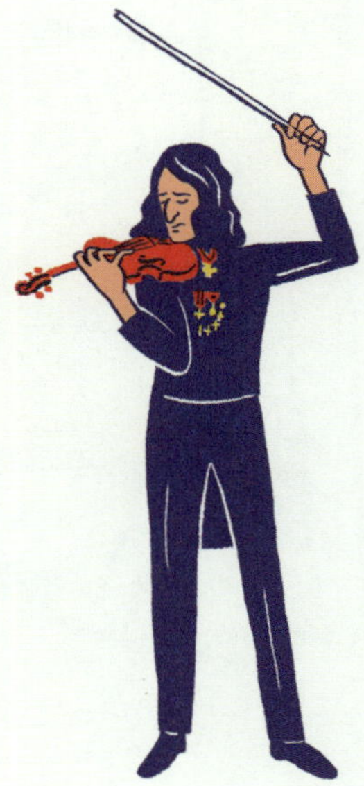

Niccolò Paganini
Violinist

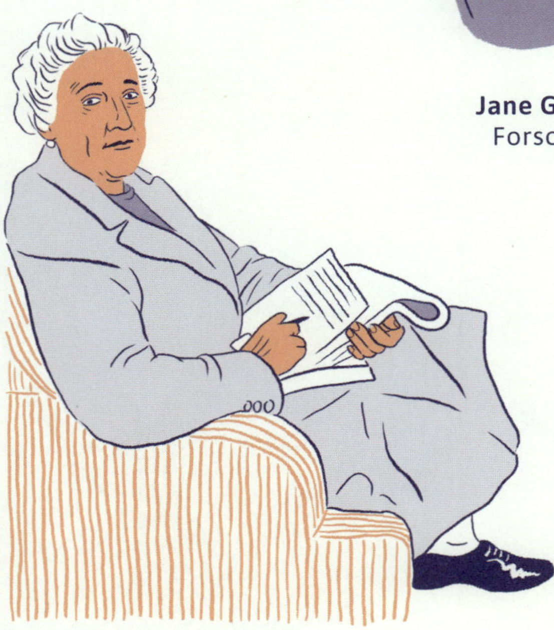

Agatha Christie
Schriftstellerin

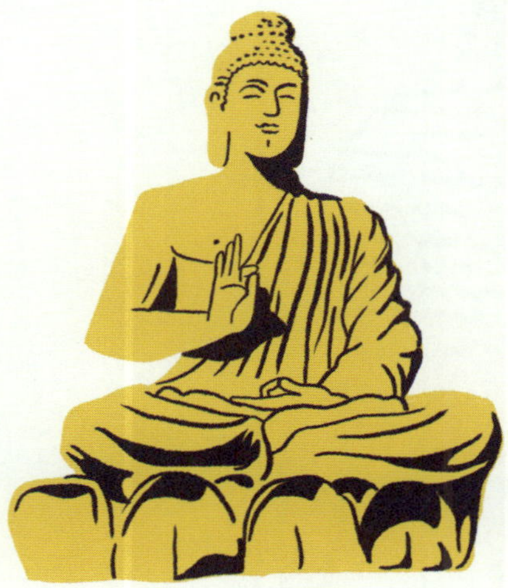

Buddha
Erleuchteter

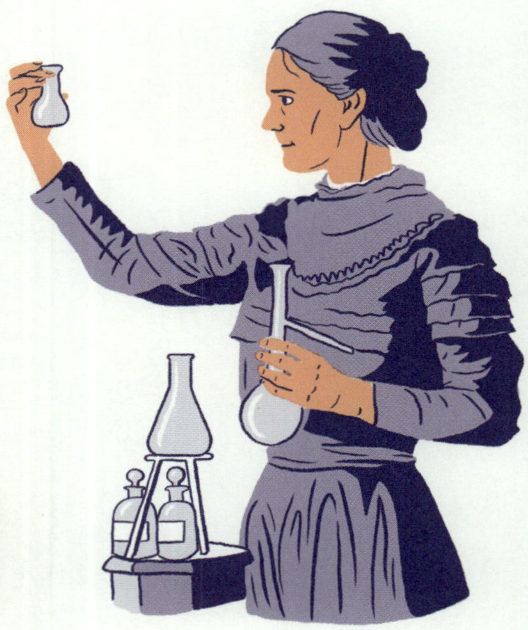

Marie Curie-Skłodowska
Wissenschaftlerin

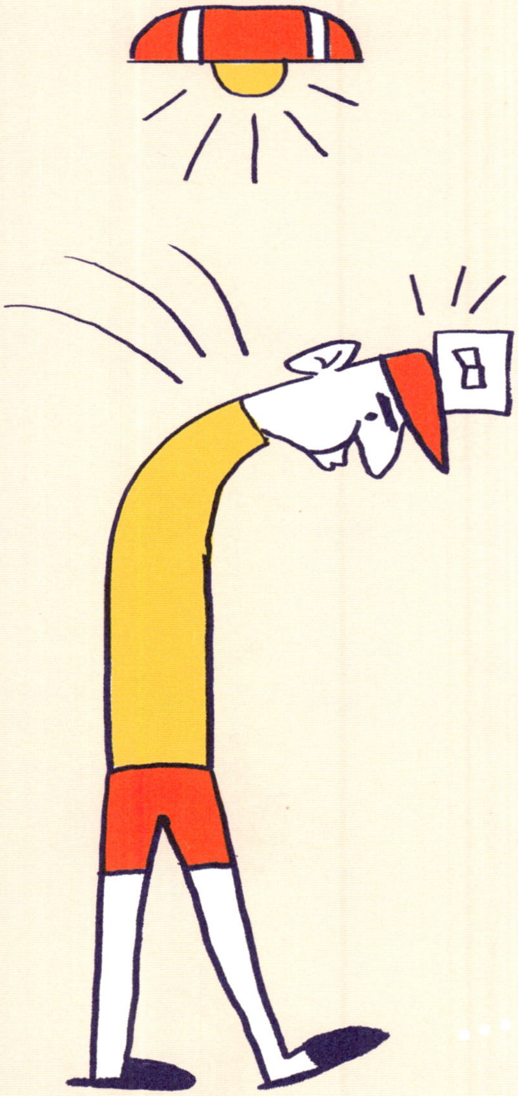

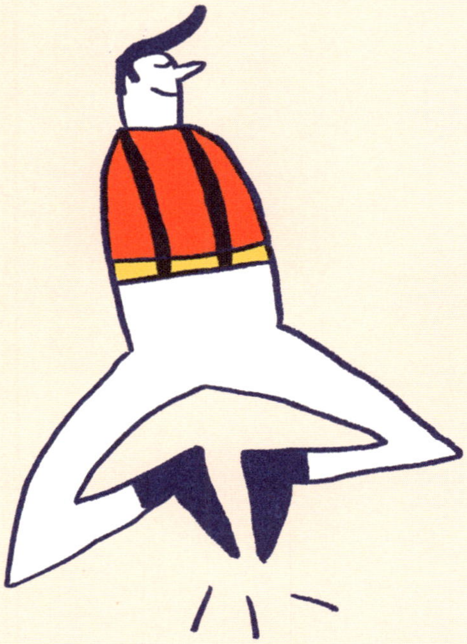

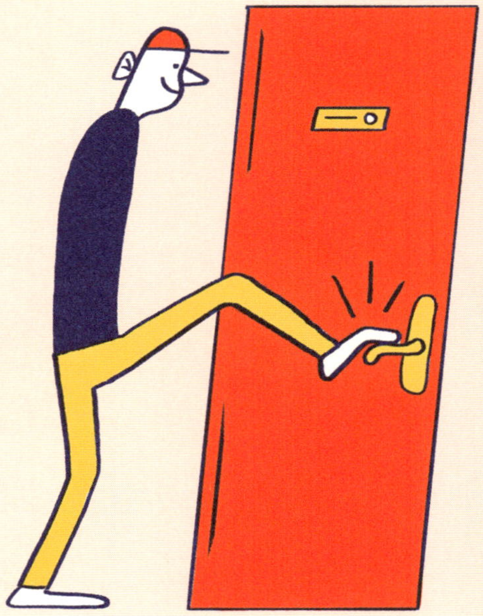

Wie wäre es

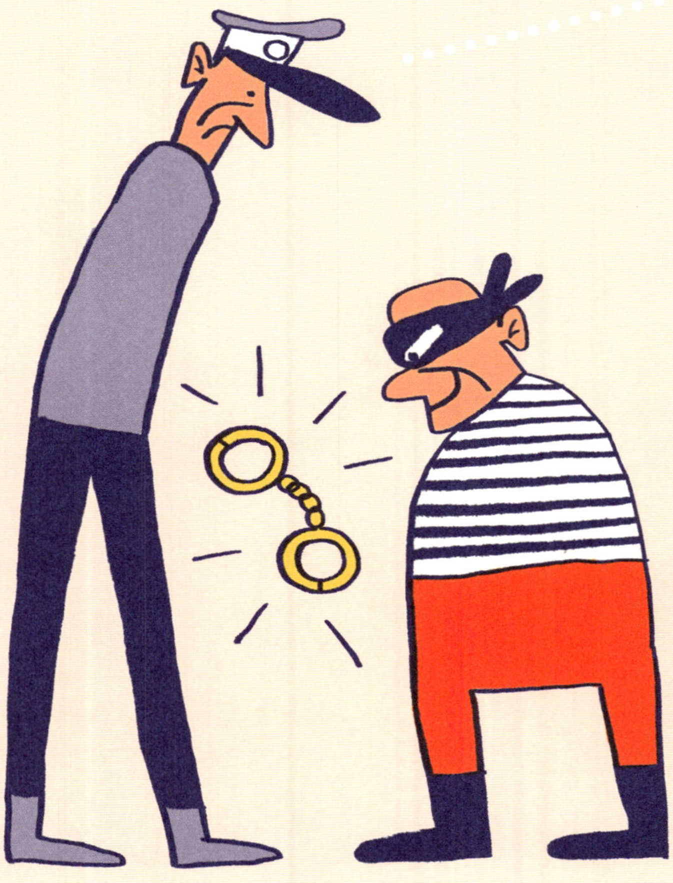

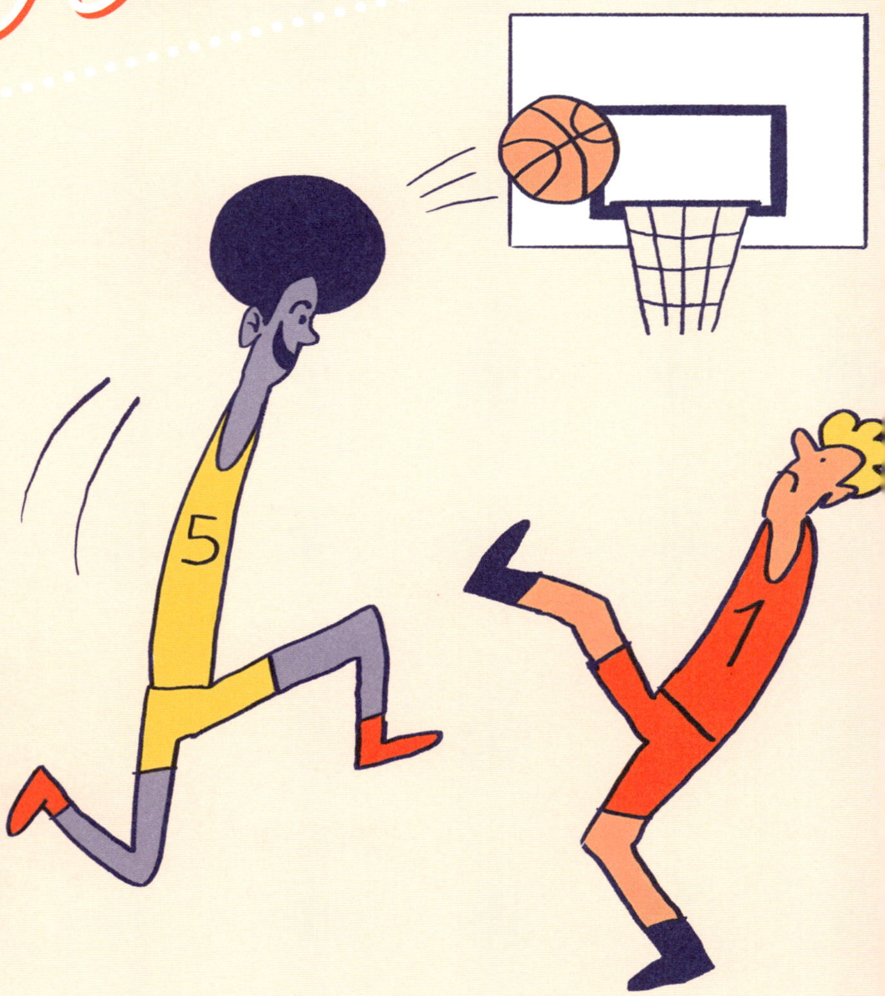

OHNE HÄNDE ?

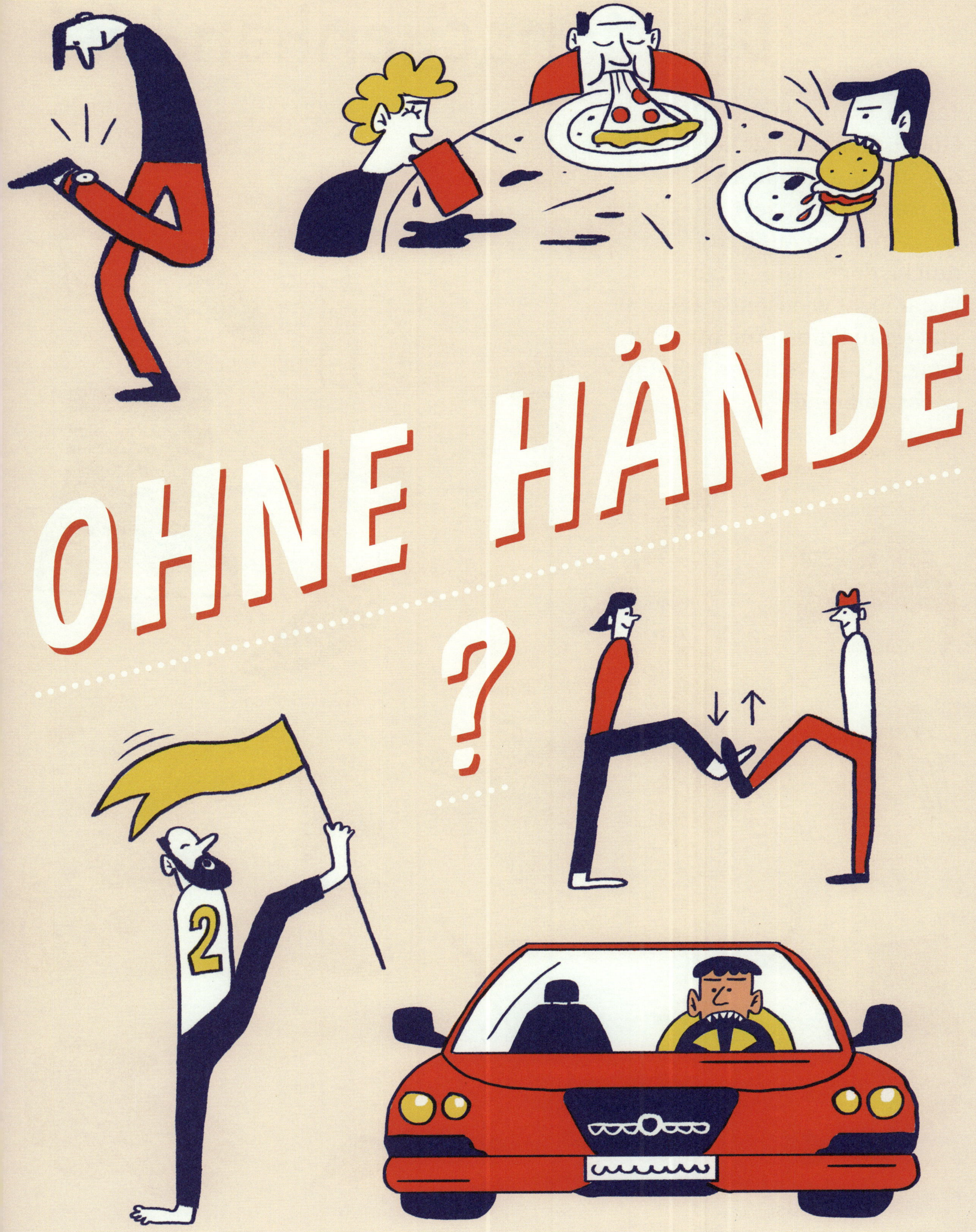

Die Menschenhand ist

Tatzen, Pfoten, Flossen, Flügel, Tentakel, Klauen – das sind die Hände im Tierreich. Zumindest, wenn man ein Auge zudrückt, denn viele sehen ja gar nicht wie Hände aus und sie funktionieren oft auch ganz anders. Doch ihre Vielfalt ist faszinierend.

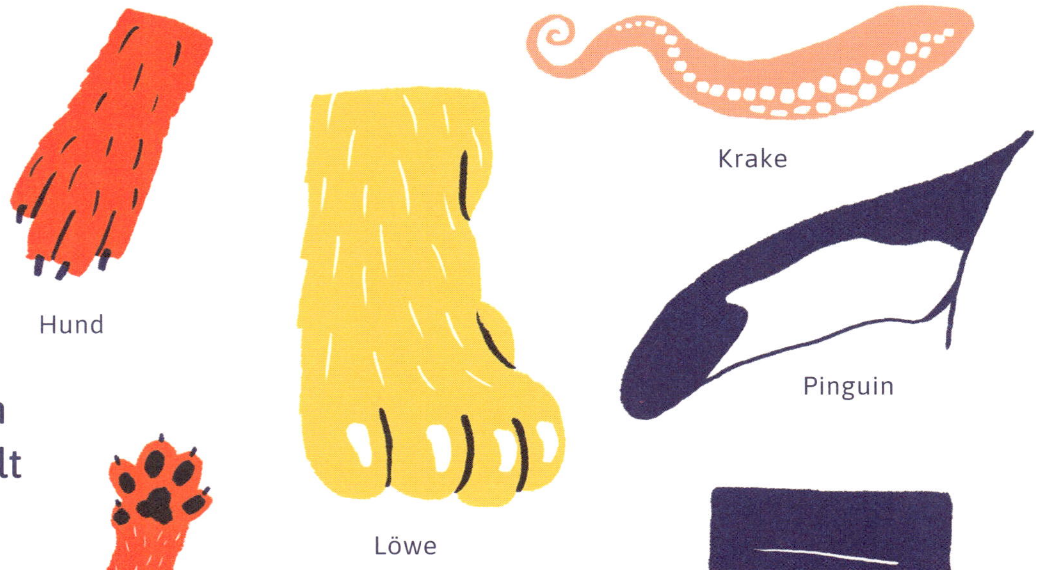

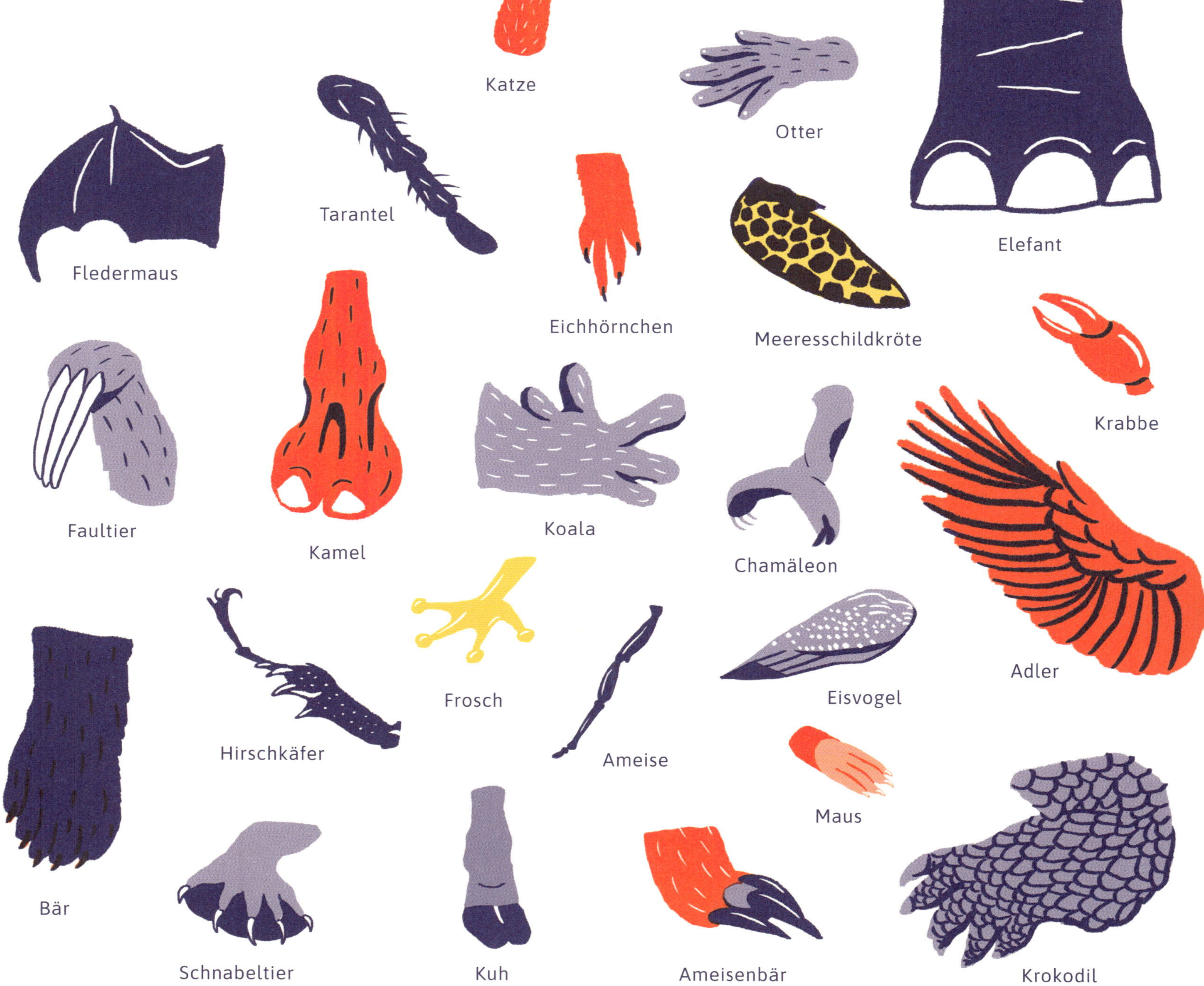

einzigartig in der Natur

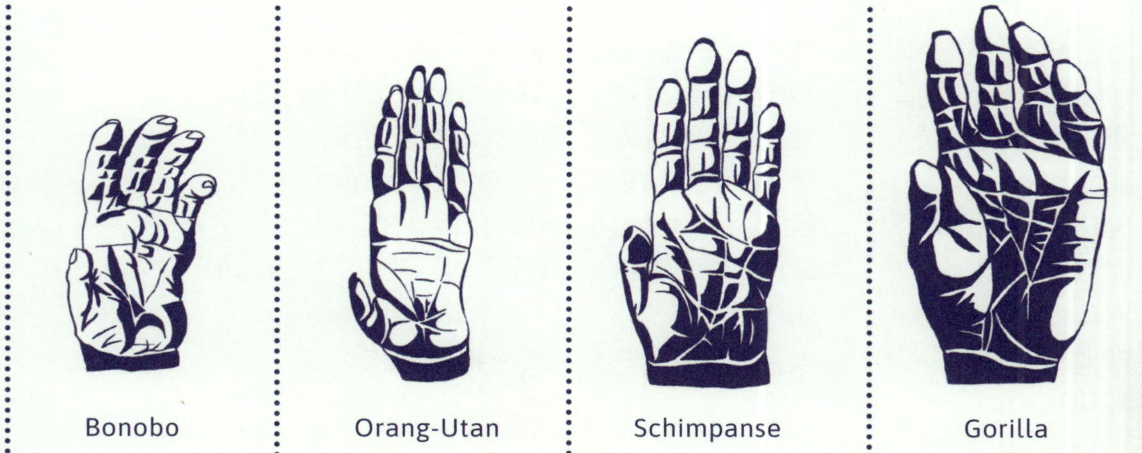

Unsere Hand ist der von Menschenaffen recht ähnlich.

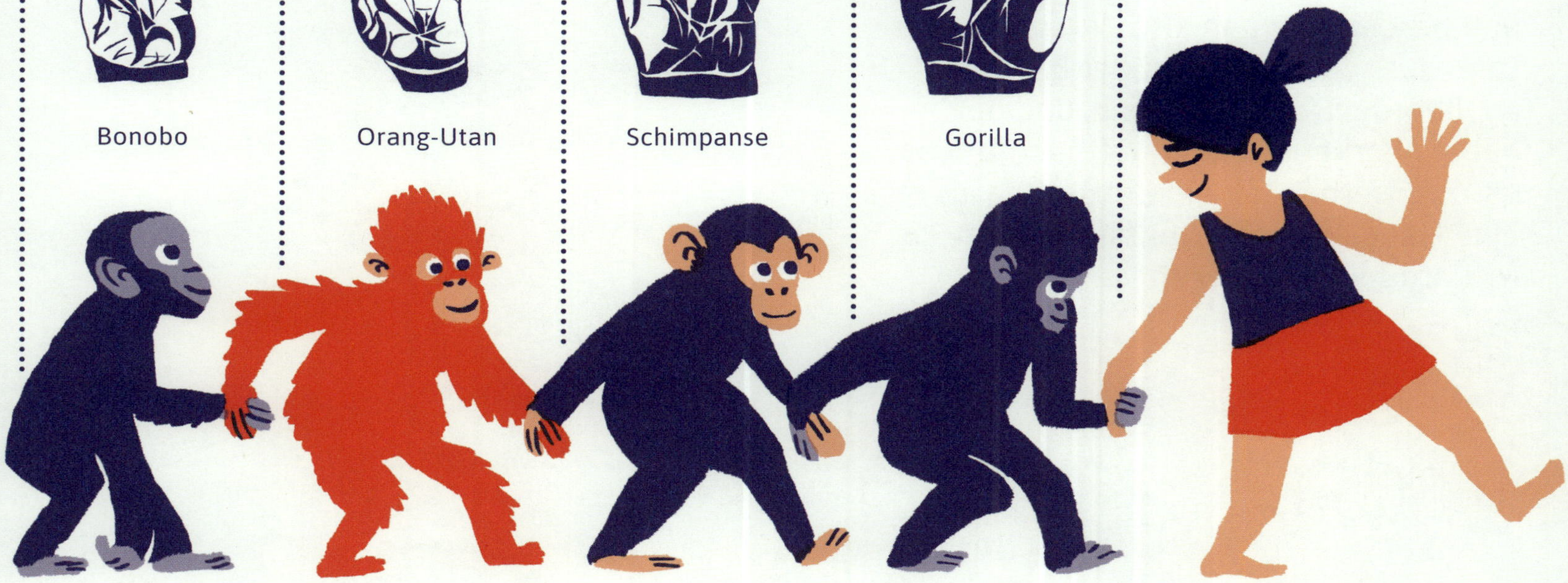

Unterschiede zwischen Menschenhand und Menschenaffenhand

1. PROPORTIONEN

Der Hauptunterschied liegt im Verhältnis der Daumenlänge zur Länge der anderen Finger. Die Menschenhand ist auch ebenmäßiger – Handfläche und Finger sind kürzer und weniger gekrümmt. Warum? Weil sie anders verwendet wird als die Affenhand (siehe Punkt 2).

2. GEBRAUCH

Die vielen Einsatzmöglichkeiten der Menschenhand haben wir schon gezeigt. Und der Affe? Der braucht seine Hände nicht nur zur Handhabung von einfachen Gegenständen, sondern auch, um sich fortzubewegen: Zum Gehen, Hangeln und auf Bäume Klettern. Deshalb sind seine Hände kräftiger und haben längere Finger. Und die Geschicklichkeit? Siehe Punkt 3.

3. GESCHICKLICHKEIT

Ein Menschenaffe kann aus dem Fell eines Artgenossen winzige Parasiten entnehmen und mit einem Stöckchen leckere Nahrung aus einem kleinen Loch herausbohren. Er kann sowohl fest zupacken als auch feinmotorisch greifen. Aber die menschliche Hand ist doch noch eine Spur geschickter und sensibler. Das liegt unter anderem an der größeren Beweglichkeit des Daumens, der beim Menschen über die ganze Handfläche reichen und an den Kuppen der anderen Finger Gegendruck erzeugen kann. Die menschliche Hand ist vielseitiger einsetzbar, die Bewegungen sind präziser. Das kann nur die Menschenhand: die Handfläche wölben und mit allen Fingern zugreifen.

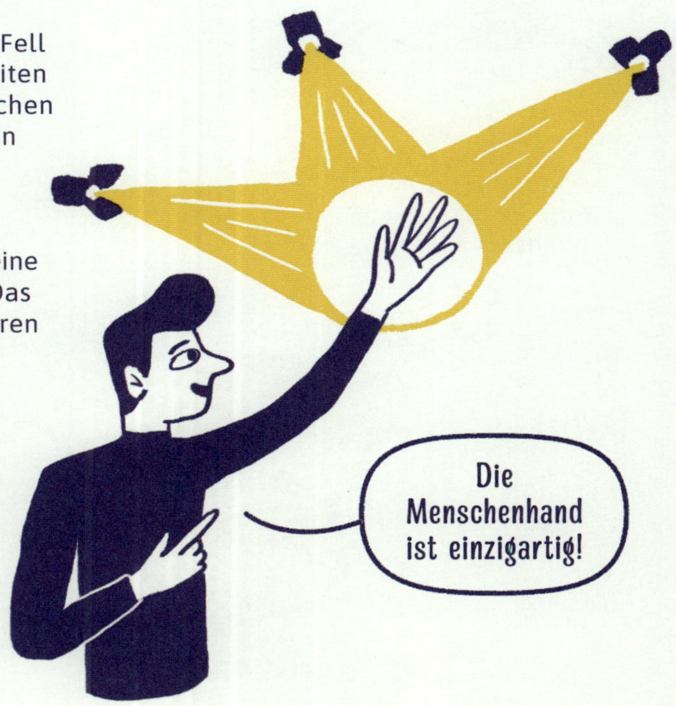

Wie kam es dazu? Das erfährst du auf der nächsten Seite!

Der lange Weg zur Hand

Bis der Mensch so wurde, wie wir ihn heute kennen, verging unvorstellbar viel Zeit. Diese Entwicklung heißt Evolution, und man könnte über sie allein schon ein dickes Buch schreiben. Wir schauen uns die Evolution deshalb vereinfacht und beschleunigt an. Die Wissenschaft sagt, dass das Leben auf der Erde vor 4 Milliarden Jahren begann, und bevor dabei überhaupt etwas auftauchte, was ganz entfernt ein kleines bisschen an eine Hand erinnerte, mussten schon 3,6 Milliarden Jahre vergehen.

Die Hand entwickelte sich, als auf der Erde die ersten Primaten auftauchten, während einer Zeitspanne von 60 Millionen Jahren. Es war ein langer und schwieriger Prozess. Nichts fällt einem einfach so in den Schoß – nicht einmal die Hand.

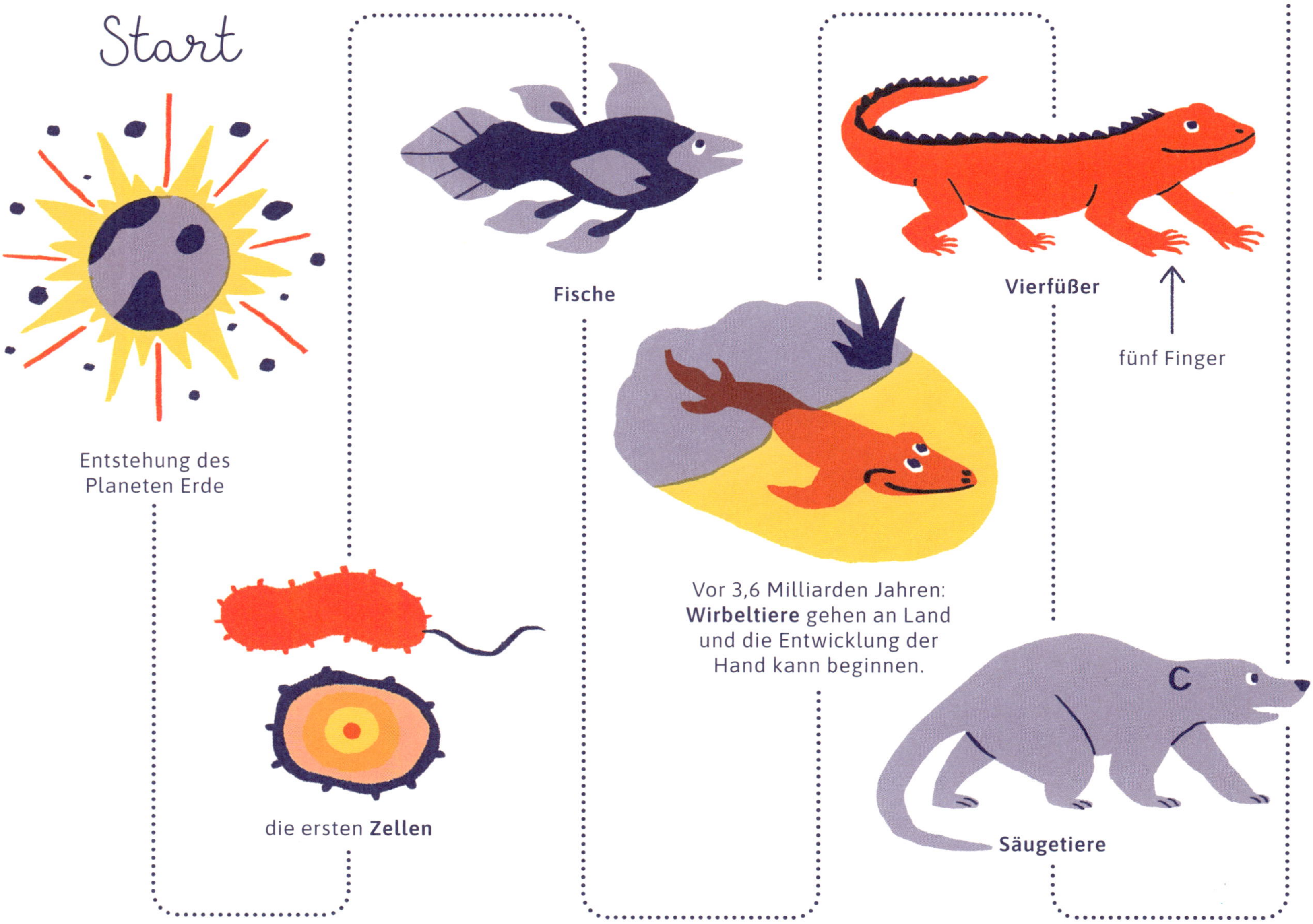

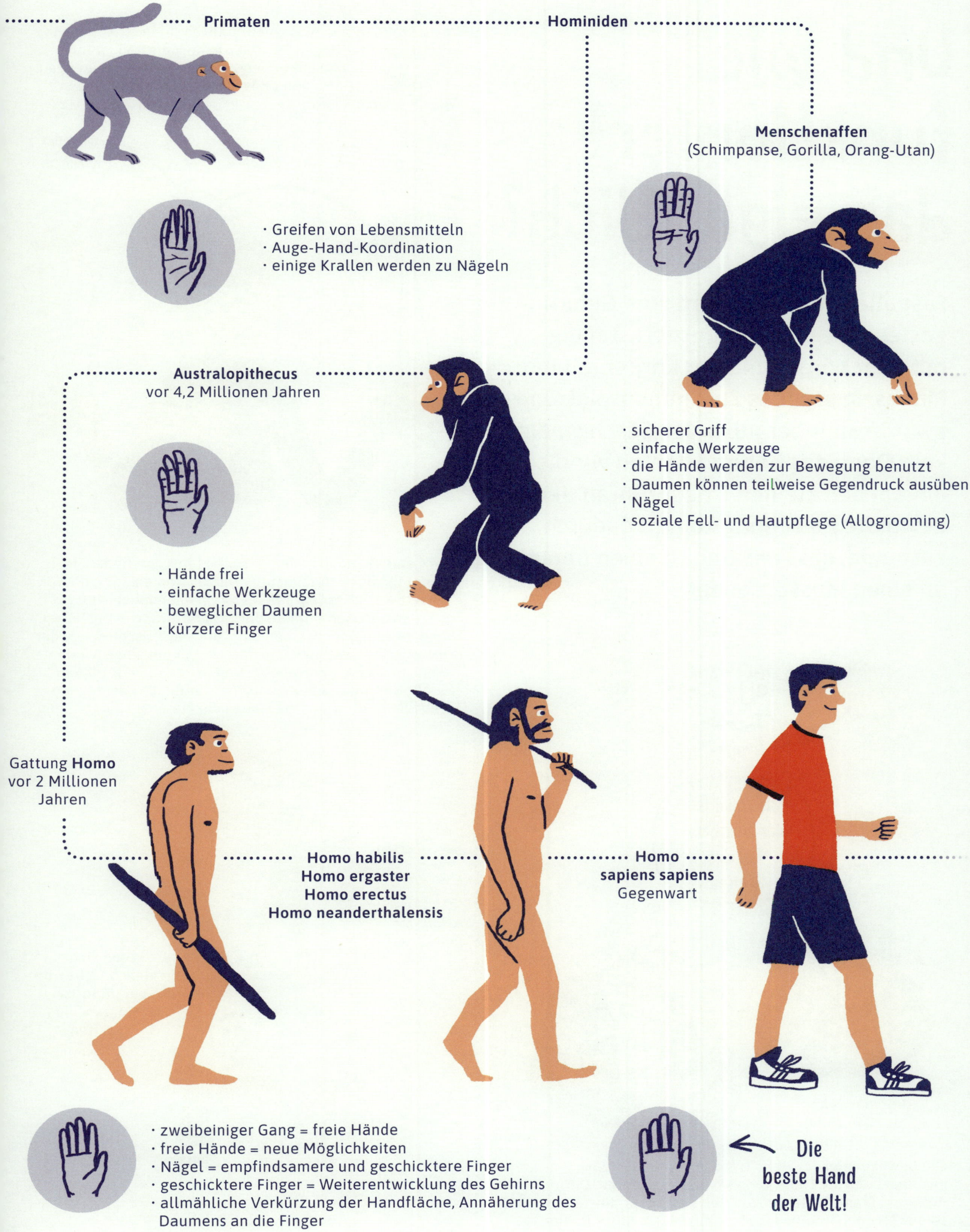
Primaten
Hominiden
Menschenaffen
(Schimpanse, Gorilla, Orang-Utan)
· Greifen von Lebensmitteln
· Auge-Hand-Koordination
· einige Krallen werden zu Nägeln
Australopithecus
vor 4,2 Millionen Jahren
· sicherer Griff
· einfache Werkzeuge
· die Hände werden zur Bewegung benutzt
· Daumen können teilweise Gegendruck ausüben
· Nägel
· soziale Fell- und Hautpflege (Allogrooming)
· Hände frei
· einfache Werkzeuge
· beweglicher Daumen
· kürzere Finger
Gattung Homo
vor 2 Millionen
Jahren
Homo habilis
Homo ergaster
Homo erectus
Homo neanderthalensis
Homo
sapiens sapiens
Gegenwart
· zweibeiniger Gang = freie Hände
· freie Hände = neue Möglichkeiten
· Nägel = empfindsamere und geschicktere Finger
· geschicktere Finger = Weiterentwicklung des Gehirns
· allmähliche Verkürzung der Handfläche, Annäherung des Daumens an die Finger
Die
beste Hand
der Welt!

Und wie funktioniert das eigentlich?

Fast alles im Körper wird vom Gehirn gesteuert – es kommuniziert ständig mit dem Körper und der Körper mit ihm. Ein faszinierendes Zusammenspiel, und zwar in atemberaubender Geschwindigkeit. Ohne das Gehirn könnten wir nicht einmal den kleinen Finger rühren. Jede bewusste Bewegung kommt dadurch zustande, dass das Gehirn einen Impuls an einen Muskel sendet.

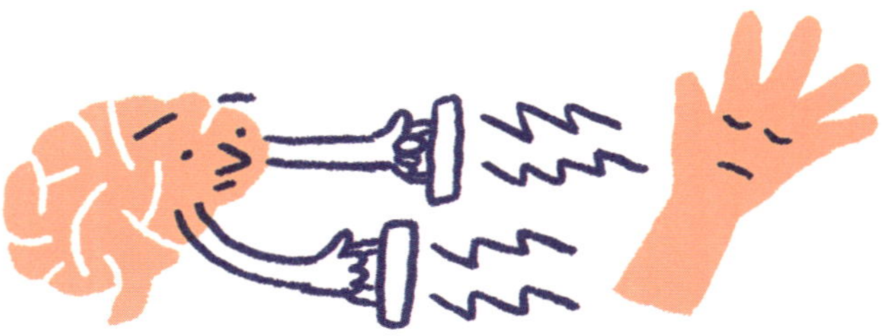

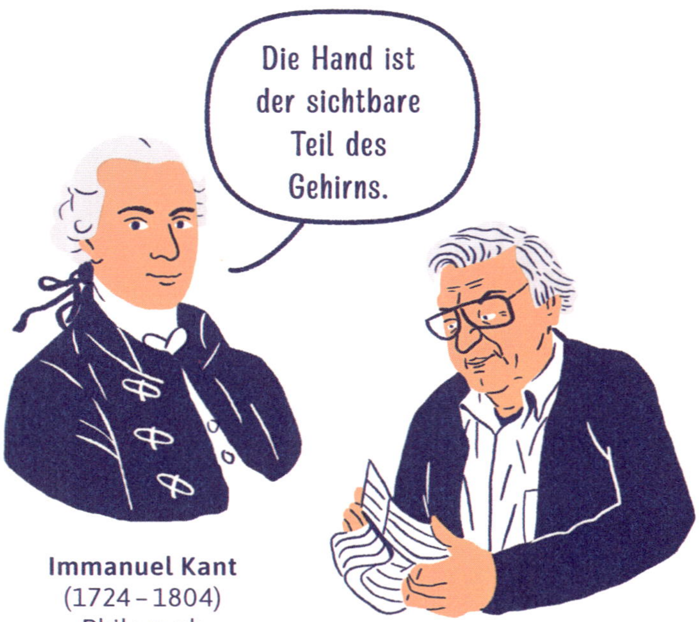

Immanuel Kant
(1724 – 1804)
Philosoph

Die Bewegungen der Hand werden von Gedanken gesteuert und die Hand kann sie materialisieren. Der Architekt **Frank O. Gehry** zum Beispiel „modellierte“ mit seinen Händen intuitiv ein Haus aus einem Stück Papier.

Das Großhirn hat zwei Gehirnhälften. Jede lenkt jeweils den gegenüberliegenden Teil des Körpers und ist für unterschiedliche Funktionen zuständig. Die Bewegungskoordination übernimmt das Kleinhirn. Hätten wir es nicht, würden wir uns ruckartig bewegen, wie Roboter.

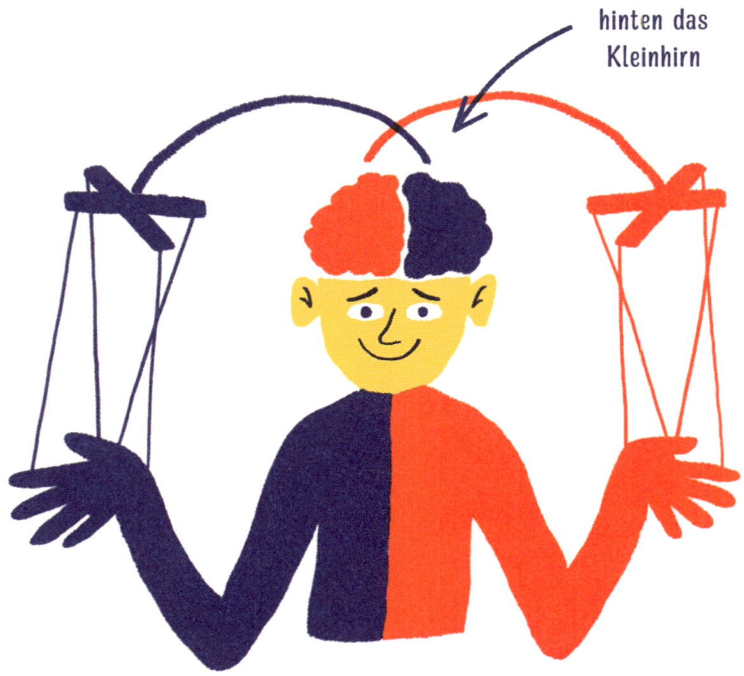

Im Gehirn kann man den ganzen Menschen finden. Man nennt ihn auch Homunculus, und es sind eigentlich zwei. Unsere Körperteile werden von verschiedenen – und verschieden großen – Teilen der Großhirnrinde angesteuert. Und diese beiden Homunculi – der sensorische sowie der motorische – veranschaulichen, wie wir aussehen würden, wenn unsere Körperteile im Verhältnis zu dem Teil der Großhirnrinde wachsen würden, der für sie zuständig ist. In beiden Fällen sind die Hände die klaren Gewinnerinnen.

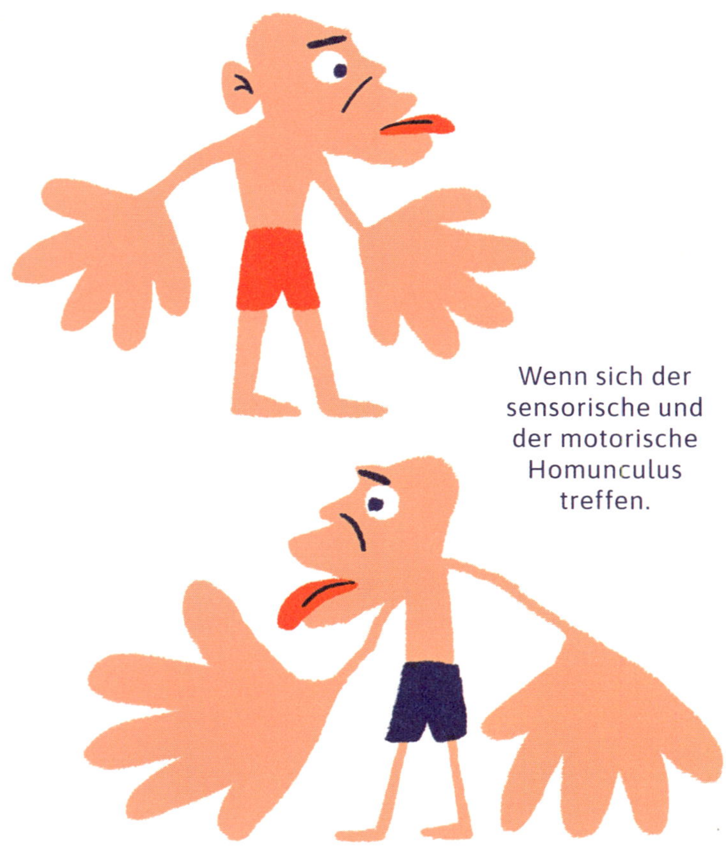

Wenn sich der sensorische und der motorische Homunculus treffen.

AKTION: Durst

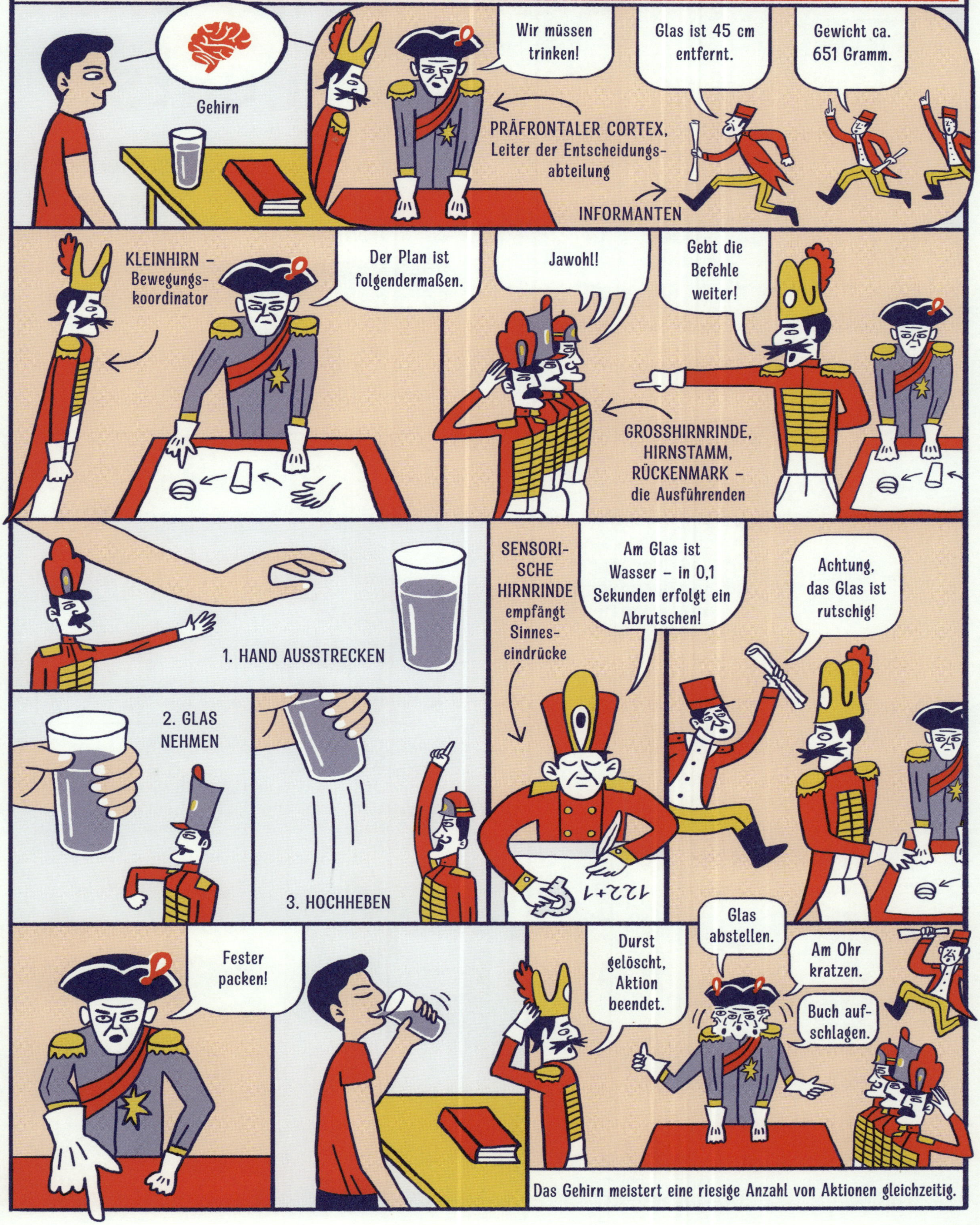

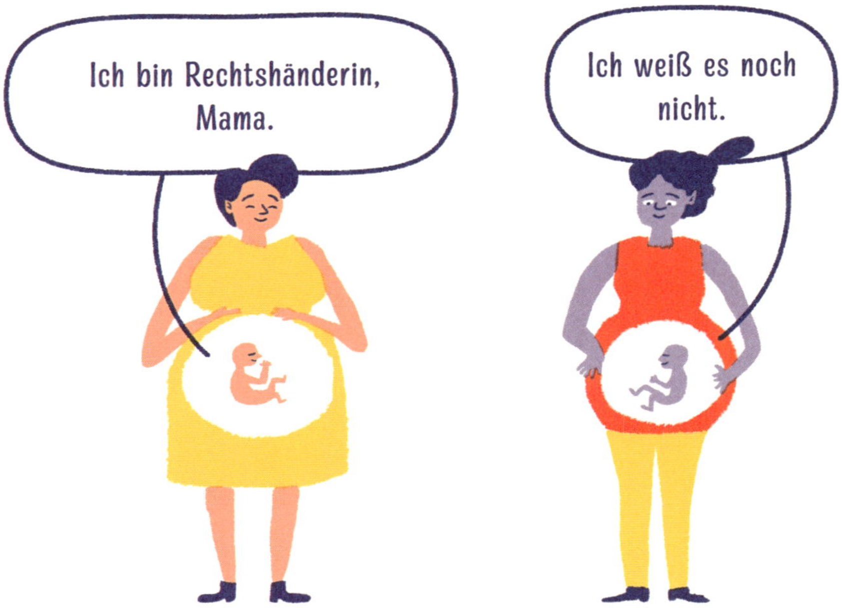

Ob man Rechtshänder wird oder Linkshänder, das entscheidet sich schon im Mutterleib. Klar erkennen kann man es aber frühestens, wenn das Kind ein Jahr alt ist, manchmal sogar erst, wenn es in die Schule kommt.

Links und rechts

Schon als kleine Kinder bemerken wir, dass eine unserer Hände geschickter ist. Wir verwenden sie häufiger, greifen nach Gegenständen, schreiben mit ihr … So zeigt sich die Dominanz einer Hand.

links

9 %
der Menschheit

Linkshänder zu sein bringt zwar einige Schwierigkeiten mit sich, es kann aber auch Vorteile haben. Angeblich sind Linkshänderinnen und Linkshänder kreativer und haben eine bessere räumliche Wahrnehmung. Ihr Vorteil ist vor allem das Überraschungsmoment – sei es im Sport oder bei der Eroberung einer mittelalterlichen Burg.

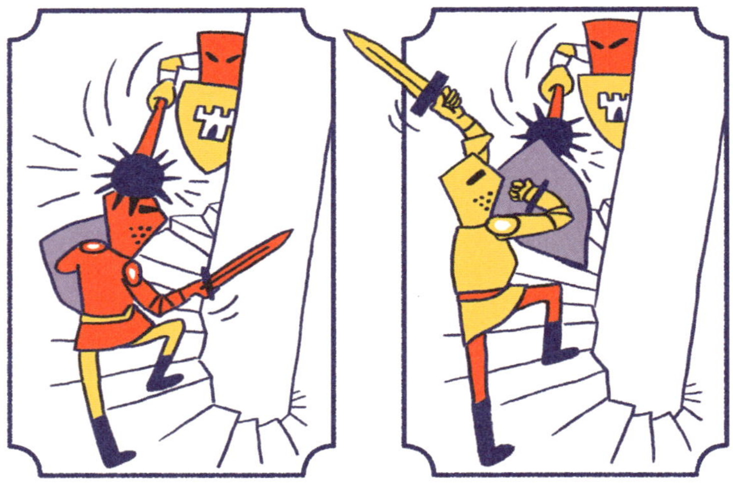

Wendeltreppen in Burgen führen meistens im Uhrzeigersinn nach oben – das erschwerte den Eroberern (meist Rechtshändern) den Angriff und erleichterte den Verteidigern die Verteidigung. Wenn aber die Eroberer Linkshänder sind, dann hilft die rechtsdrehende Treppe auch nicht weiter.

BERÜHMTE LINKSHÄNDER:INNEN

Julius Cäsar
Charlie Chaplin
Isaac Newton
Johann Sebastian Bach
Franz Kafka
Václav Havel
Martina Navrátilová
Lady Gaga
David Bowie

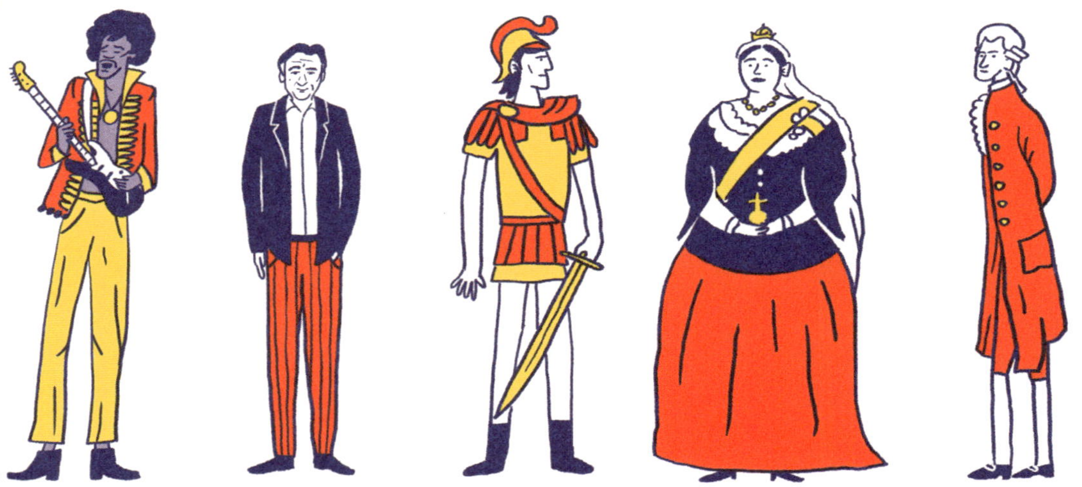

Jimi Hendrix · Robert de Niro · Alexander der Große · Königin Victoria · Wolfgang Amadeus Mozart

beidhändig

Es hört sich unglaublich an, aber manche Menschen können beide Hände gleich gut benutzen. Das nennt man Ambidextrie.

1 %
der Menschheit

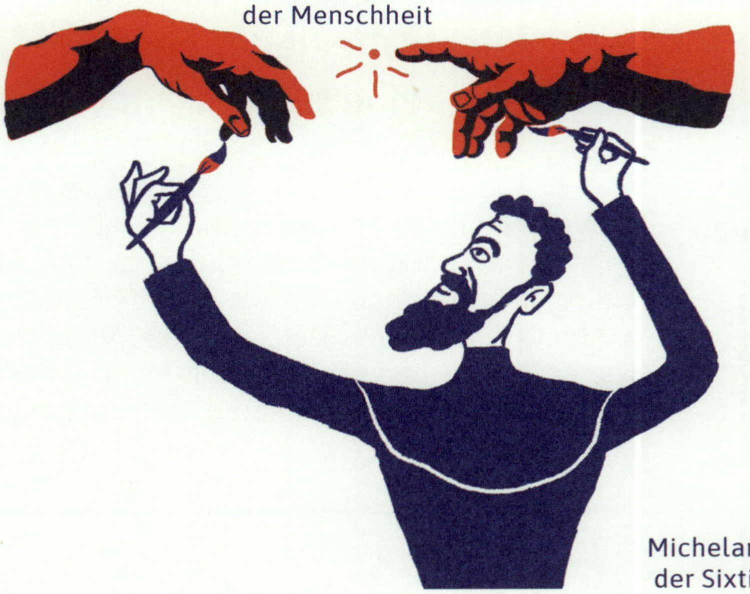

Michelangelo bemalt die Decke der Sixtinischen Kapelle.

BERÜHMTE BEIDHÄNDIGE

Leonardo da Vinci
Tapio Wirkkala
Keanu Reeves

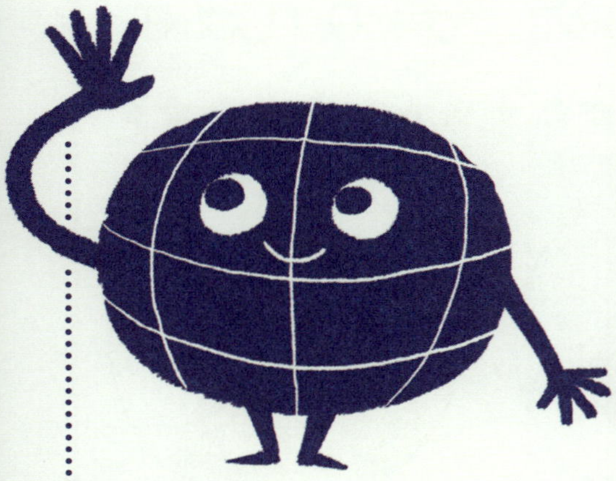

rechts

Bei den meisten Menschen ist die rechte Hand die geschicktere, deshalb werden die meisten Gegenstände für Rechtshänder entwickelt, etwa Musikinstrumente, Haushaltsgegenstände, Werkzeuge. Was heißt das für Linkshänder? Das erfährst du auf der nächsten Seite ...

90 %
der Menschheit

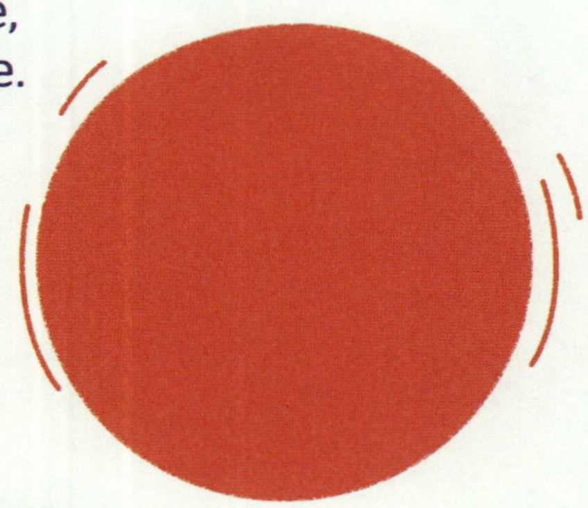

BERÜHMTE RECHTSHÄNDER:INNEN

Davon gibt es sehr viele ...

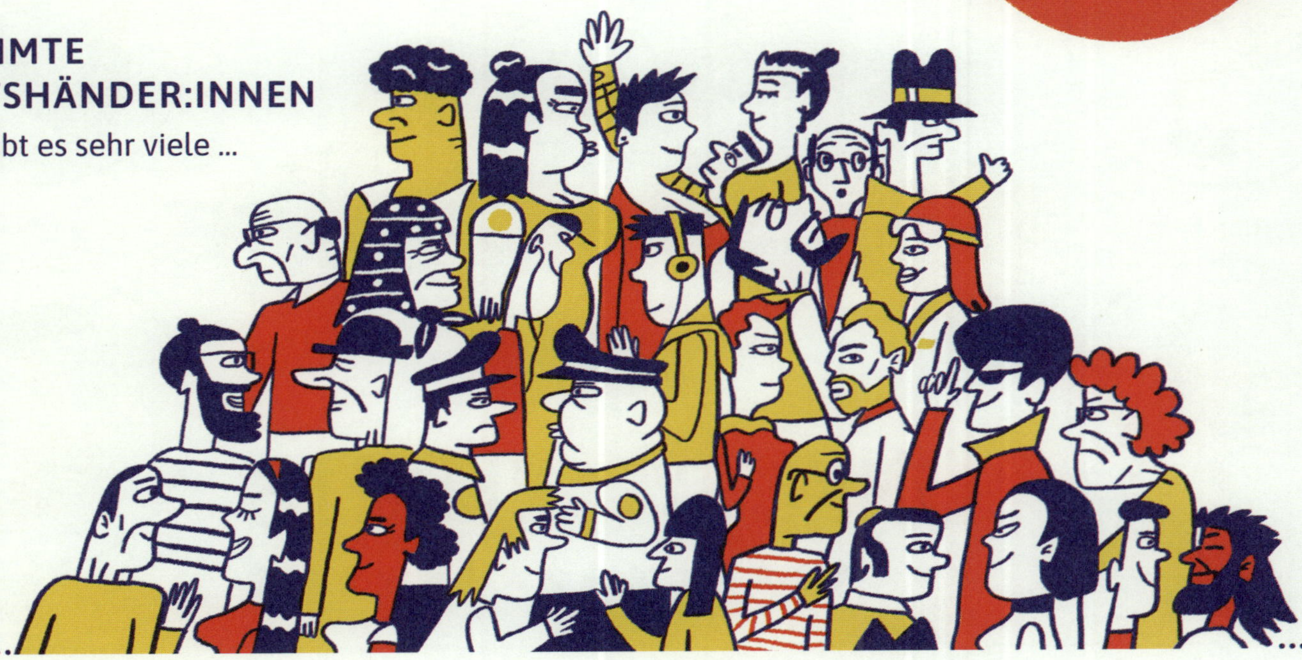

Die linke Hand in Not

Ist eine Hand besser als die andere? Natürlich nicht, aber jeder bevorzugt eine seiner Hände.

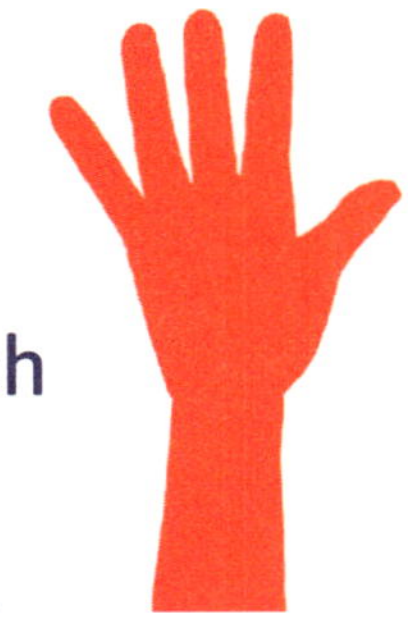

Trotzdem hat es die linke Hand schwerer. Sie wurde in der Vergangenheit als schlechter, schwächer und unrein betrachtet. Die rechte Hand dagegen stand für Vernunft, Ordnung und Logik.

In manchen Kulturen wird die linke Hand bis heute negativ wahrgenommen. Darauf muss man z. B. in Indien, in arabischen Ländern oder in Nordafrika achtgeben. Bis in die 60er Jahre des 20. Jahrhunderts war es in manchen Ländern üblich, Linkshänder zu Rechtshändern umzutrainieren. Das ist zum Glück nicht mehr so.

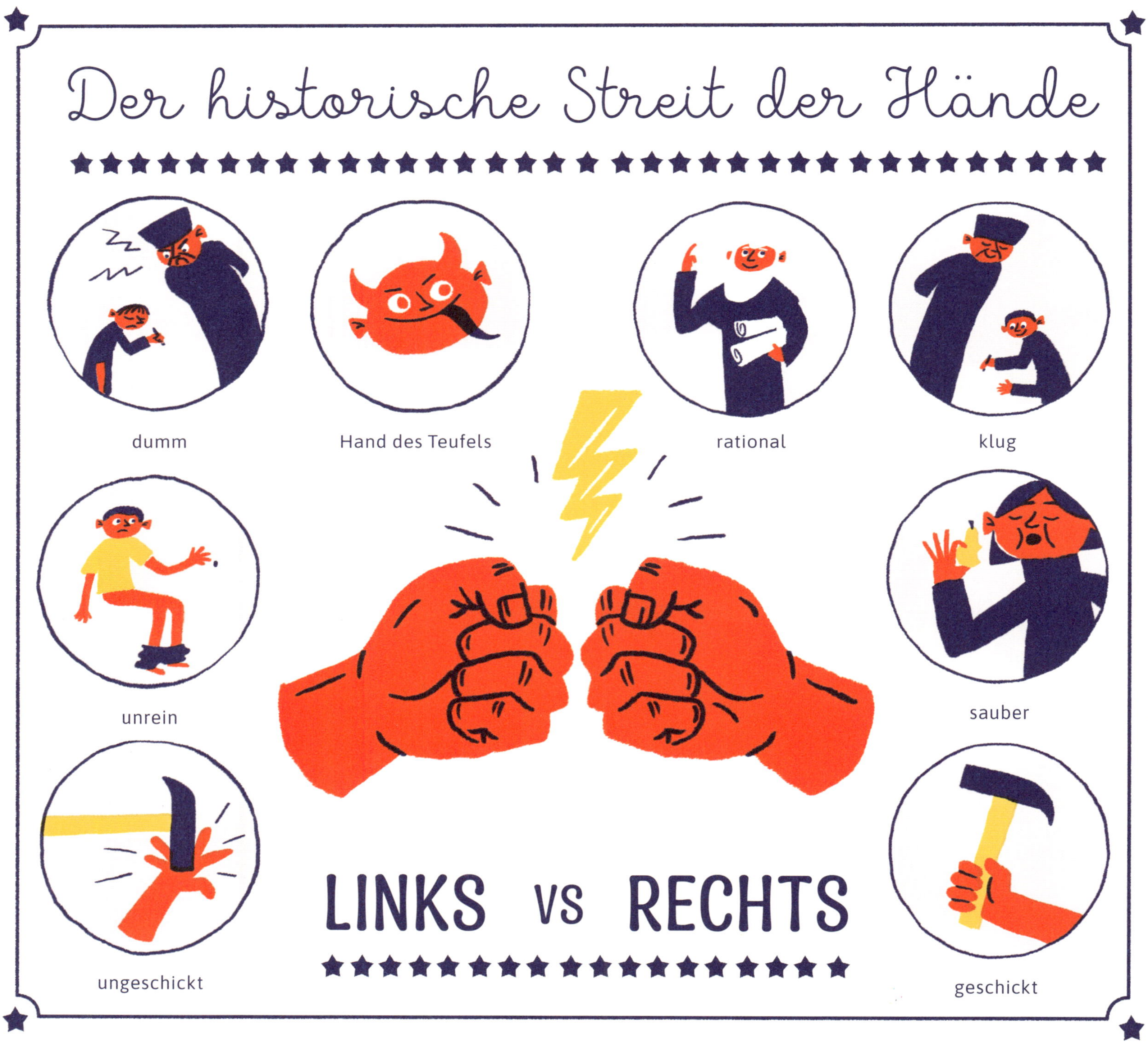

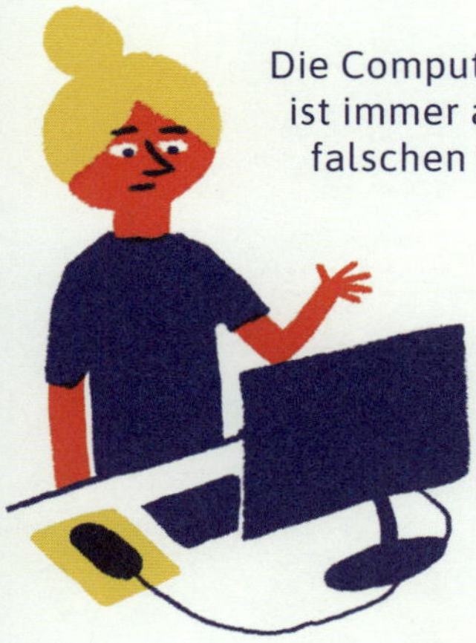

Die Computermaus
ist immer auf der
falschen Seite.

Linkshänderinnen stoßen andere
oft mit dem Ellbogen.

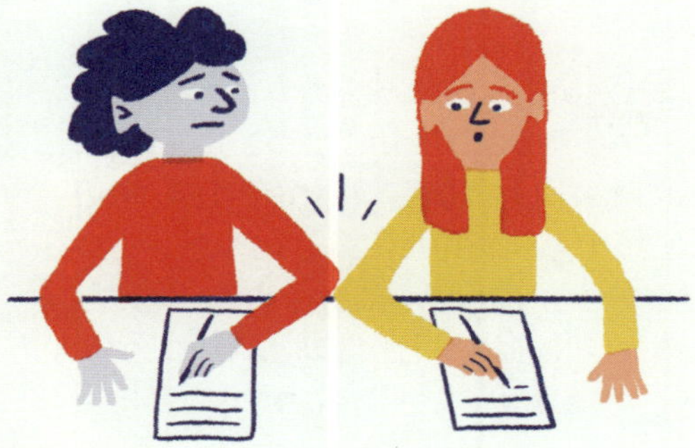

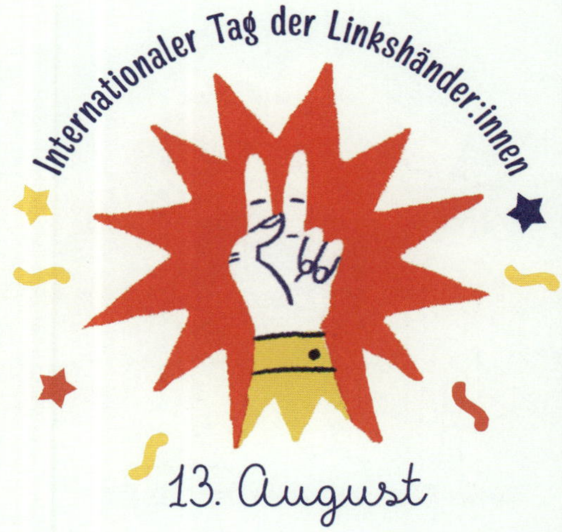

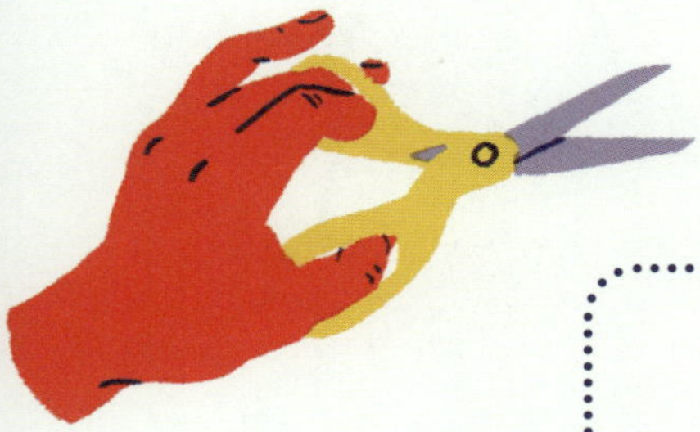

Das Verwenden
von Rechtshänder-
werkzeug tut
manchmal weh ...

... manchmal ist es
für Linkshänder
sogar gefährlich.

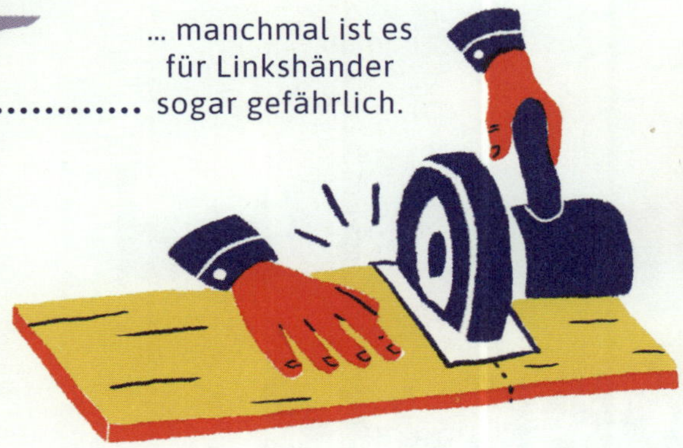

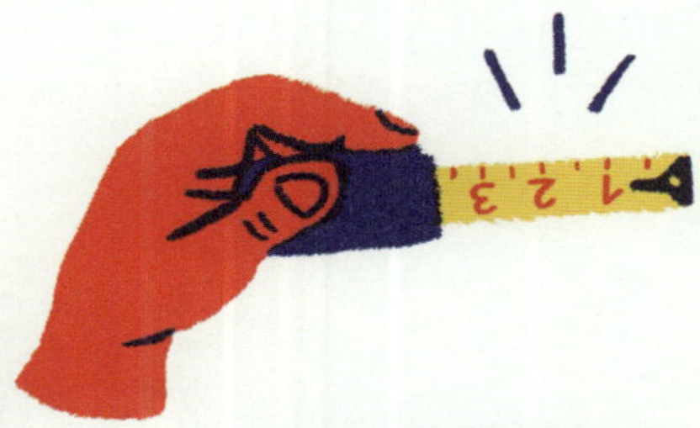

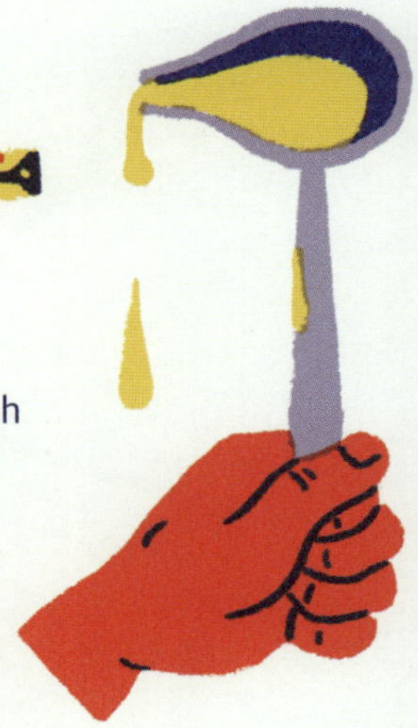

Fast alles ist falsch
herum, sogar
Soßenlöffel.

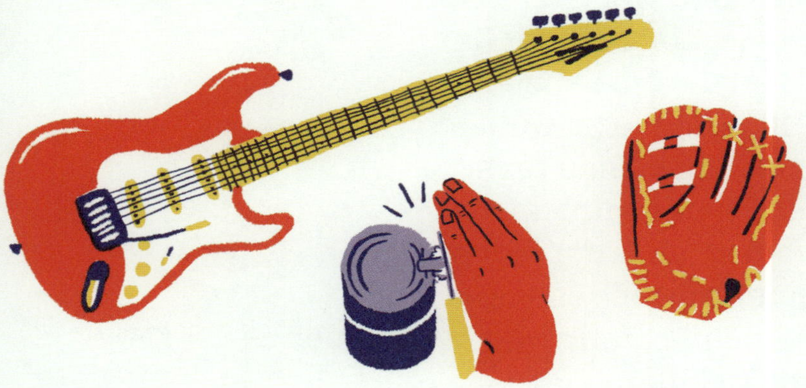

Die meisten Dinge werden in
der Rechtshändervariante hergestellt.

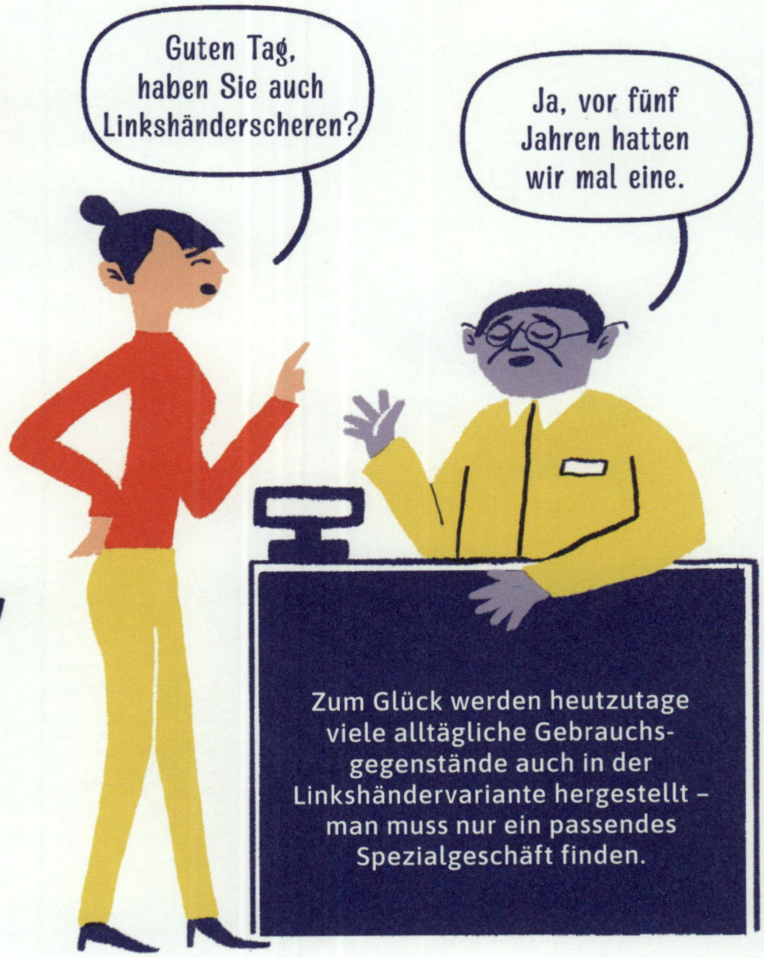

Zum Glück werden heutzutage
viele alltägliche Gebrauchs-
gegenstände auch in der
Linkshändervariante hergestellt –
man muss nur ein passendes
Spezialgeschäft finden.

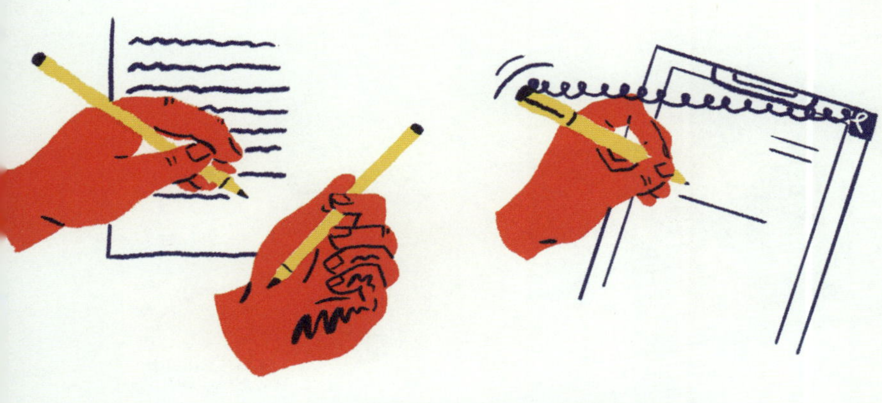

Beim Schreiben haben Linkshänderinnen
einige Unannehmlichkeiten ...

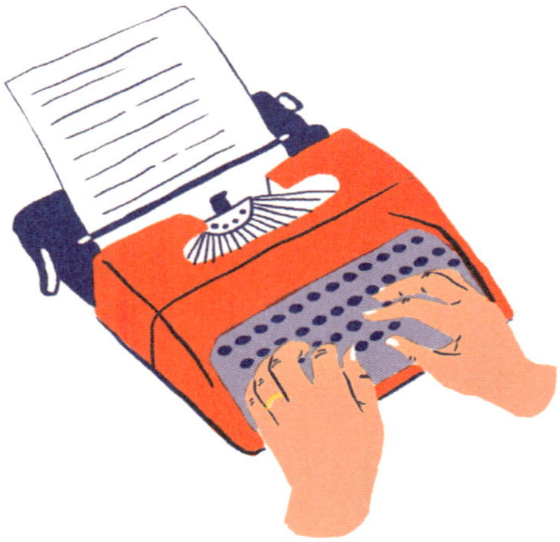

Schriftsteller des 20. Jahrhunderts

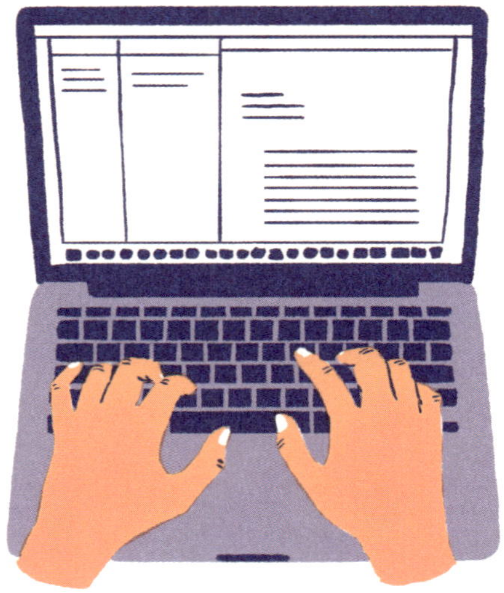

Schriftstellerin des 21. Jahrhunderts

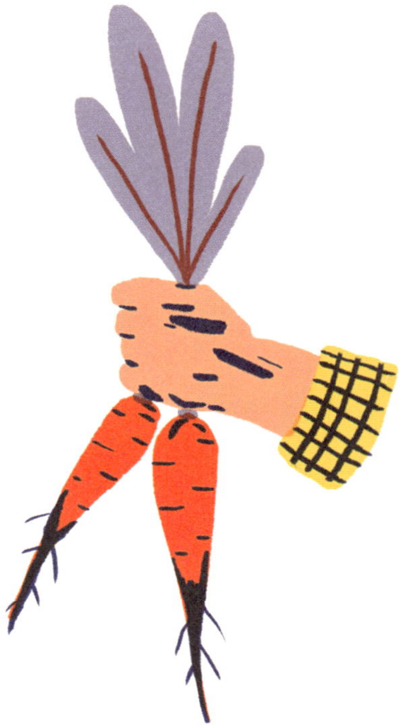

Landwirtin

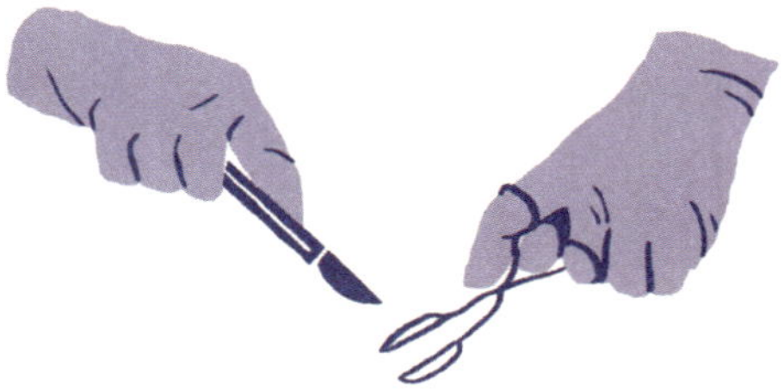

Chirurg

Hände und Berufe

Man sagt, dass die Hand viel über eine Person verraten kann. So hat jeder Beruf eine „andere“ Hand – die Landwirtin scheut sich nicht, in der Erde zu wühlen, während die Ärztin ihre Hände regelmäßig wäscht, der Schmied drückt den Hammer ziemlich fest, aber der Florist muss zu den Blumen zärtlich sein. Die Arbeit, die wir verrichten, formt auch unsere Hände, die sich daran gewöhnen und anpassen.

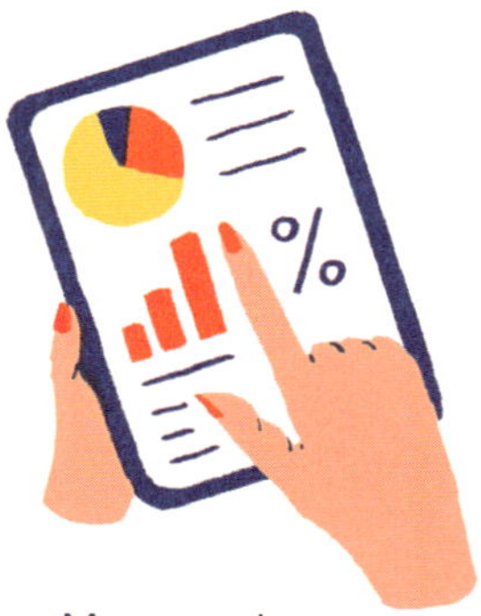

Managerin

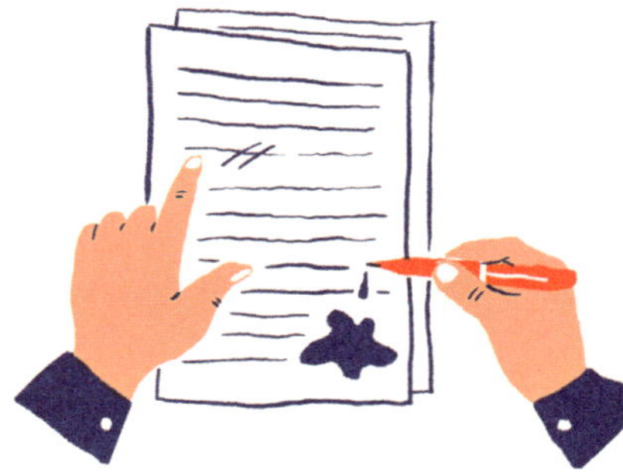

Schriftsteller des 19. Jahrhunderts

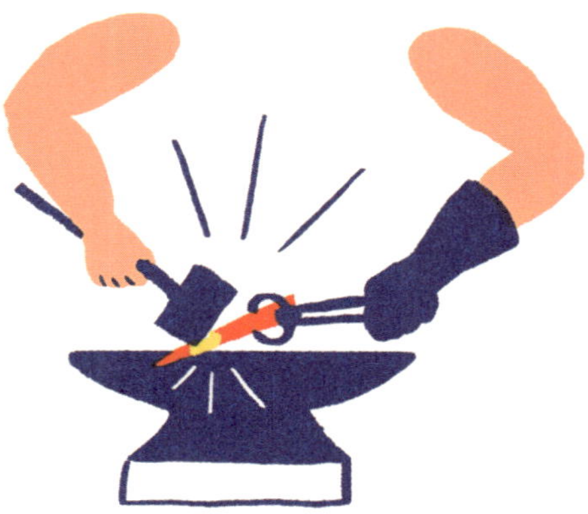

Schmied

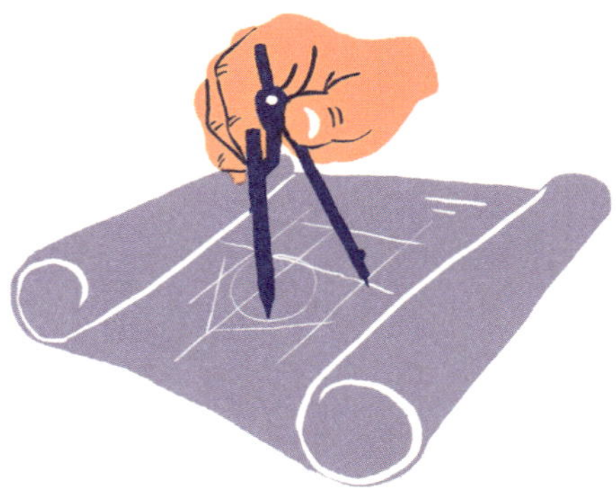

Architektin

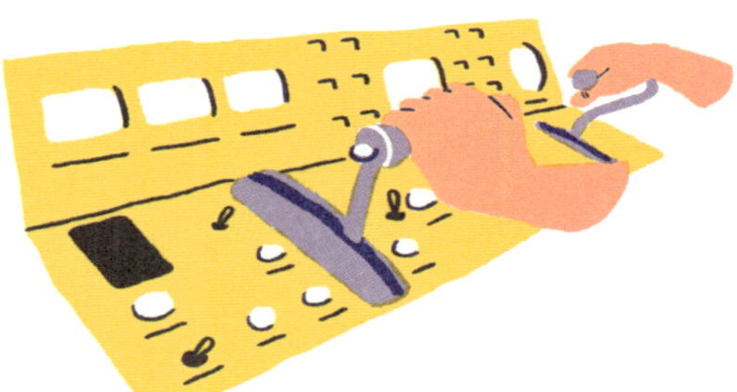

Straßenbahnfahrer

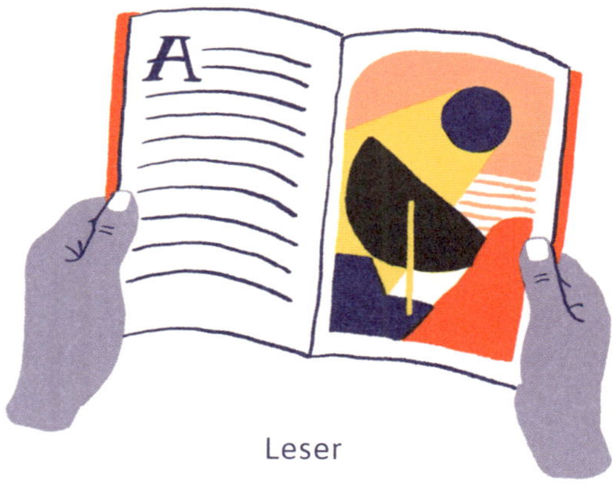

Leser

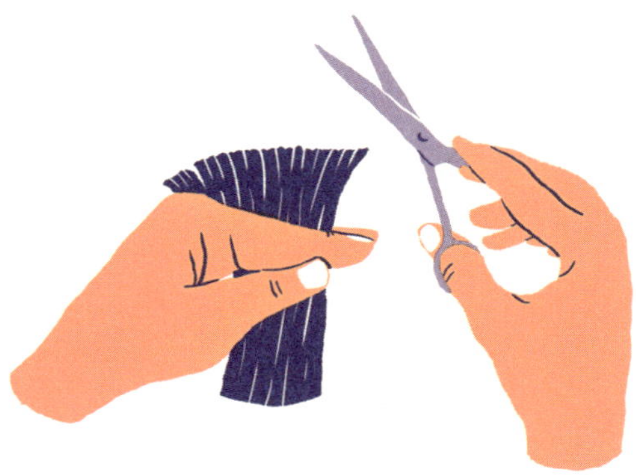

Friseur

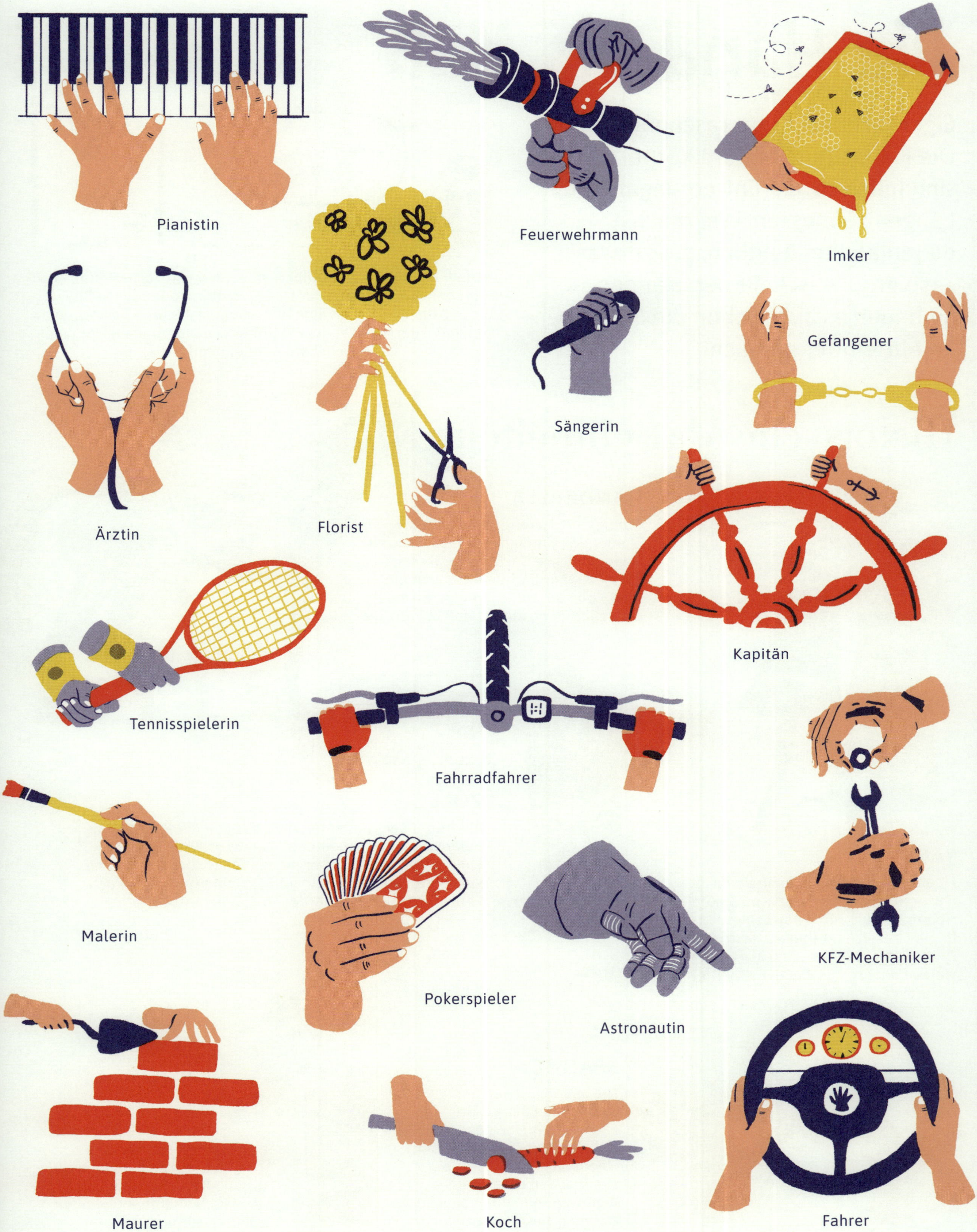
Pianistin
Feuerwehrmann
Imker
Ärztin
Florist
Sängerin
Gefangener
Kapitän
Tennisspielerin
Fahrradfahrer
Malerin
KFZ-Mechaniker
Pokerspieler
Astronautin
Maurer
Koch
Fahrer

Die Hand als Maß

Eigentlich nicht überraschend: Die Hände (und andere Körperteile) sind hilfreich, um Entfernungen und Längen zu messen. Wie machst du jemandem deutlich, dass etwas ← so groß → ist? Mit den Händen. So haben es auch schon die Menschen im Mittelalter gemacht.

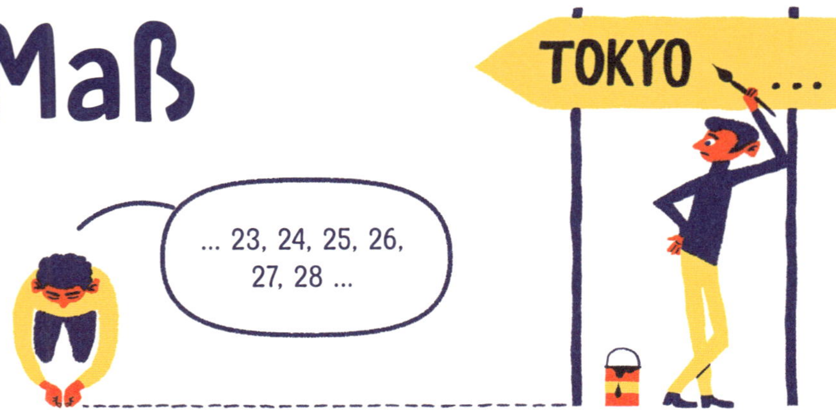

Die frühesten Längeneinheiten wurden von Körperteilen abgeleitet, meistens von der Hand, vom Arm oder den Füßen. All diese Einheiten haben eine Bezeichnung. Manche versteht man schnell, zum Beispiel die Elle. Aber wie lang sind eine Spanne, ein Yard oder ein Zoll?

Historische Maßeinheiten

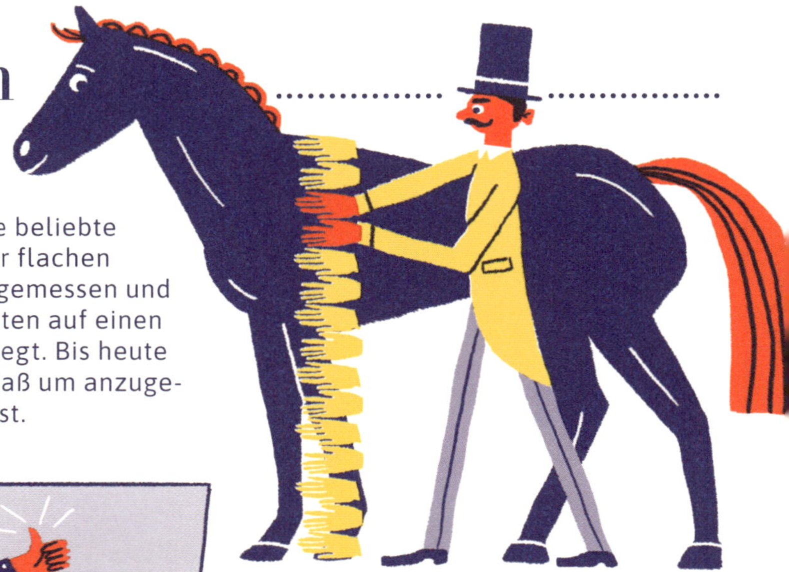

HANDBREIT

Schon im Mittelalter eine beliebte Einheit. Sie wurde mit der flachen Hand inklusive Daumen gemessen und nach einigen Jahrhunderten auf einen Wert von 10,2 cm festgelegt. Bis heute verwendet man dieses Maß um anzugeben, wie hoch ein Pferd ist.

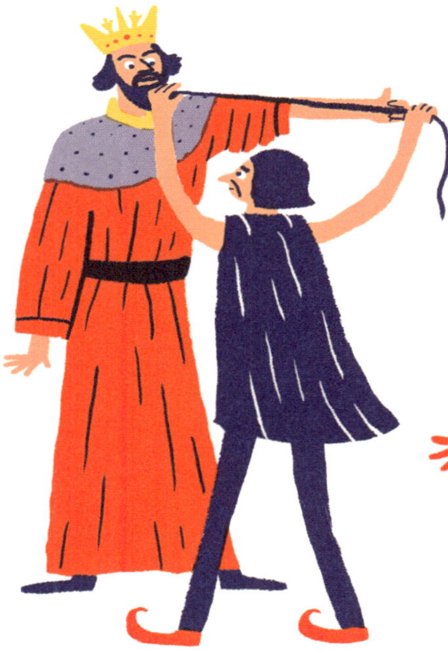

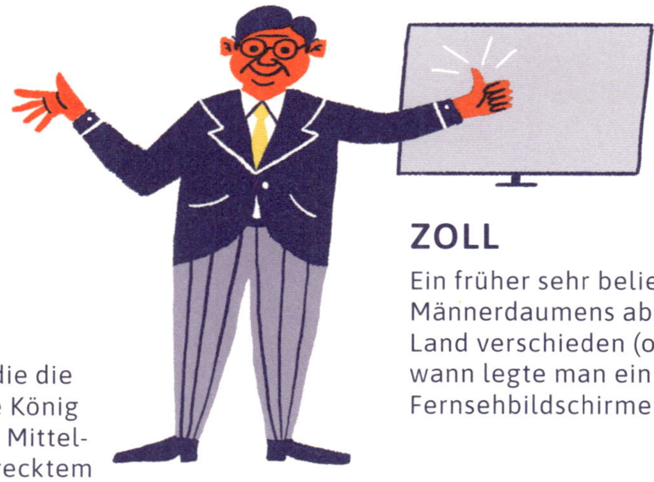

YARD

Eine alte britische Maßeinheit, die die Entfernung von der Nasenspitze König Heinrichs I. bis zum Ende seines Mittelfingers bezeichnet (bei ausgestrecktem Arm). Sie umfasst genau 0,9144 m. In vielen Ländern misst man Fußballfelder in Yards.

ZOLL

Ein früher sehr beliebtes Maß, das von der Breite eines Männerdaumens abgeleitet war. Es war von Land zu Land verschieden (oft sogar von Stadt zu Stadt). Irgendwann legte man ein Zoll auf 25,4 mm fest. Handys und Fernsehbildschirme werden in Zoll gemessen.

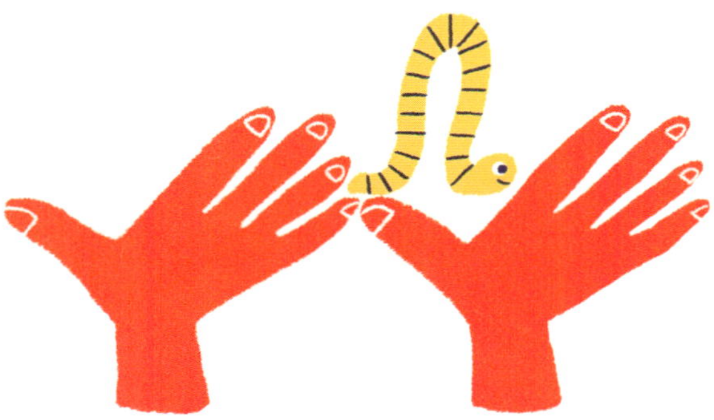

SPANNE

Die Spanne ist von der Spannweite der gespreizten Finger einer Hand abgeleitet. Man kann sie mit beiden Händen messen – also eine Hand neben die andere legen – oder einhändig vom Daumen zum kleinen Finger.

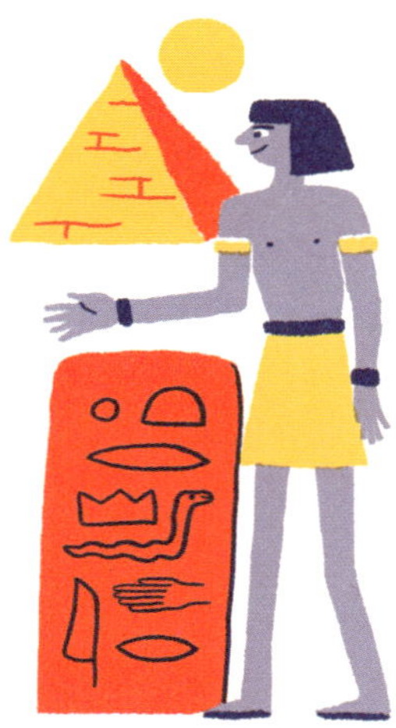

ELLE

Eines der ältesten Längenmaße, das vom Altertum bis ins 19. Jahrhundert viel in Gebrauch war. Dann wurde es vom allseits bekannten Meter und den davon abgeleiteten Einheiten verdrängt.

Ein Lineal, das du immer dabeihast

- Miss deine Hand auf alle möglichen und unmöglichen Arten aus.
- Merke dir die Maße.
- Wenn du noch wächst, aktualisiere die Maße gelegentlich.
- Verwende zum Abmessen statt eines Lineals deine Hand.

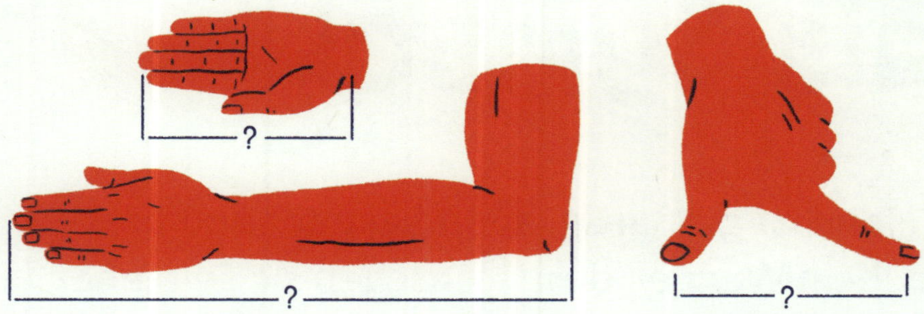

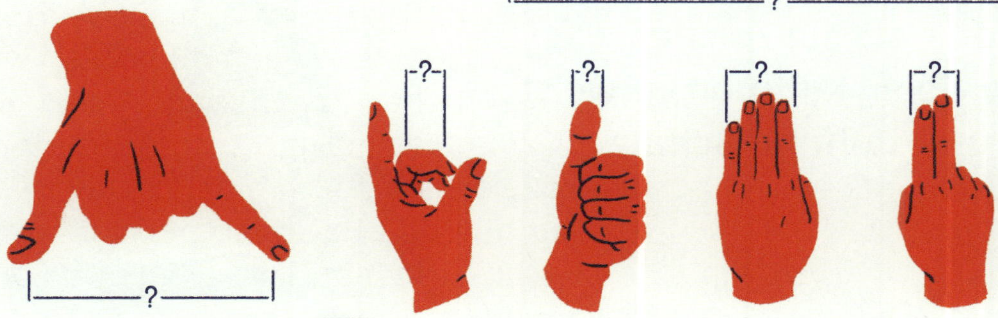

Tipp:
Auch beim Handschuhkauf ist es nützlich, die Maße der eigenen Hand zu kennen,
s. S. 67

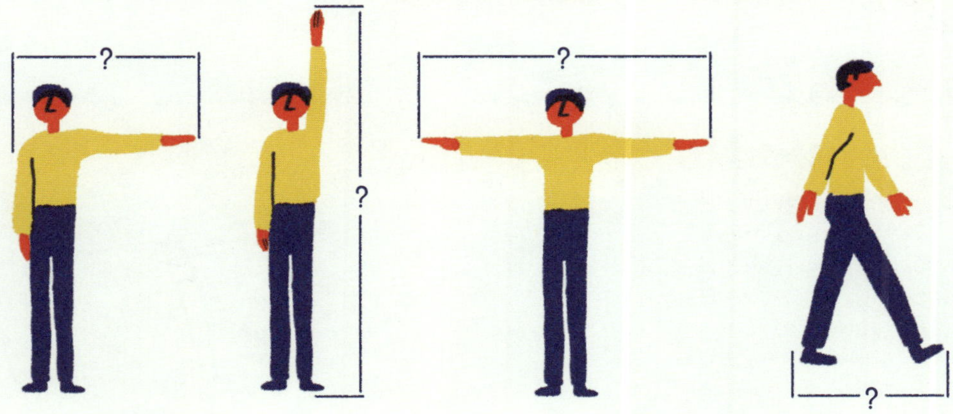

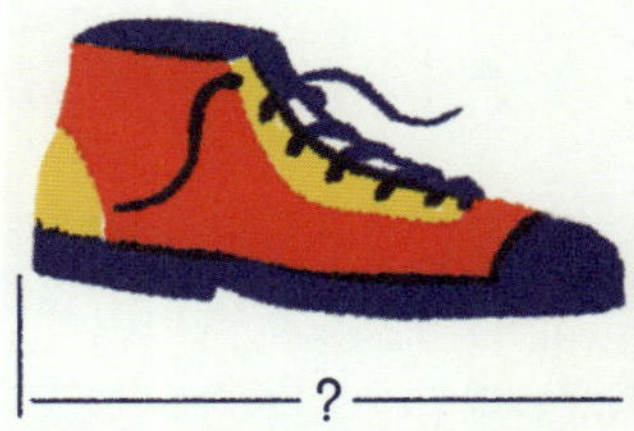

Miss deinen Fuß ab, auch wenn er keine Hand ist, das kann nützlich sein.

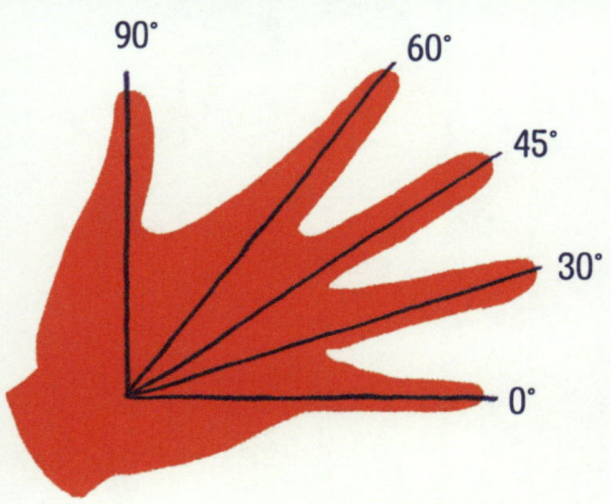

Tipp:
Du kannst deine Hand auch zum Messen von Winkeln benutzen.

Natürlich zählt man auch mit den Fingern, Obacht vor den kleinen Unterschieden.

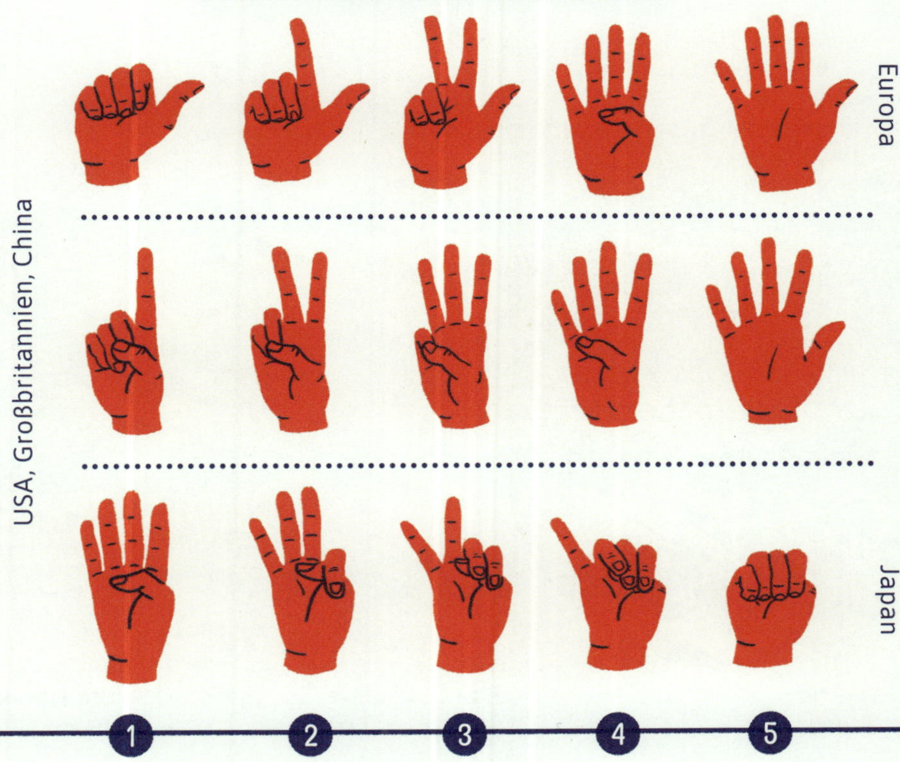

Die Hand als Symbol

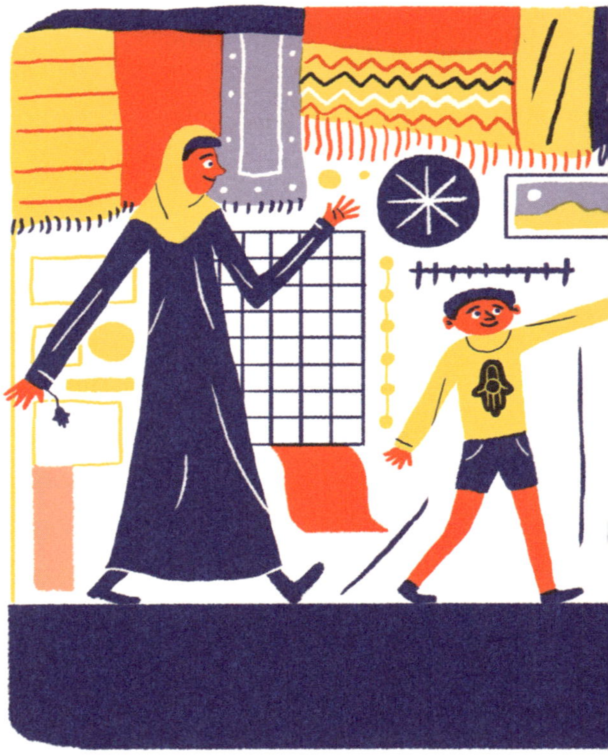

Die Hand ist großartig, allen bekannt und praktisch. Kein Wunder, dass Menschen sie seit jeher auch als Symbol begreifen – als ein Zeichen, das tiefere Bedeutung hat. In vielen Kulturen verweist sie auf die Hand Gottes und steht für Schutz, Leben oder Macht.

Macht und Herrschaft

Die Hand symbolisiert traditionell Stärke (auch bedrohliche Stärke) und dadurch Macht und Herrschaft. Das Motiv der Hand taucht darum oft in der Heraldik auf, etwa auf Stadt- oder Familienwappen. Sie ist seit dem Altertum auf Zeptern und anderen Herrschaftsinsignien zu sehen.

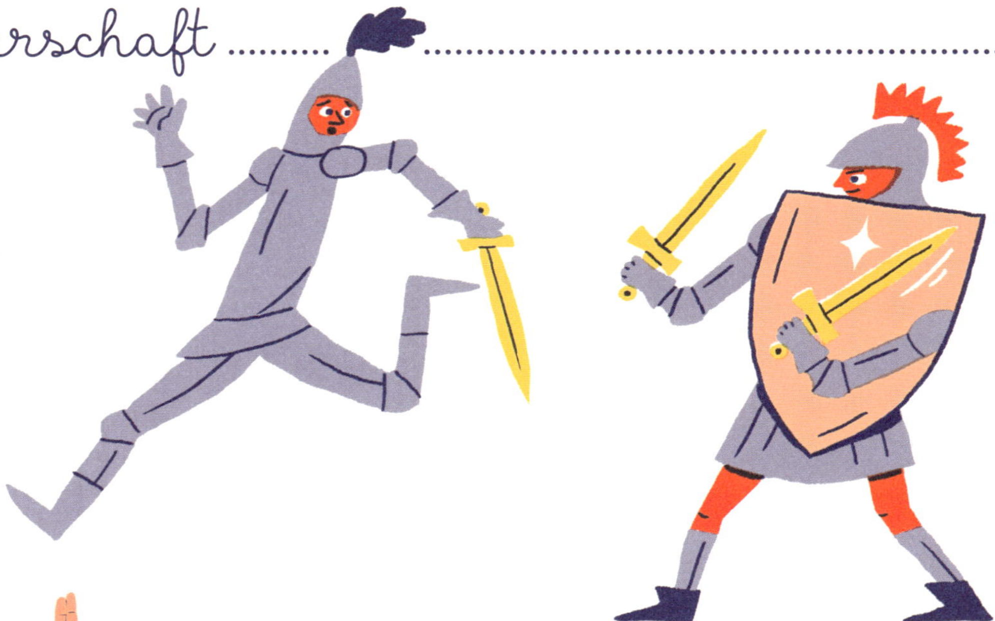

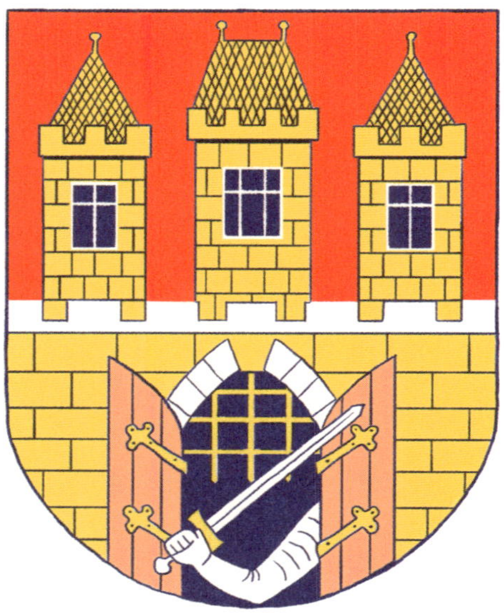

Stadtwappen von Prag

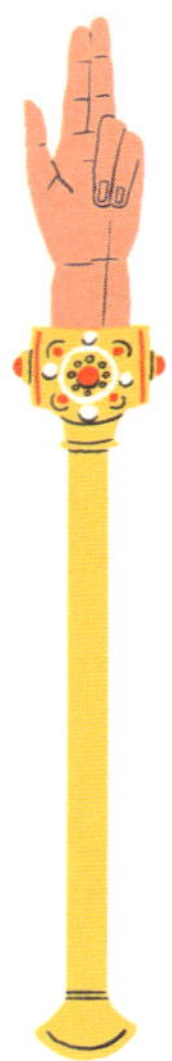

Französisches Königszepter

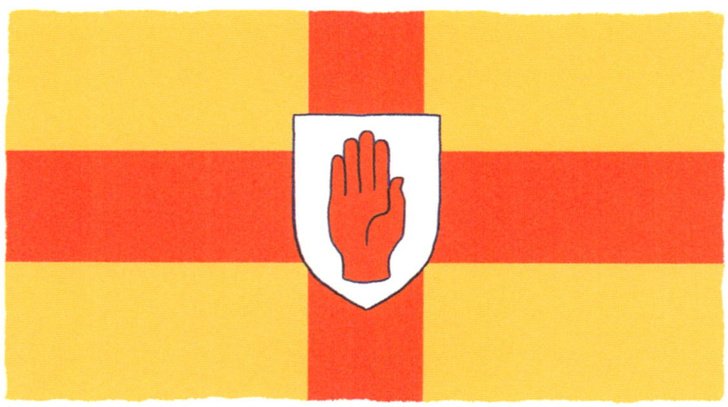

Die rote Hand von Ulster – Symbol der irischen Provinz Ulster

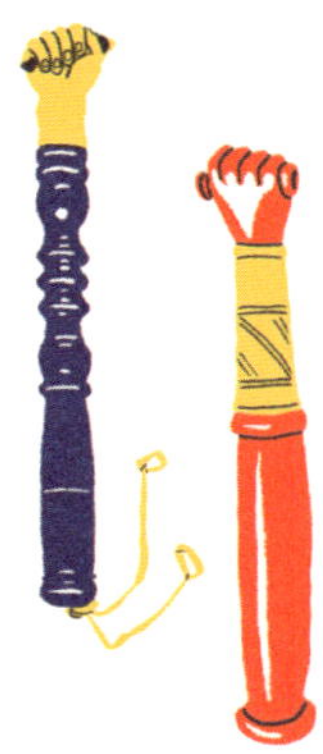

Richterstab

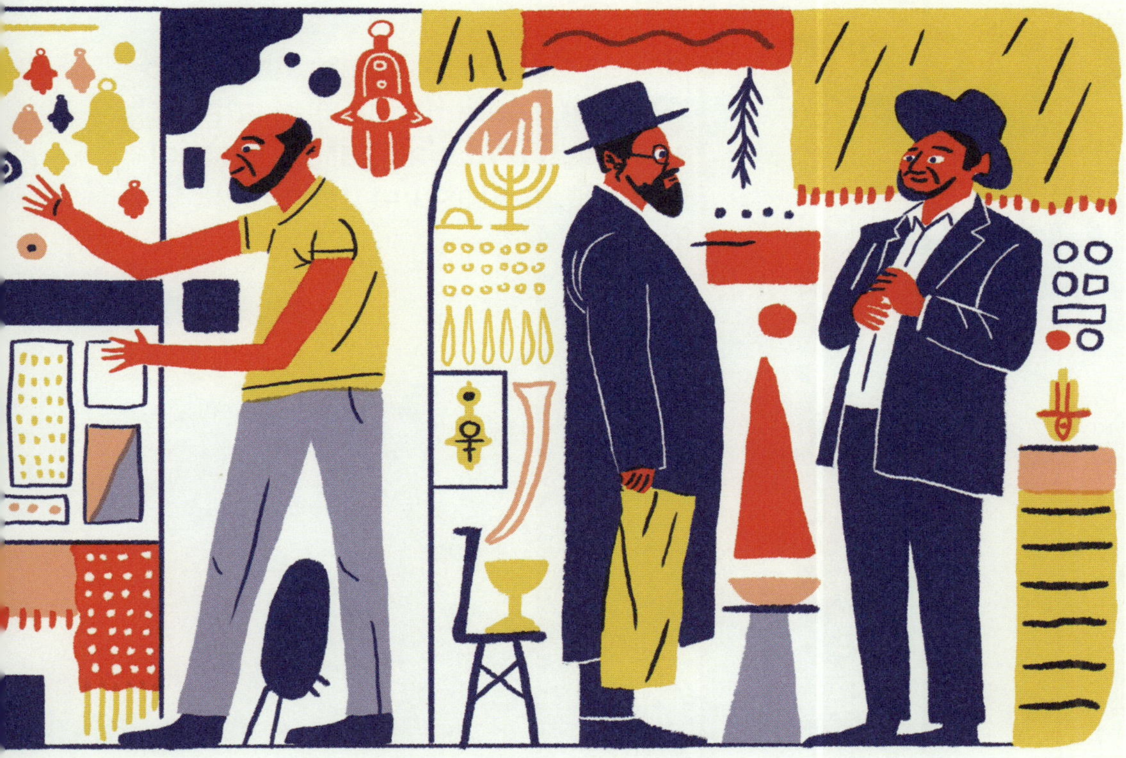

Schutz

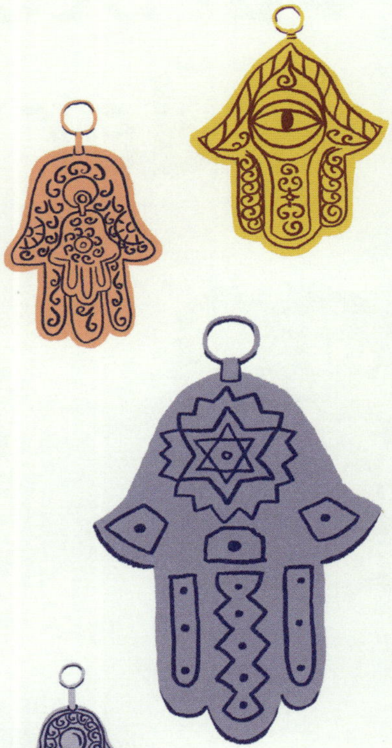

HAMSA

Hamsa ist ein Amulett in der Form einer menschlichen Hand. Es schützt die Trägerin oder die Wohnung vor bösen Mächten und spielt im islamischen und im jüdischen Glauben eine große Rolle. Im Islam heißt sie Hand der Fatima, im Judentum Hand der Miriam. Der Zweck ist aber der gleiche.

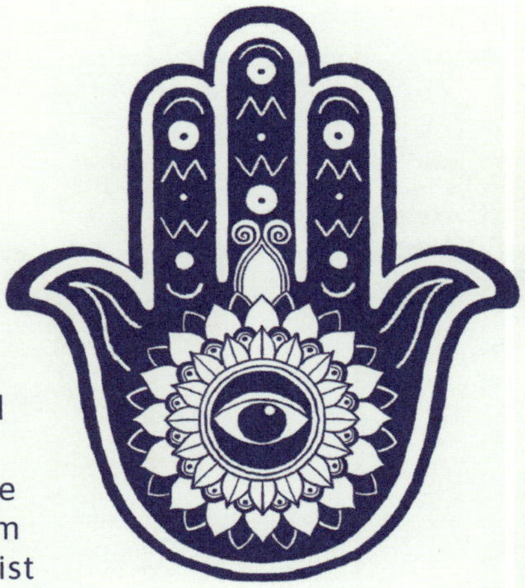

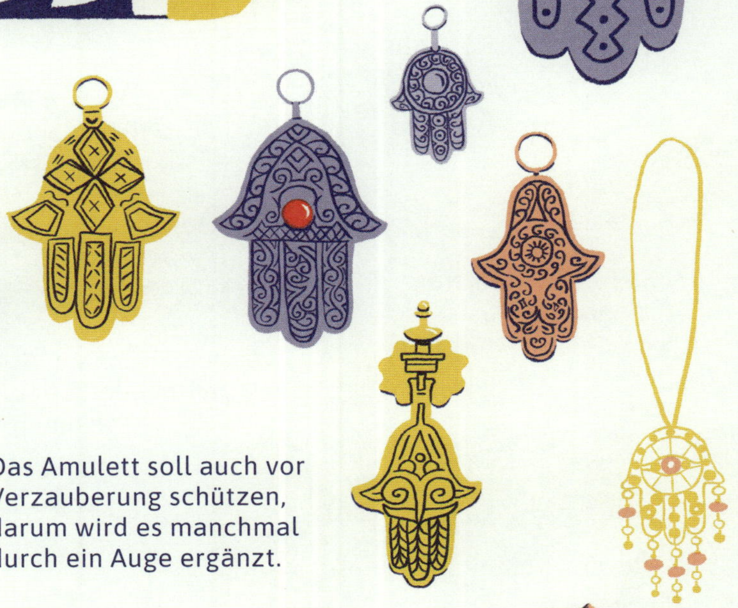

Das Amulett soll auch vor Verzauberung schützen, darum wird es manchmal durch ein Auge ergänzt.

Segen

HAND GOTTES

Die göttliche Hand wird in vielen verschiedenen Formen dargestellt. In den meisten Fällen steht sie für Ruhe und Sicherheit – also dauerhaften Schutz.

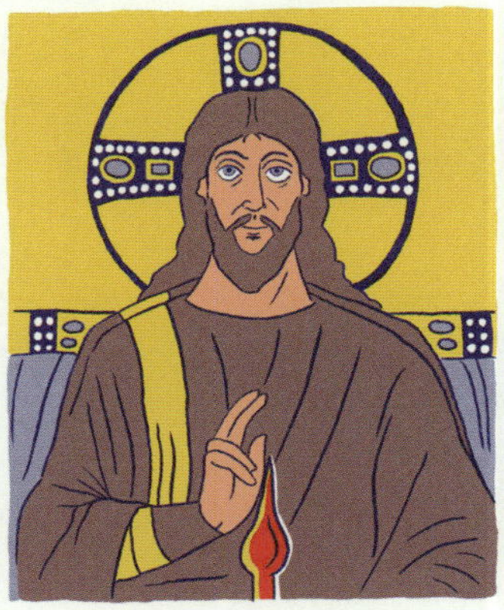

Segnender Jesus Christus

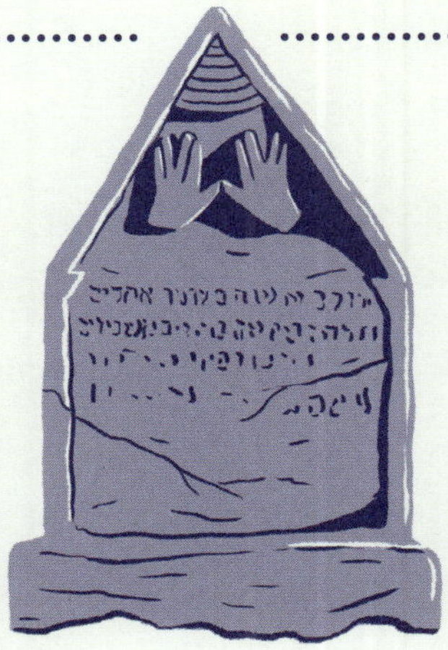

Auf jüdischen Grabsteinen sind oft Hände, die den Segen der Kohanim zeigen.

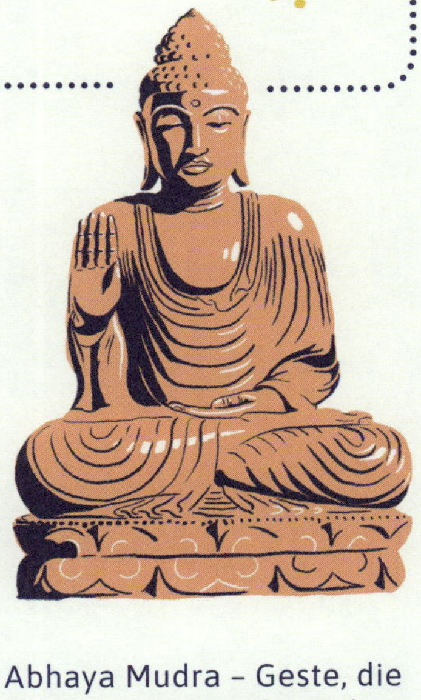

Abhaya Mudra – Geste, die allen Lebewesen den Schutz durch den Buddha verspricht.

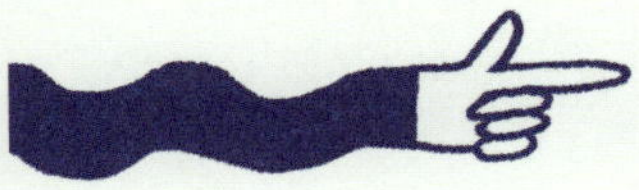

Es gibt natürlich noch viel mehr, aber hier passt nichts mehr hin.

Darstellungen der Hand

Hände sind bei Künstlerinnen und Künstlern beliebt. Sie sind zugleich alltäglich und einzigartig, symbolträchtig, zeitlos und universell. Ein ideales Motiv.

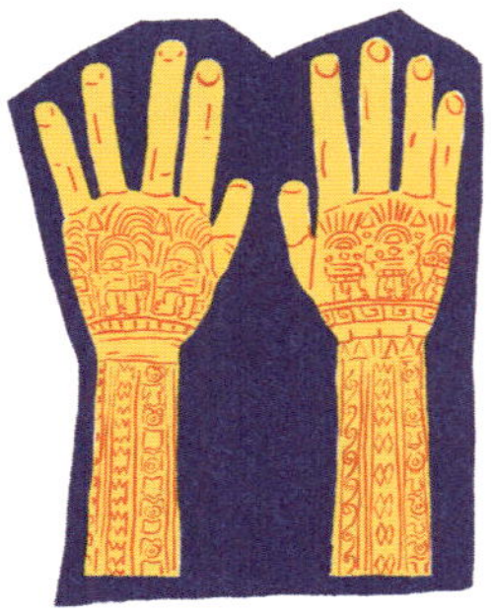

Hände, Chimú-Kultur, Peru, 9.–15. Jahrhundert

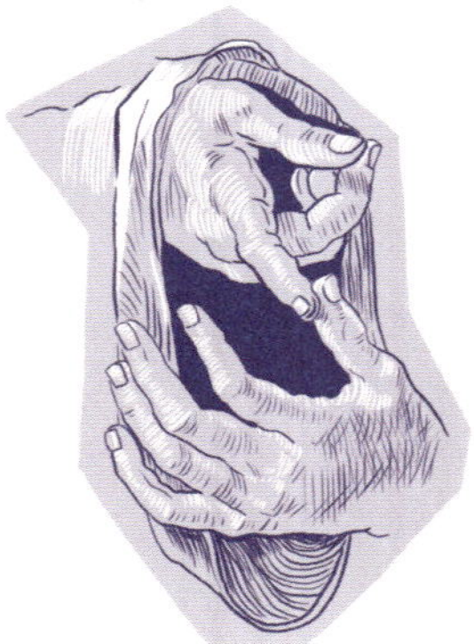

Albrecht Dürer, *Die Hände des zwölfjährigen Christus,* 1506

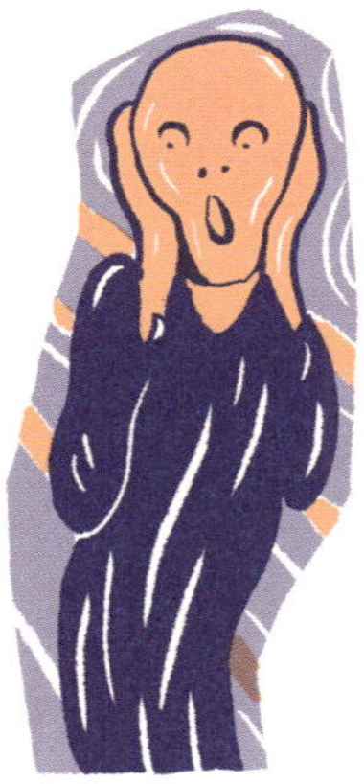

Edvard Munch, *Der Schrei,* Ausschnitt, 1893

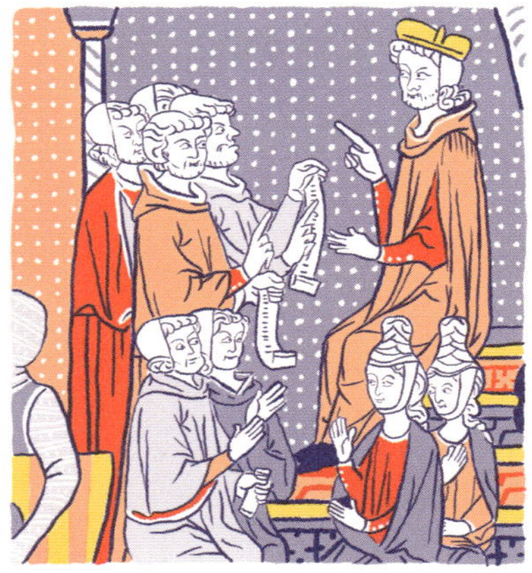

Vidal Mayor, Handschrift, Ausschnitt, 1290–1310

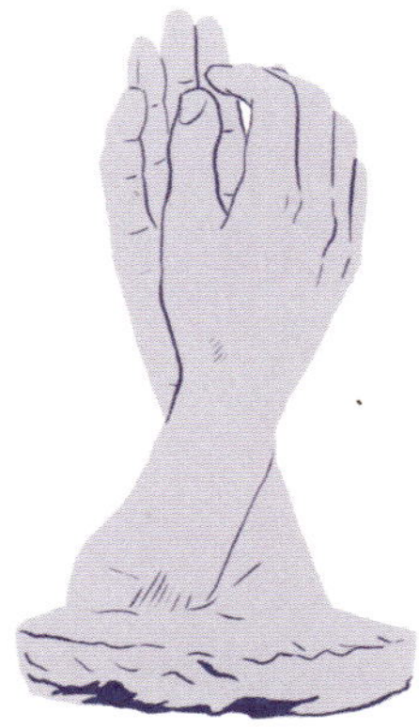

Auguste Rodin, *Die Kathedrale,* 1908

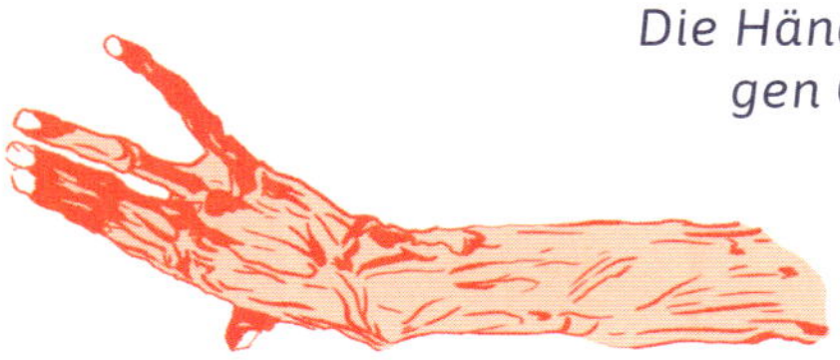

Egon Schiele, *Selbstporträt,* Ausschnitt, 1910

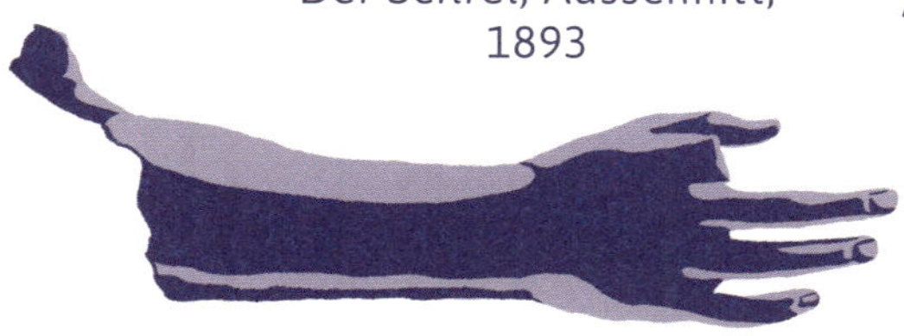

Statuenfragment, Griechenland, 1. Jahrhundert vor unserer Zeitrechnung

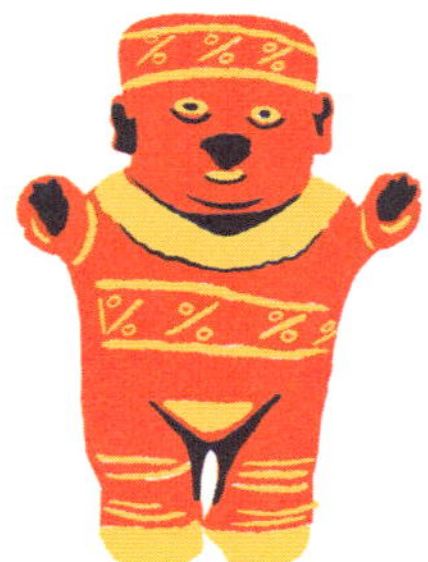

Figur, Huari-Kultur, Peru, 9.–15. Jahrhundert

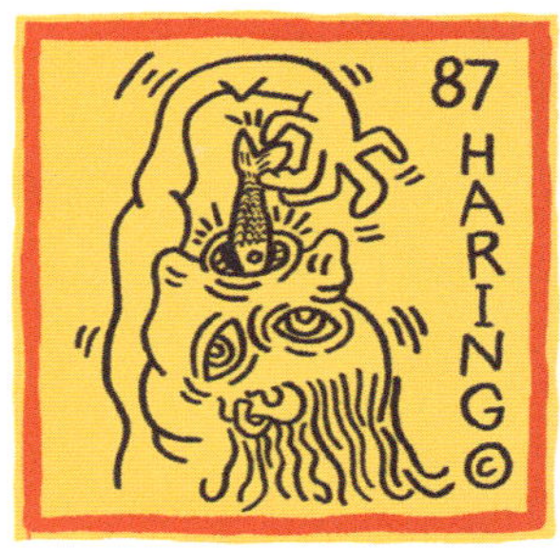

Keith Haring, *Ohne Titel,* 1987

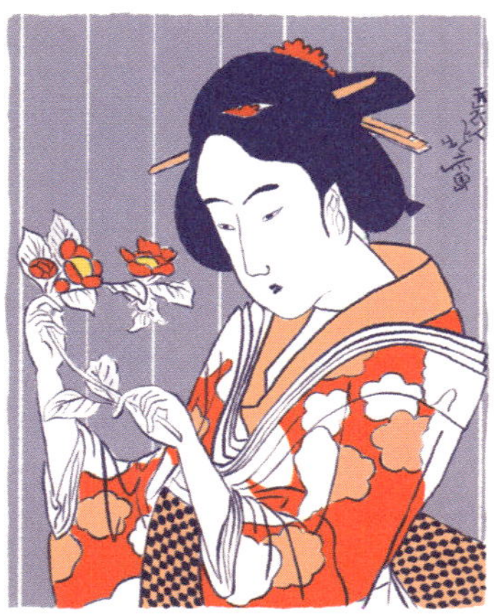

Katsushika Hokusai, *Mädchen mit Blume,* 1802

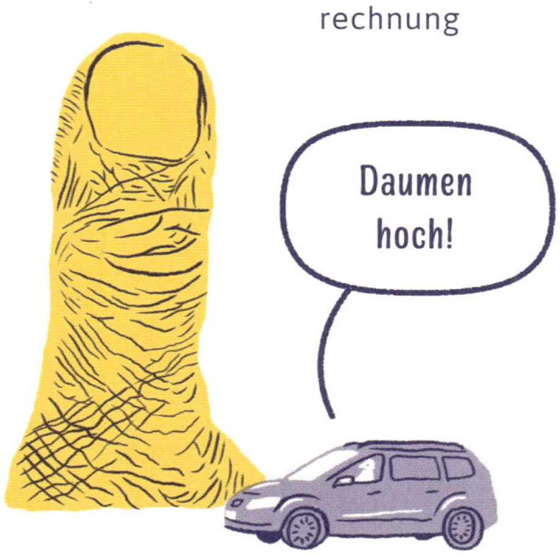

César Baldaccini, *Der Daumen,* 1965

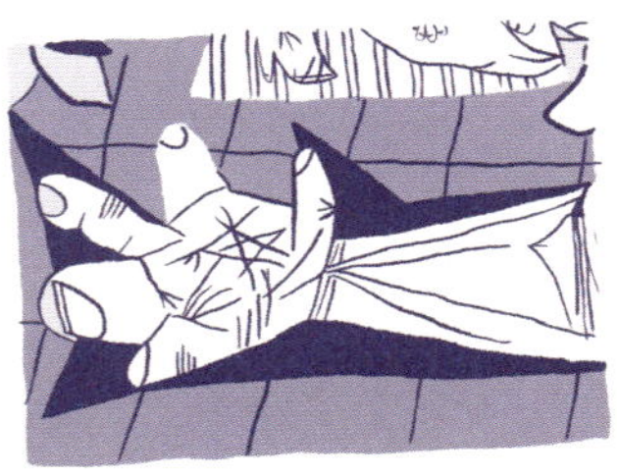

Pablo Picasso, *Guernica,* Ausschnitt, 1937

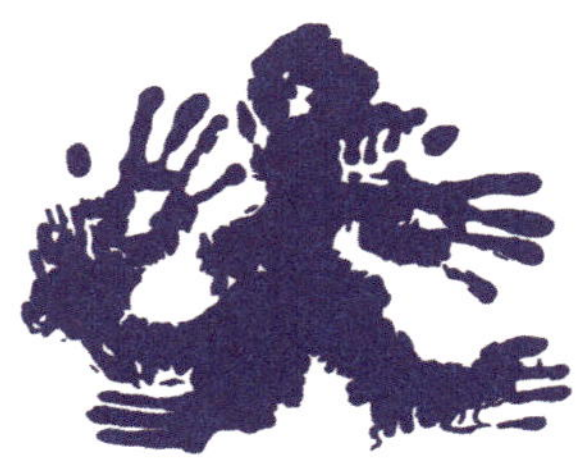

Yves Klein, *Ohne Titel,* 1962

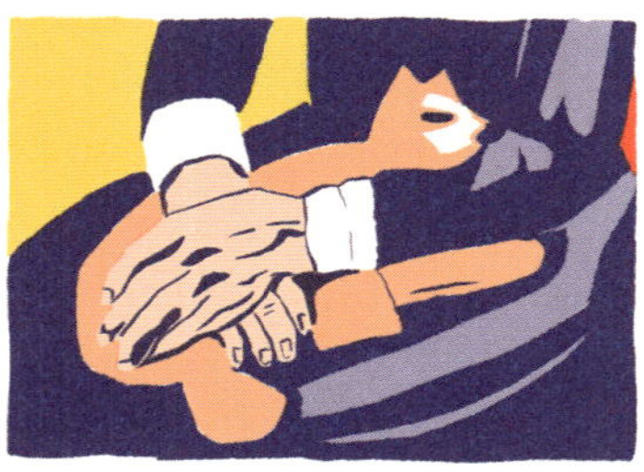

Max Beckmann, *Die alte Schauspielerin,* Ausschnitt, 1926

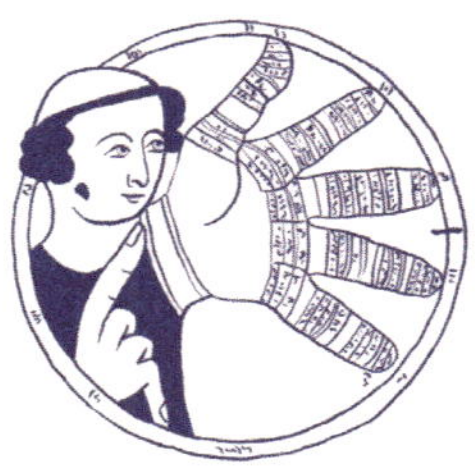

Guidonische Hand, Manuskript, Ausschnitt, 1274

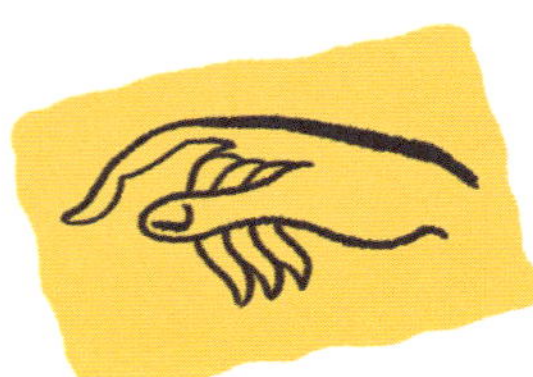

Königshand, Fragment, Ägypten, um 1350 vor unserer Zeitrechnung

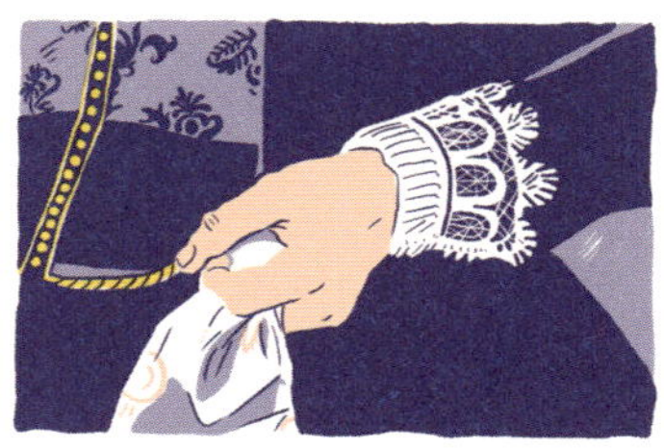

Frans Hals, *Porträt einer Dame,* Ausschnitt, 1627

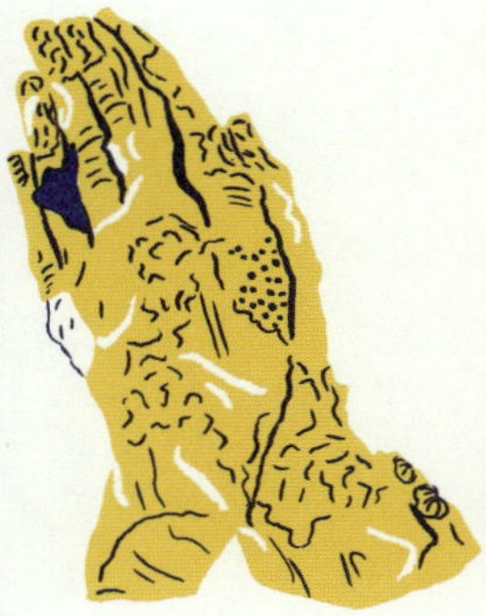

Damien Hirst,
Hands in Prayer,
2017

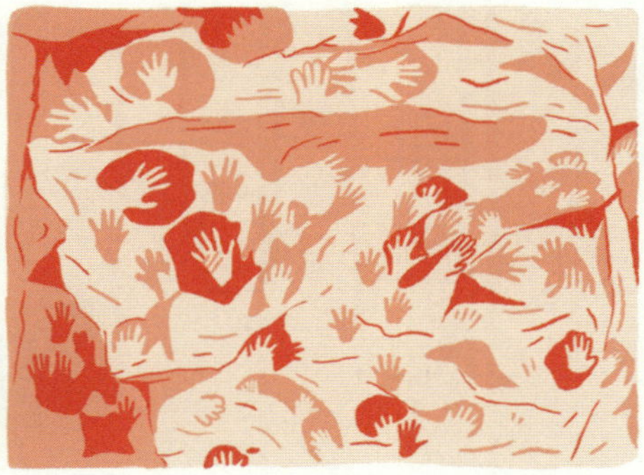

Höhle der Hände, Ausschnitt,
Argentinien, 7–11.000 v. u. Z.

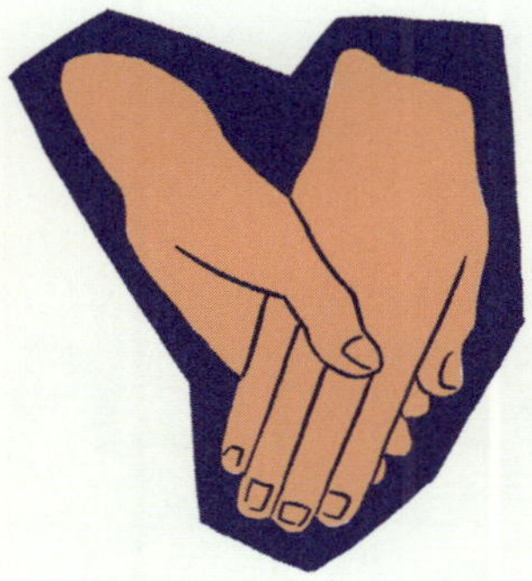

Nofretete und Echnaton,
Ausschnitt, Ägypten, um
1350 v. u. Z.

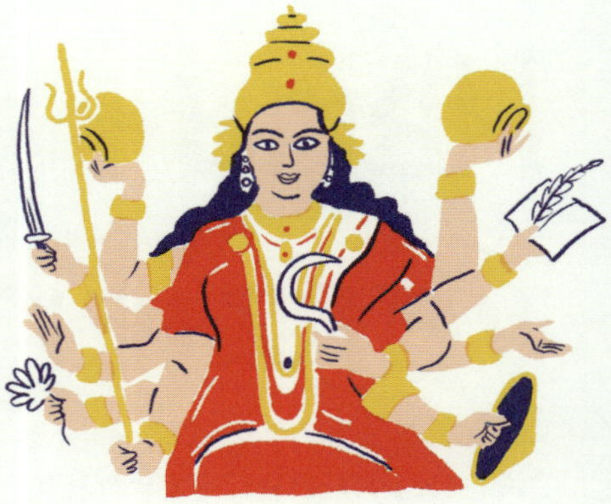

Die Göttin Durga,
Indien, 20. Jahrhundert

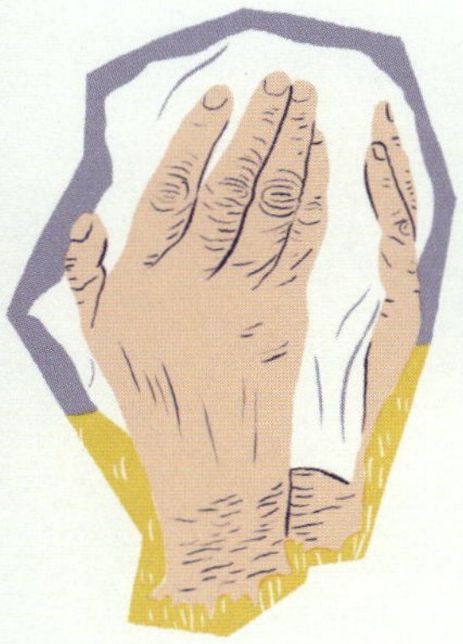

Toyen,
Trauriger Tag,
Ausschnitt, 1942

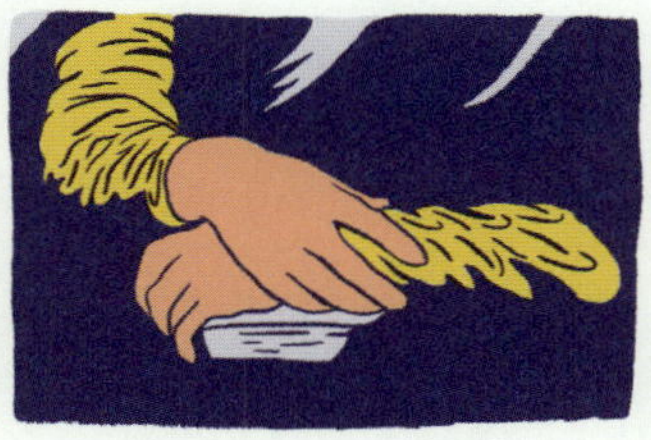

Leonardo da Vinci,
Mona Lisa, Ausschnitt,
1503–1506

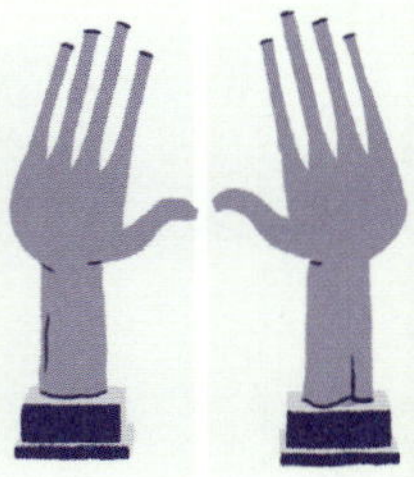

Hände, Villanova-
kultur, 7. Jahrhundert
v. u. Z.

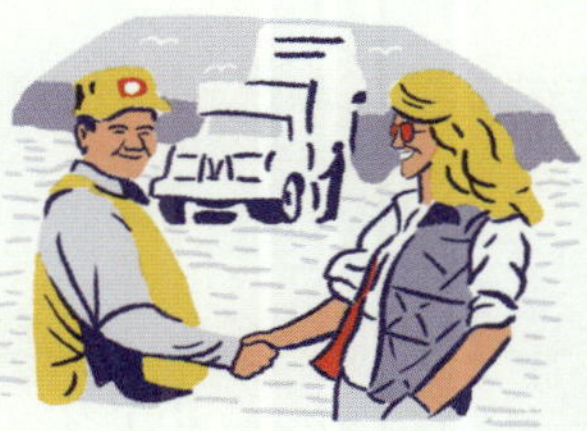

Mierle Laderman Ukeles,
Touch Sanitation,
Performance, 1977–1980

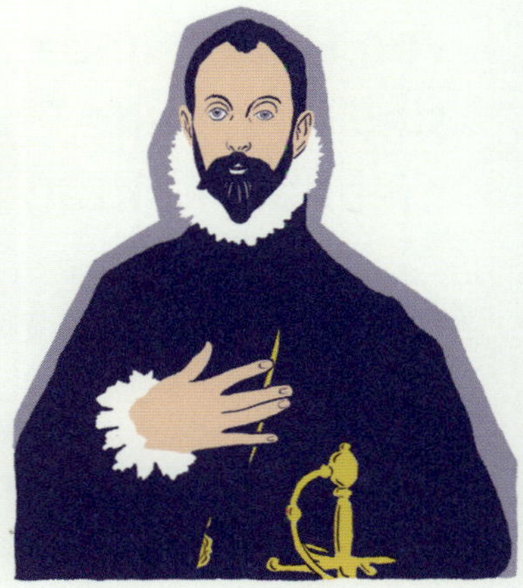

El Greco,
Der Ritter mit der Hand
auf der Brust, 1580

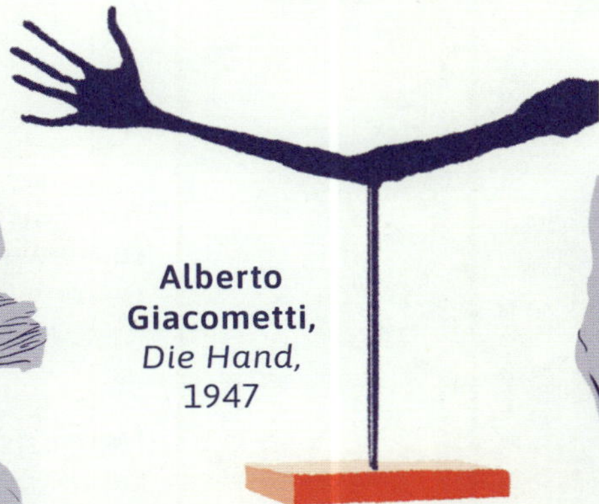

Alberto
Giacometti,
Die Hand,
1947

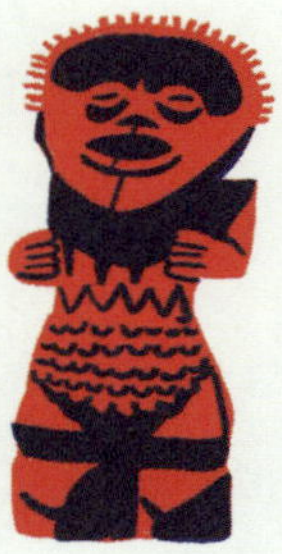

Mambila-Statue,
Nigeria,
19.–20. Jahrhundert

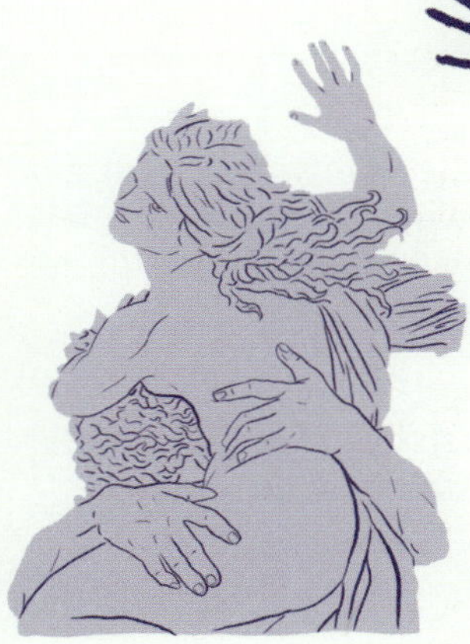

Gian Lorenzo Bernini,
Raub der Persephone,
Ausschnitt, 1621–1622

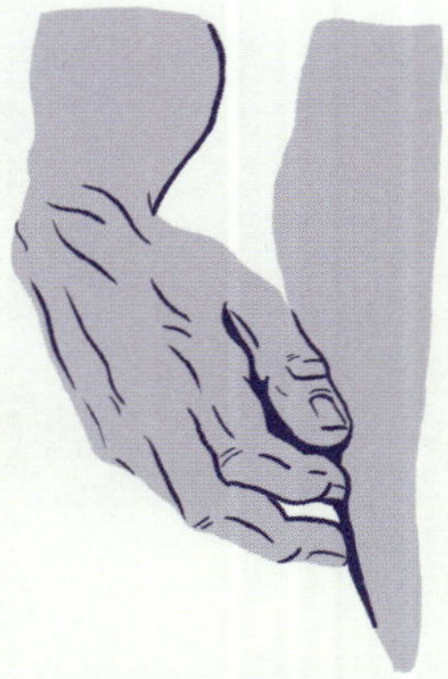

Michelangelo
Buonarroti,
David, Ausschnitt,
1501–1504

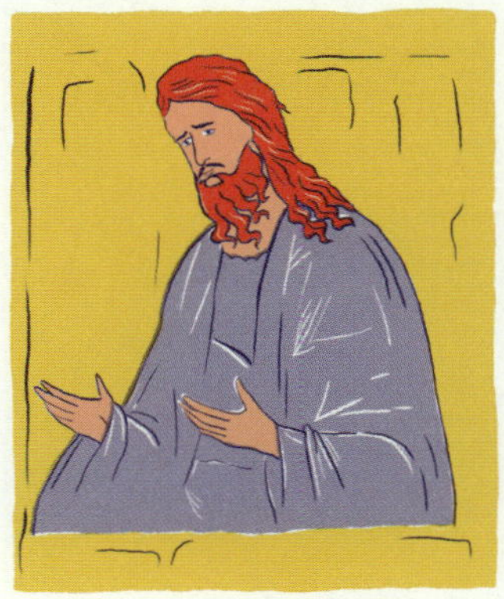

Andrei Rublev,
Johannes der Täufer,
Anfang des 15. Jahr-
hunderts

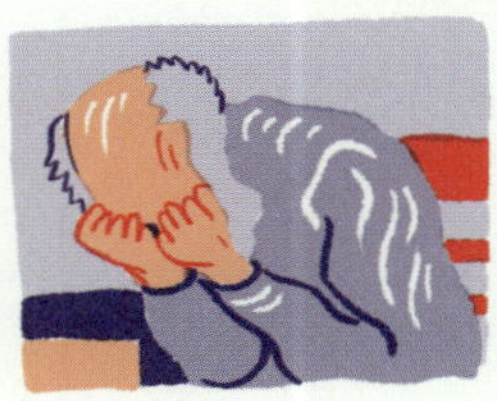

Vincent van Gogh,
Trauernder alter Mann,
Ausschnitt, 1890

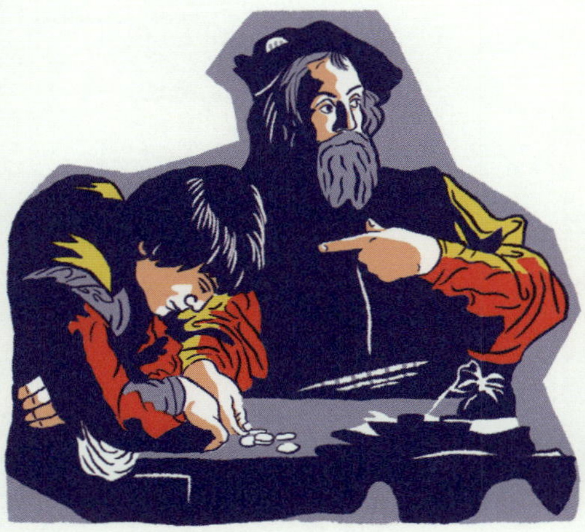

Caravaggio,
Berufung des Hl. Matthäus,
Ausschnitt, 1599–1600

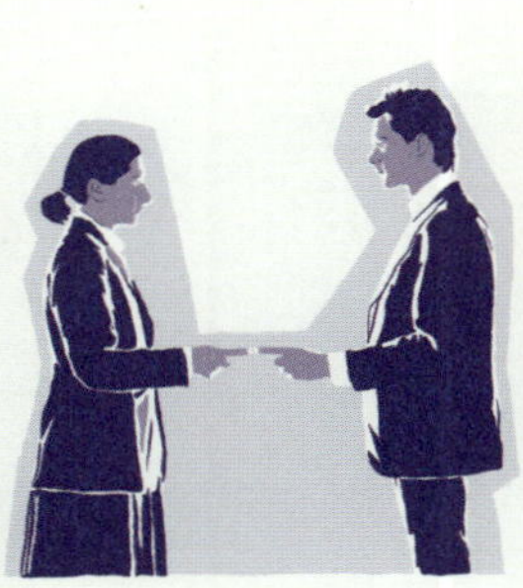

Marina Abramović &
Ulay,
Kontakt, 1980

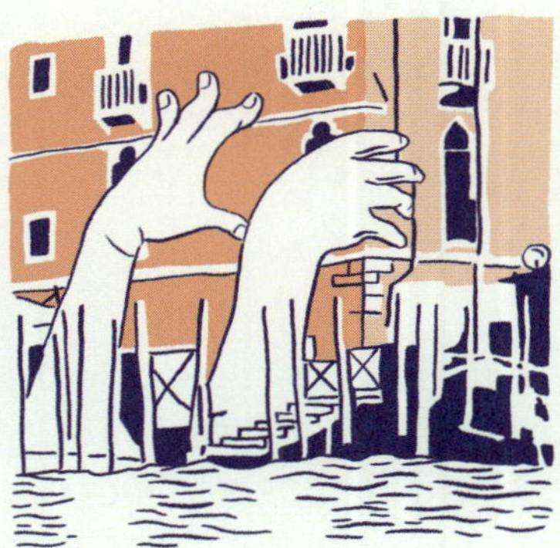

Lorenzo Quinn,
Support, 2017

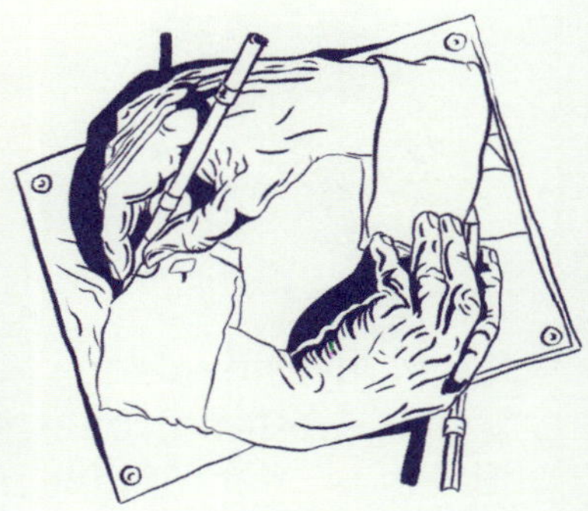

M. C. Escher,
Zeichnende Hände,
1948

Hand-verzierungen

Schon immer schmückten Menschen ihre Körper. Dabei kommen auch die Hände zum Zug. Tätowierungen, das Auftragen von Henna und das Anmalen der Nägel sind weltweite Phänomene, die schon mehr als fünftausend Jahre alt sind.

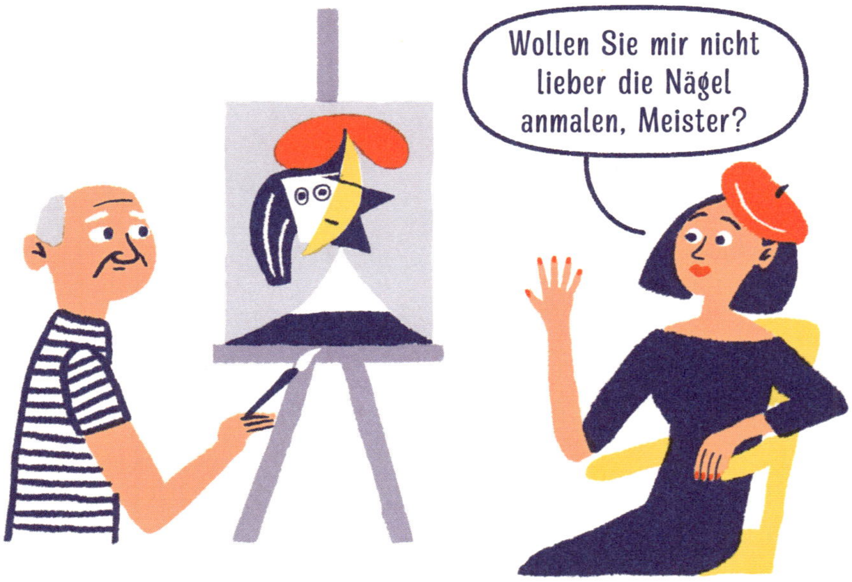

Färben der Haut

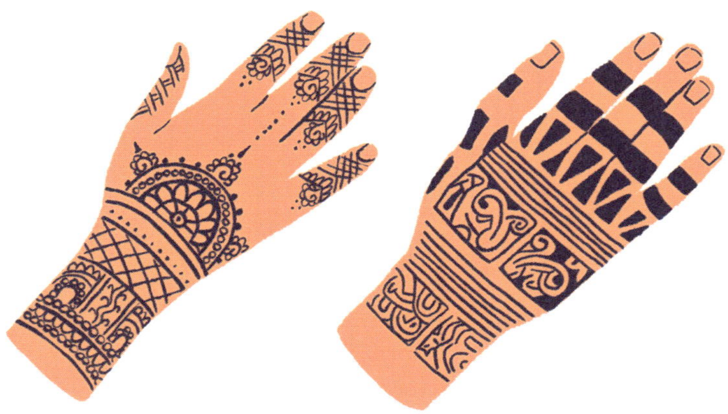

Die Motive, mit denen Menschen ihre Körper verzieren, können abstrakt, realistisch oder ornamental sein. Sollen sie für kurze oder für längere Zeit sichtbar sein? Henna ist eine Naturfarbe, sie hält nur ein paar Tage. Bei einer Tätowierung dagegen werden Farbpigmente unter die Haut gestochen, sie bleibt dauerhaft. Man kann sie höchstens mit Laser entfernen.

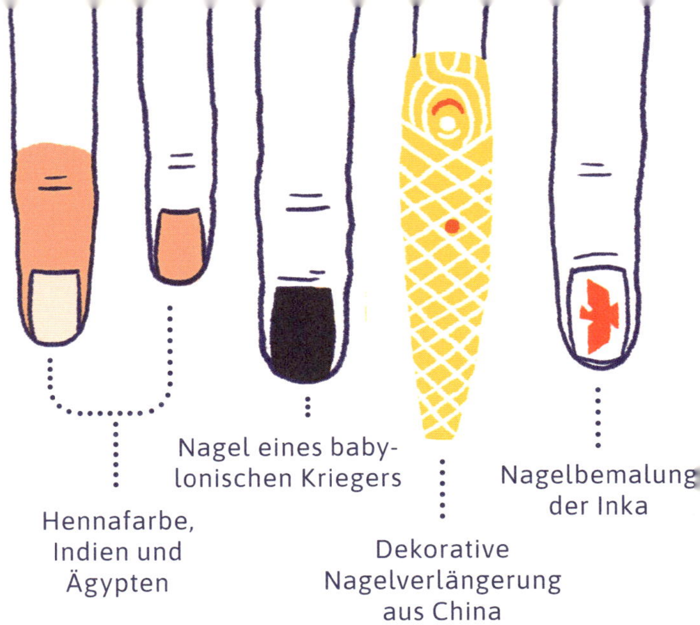

Anmalen der Nägel

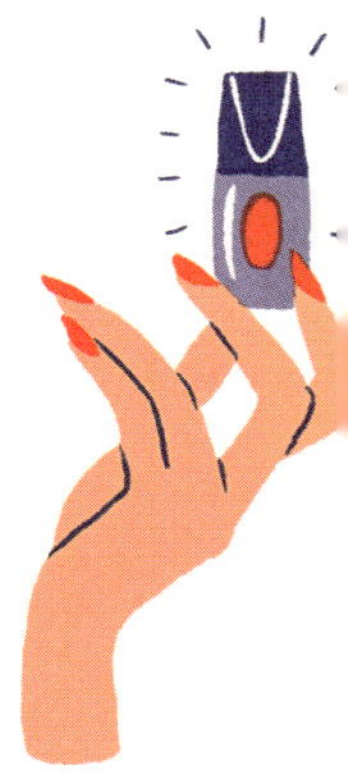

Im 20. Jahrhundert wurde das Anmalen der Nägel zur weitverbreiteten Mode.

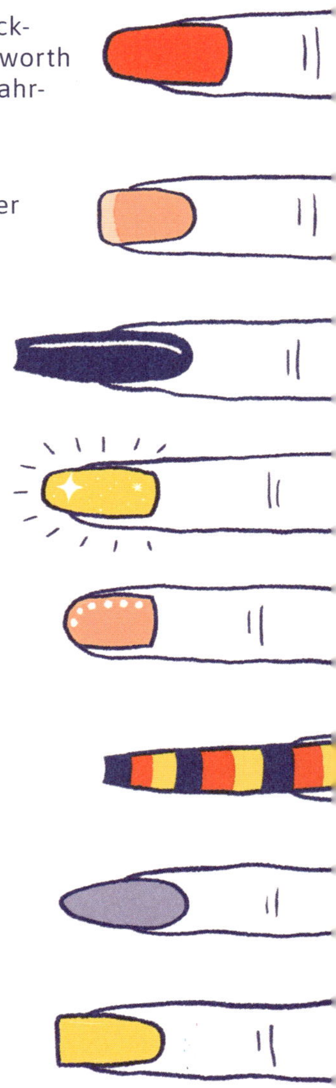

1917 – der erste Nagellack

Rot – die ikonische Nagellackfarbe wurde durch Rita Hayworth in den 30er Jahren des 20. Jahrhunderts populär

französische Maniküre – 70er Jahre des 20. Jahrhunderts

1957 – der erste künstliche Nagel

glitzernder Nagellack

Steinchen als Schmuck

sehr langer künstlicher Nagel mit buntem Motiv

mandelförmig geschliffener Nagel

eckig geschliffener Nagel

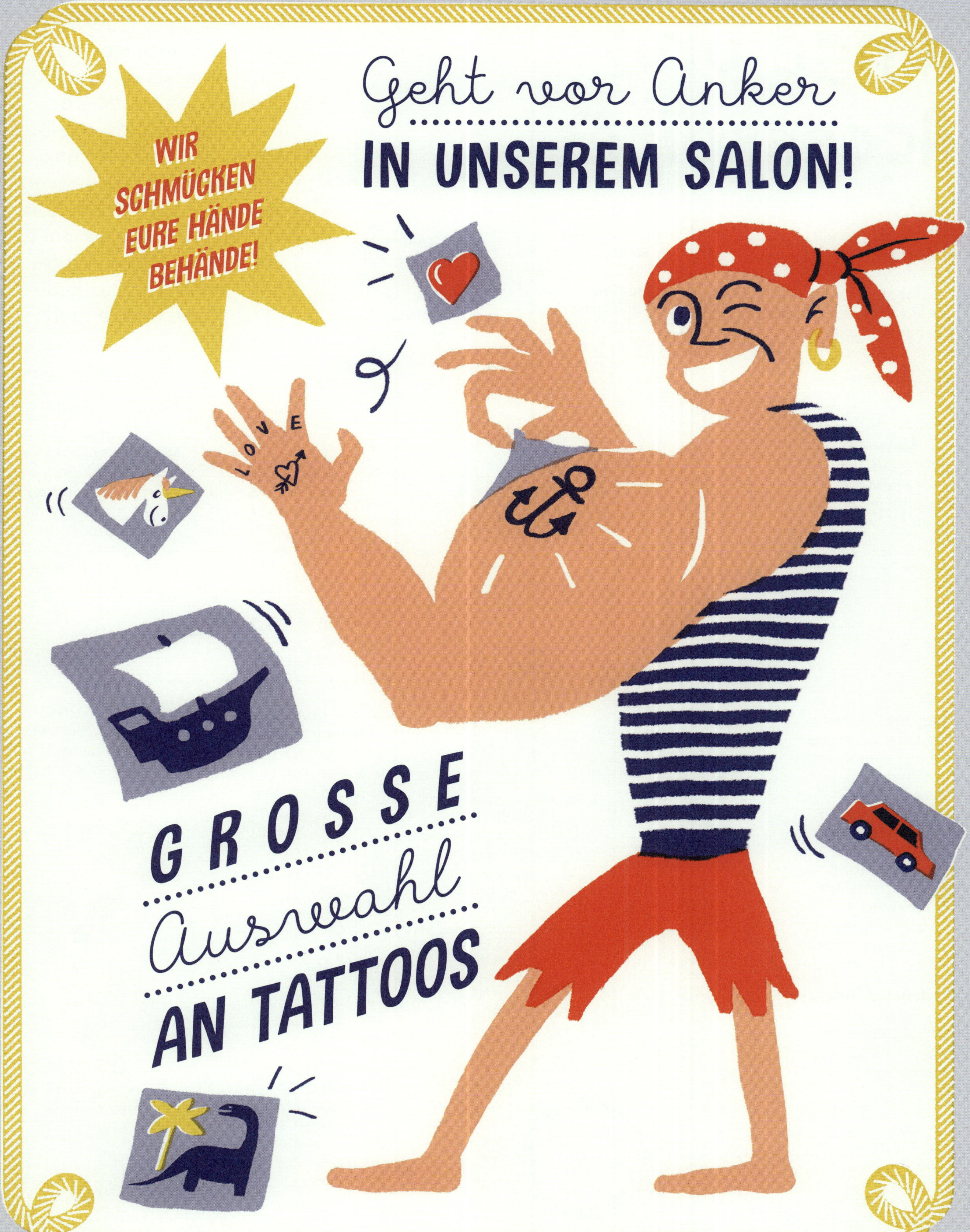
WIR SCHMÜCKEN EURE HÄNDE BEHÄNDE!
Geht vor Anker
IN UNSEREM SALON!
LOVE
GROSSE
Auswahl
AN TATTOOS

Ringe und Accessoires

Ringe sind mehr als nur Schmuck, auch wenn sie manchmal schön funkeln. Die meisten haben eine tiefere Bedeutung. Mit ihrer Form, die keinen Anfang und kein Ende hat, verweisen Ringe auf das Unendliche und sind ein Symbol für Treue. Alle können sie tragen: Omas, Adelige, kirchliche Würdenträger und harte Rocker.

Amtsring
vor allem in der Vergangenheit verwendet – er symbolisierte das Amt eines Herrschers, Bischofs oder einer anderen Autorität

Familienring
vererbt von Generation zu Generation, Erinnerungsstück

Zauberring
Ring mit magischer Kraft – er kann helfen, aber auch schaden

Holzring
Ring aus nicht leitendem Material, geeignet für Elektriker

Schmuckring
ohne symbolische Bedeutung, vielfältig in Form und Gestalt

Ring des Prometheus
der Legende nach der erste Ring der Welt, geschmiedet aus der Kette, mit der Prometheus an den Kaukasus gekettet wurde

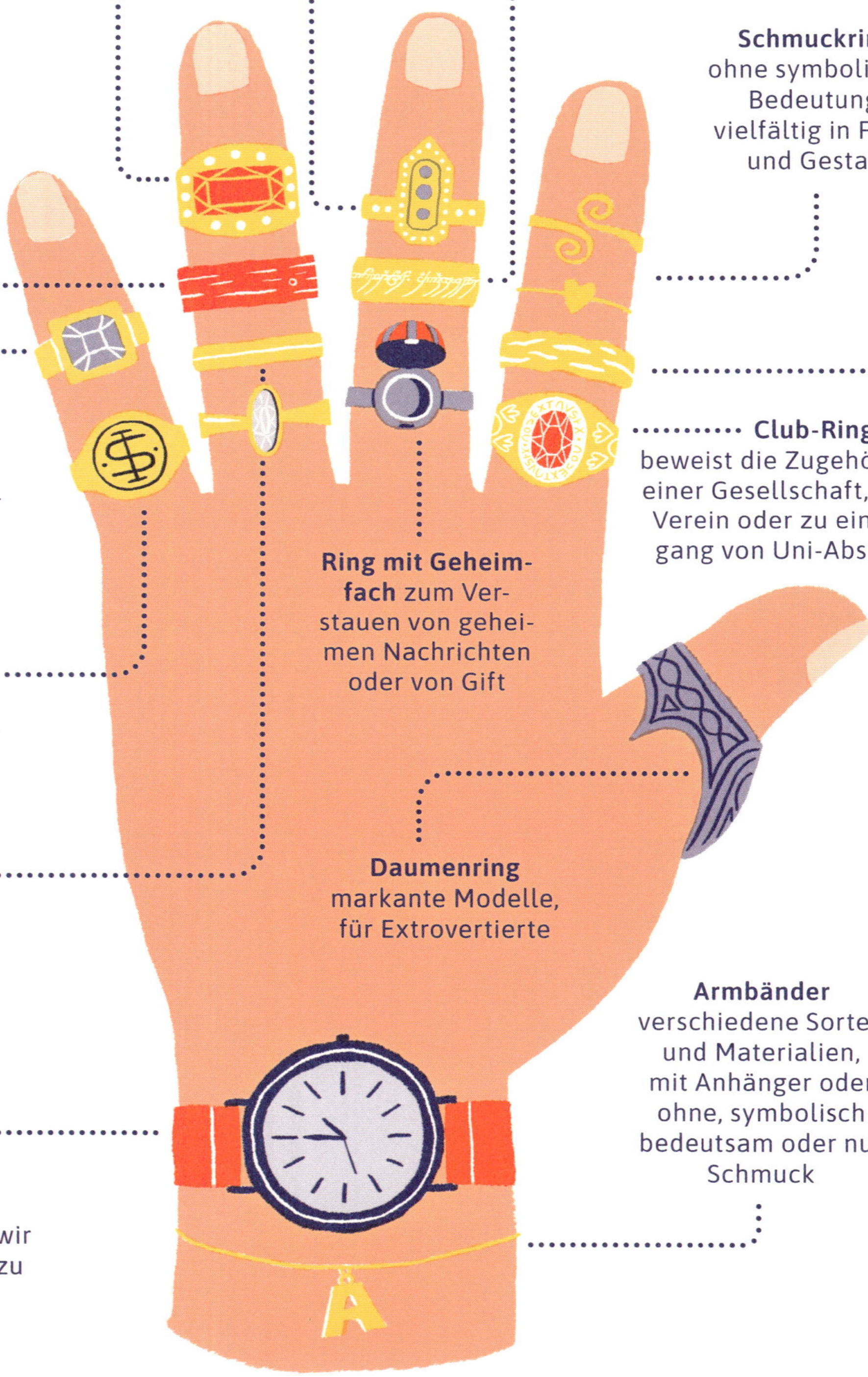

Ring mit Edelstein
sehr beliebt, breites Farb- und Gestaltungsspektrum

Club-Ring
beweist die Zugehörigkeit zu einer Gesellschaft, zu einem Verein oder zu einem Jahrgang von Uni-Absolventen

Ring mit Geheimfach zum Verstauen von geheimen Nachrichten oder von Gift

Siegelring
in der Vergangenheit verwendet zur Beglaubigung von Dokumenten

Verlobungs- oder Trauring
symbolisiert ewige Liebe, besiegelt das Eheversprechen

Daumenring
markante Modelle, für Extrovertierte

Fächer
zur Gesichtserfrischung an heißen Sommertagen

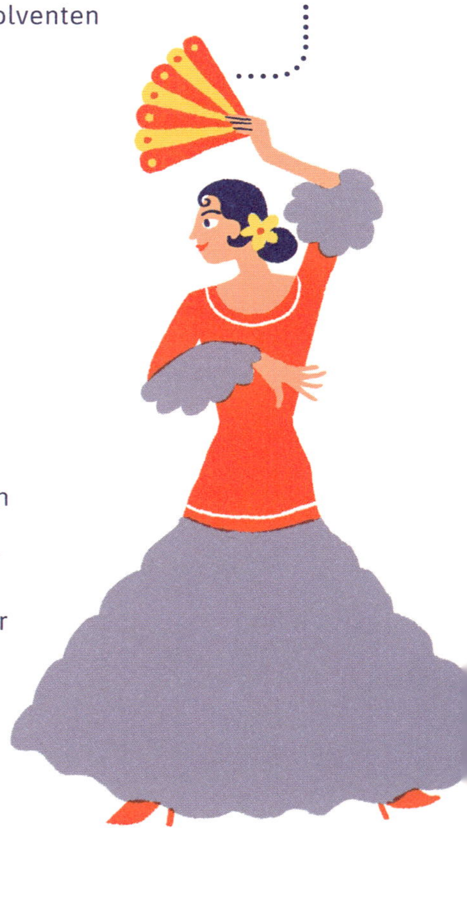

Armbänder
verschiedene Sorten und Materialien, mit Anhänger oder ohne, symbolisch bedeutsam oder nur Schmuck

Uhr
zeigt die Uhrzeit an, wir tragen sie, um nicht zu spät zu kommen

Handschuhe

Schon im Altertum trugen Menschen Handschuhe – aus modischen Gründen oder als Statussymbol, vor allem aber zum Schutz. So ist es auch heute noch: Handschuhe schützen ihre Trägerin oder andersherum das, was die Person anfasst. Die Hände werden dank der Handschuhe im Winter nicht so schnell kalt, in anderen Fällen werden mögliche Hammerschläge auf die Finger gedämpft oder das Toilettenputzen wird erleichtert …
Und Modehandschuhe? Die ziehen noch immer die Blicke auf sich.

Zum Wärmen

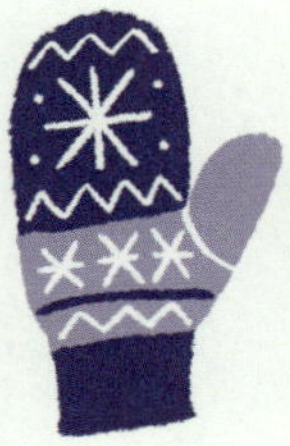
gestrickte Fausthandschuhe

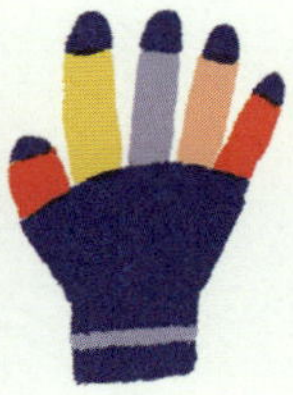
gestrickte Fingerhandschuhe

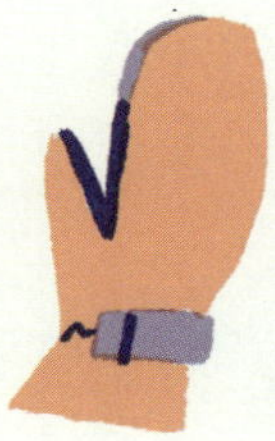
wasserundurchlässig

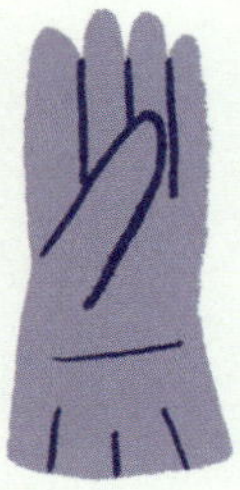
Lederhandschuhe

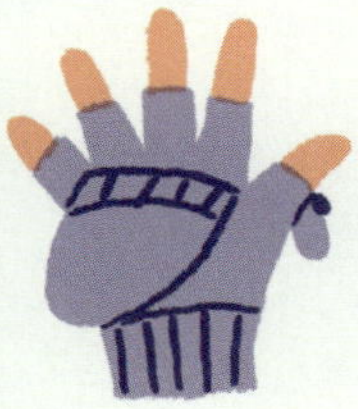
mit Kappe

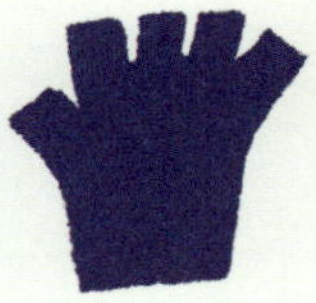
fingerlos

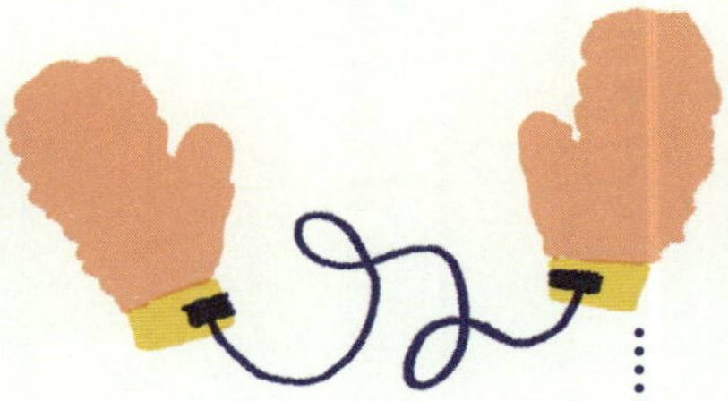
mit Schnur

Modehandschuhe

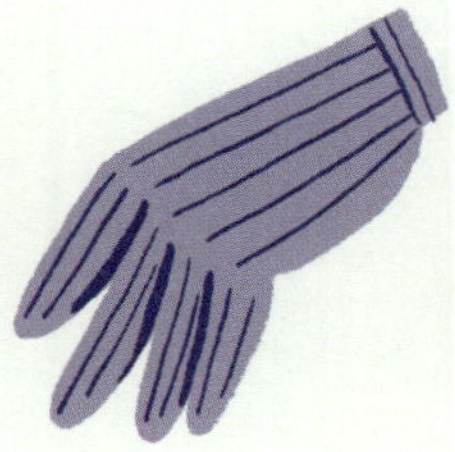
für Herren

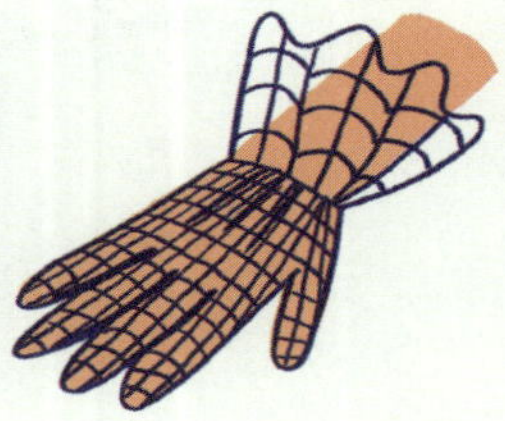
Spitzenhandschuhe

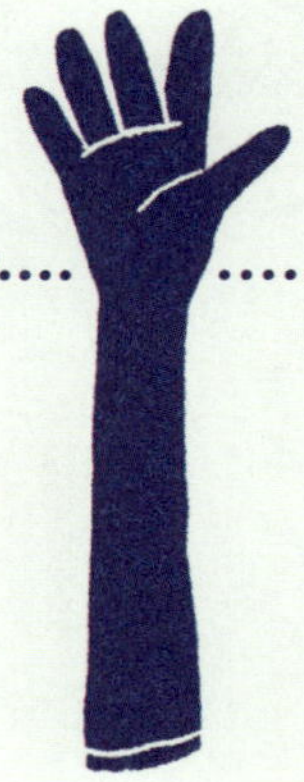
für Damen

Sporthandschuhe

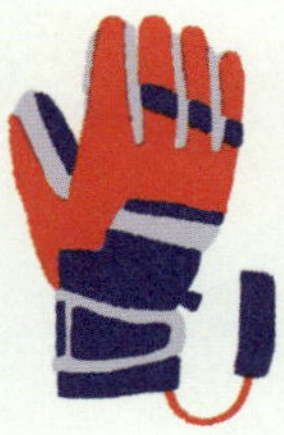
Skihandschuhe

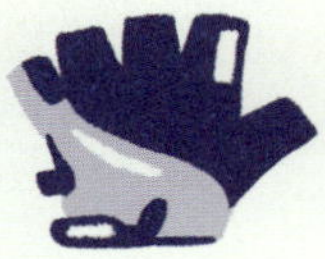
Fahrradhandschuhe

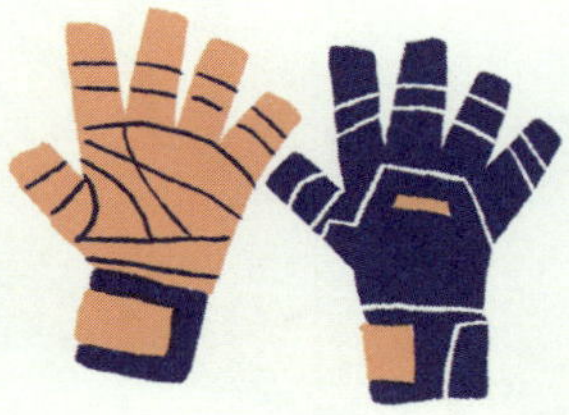
Torwarthandschuhe

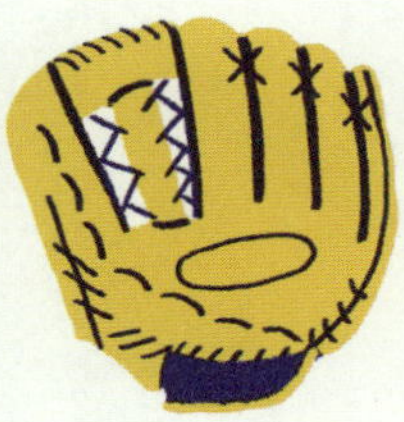
Baseballhandschuhe

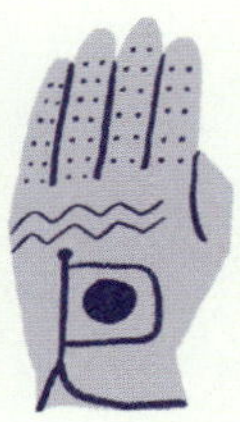
Golfhandschuhe

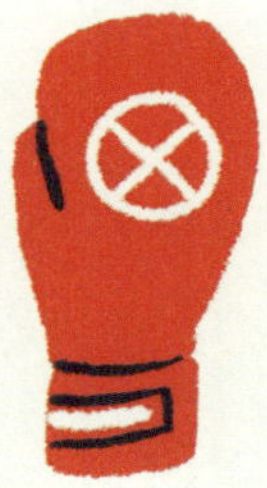
Boxhandschuhe

Arbeitshandschuhe

Gummihandschuhe

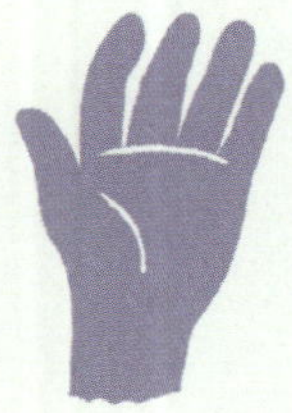
medizinische Gummihandschuhe

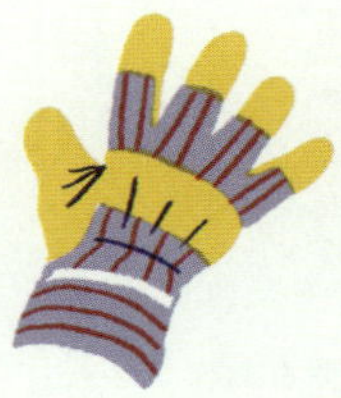
Universalarbeitshandschuhe

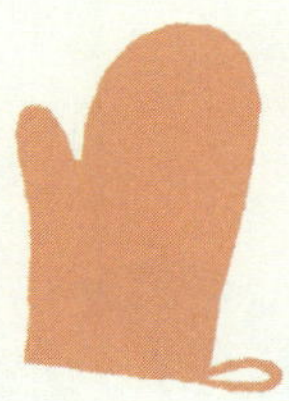
Ofenhandschuhe

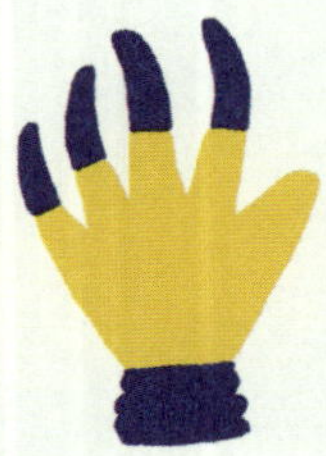
Gartenhandschuhe mit Krallen

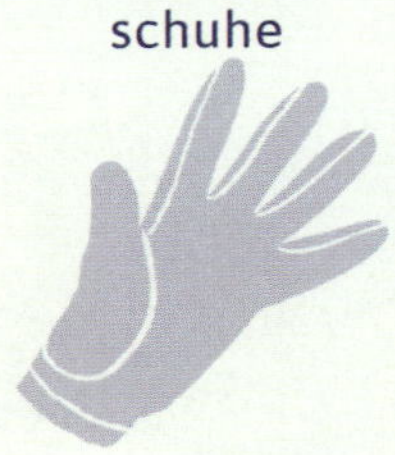
Handschuhe für Museumspersonal

Spezialhandschuhe

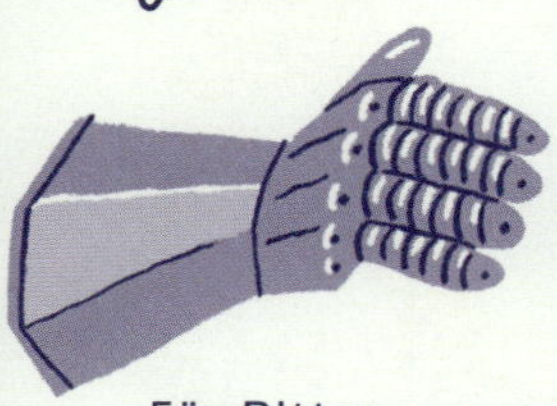
Für Ritter

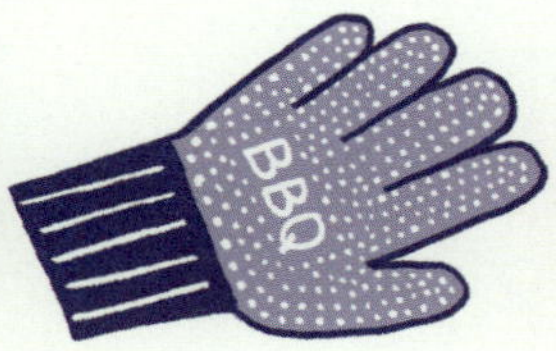

Zum Grillen

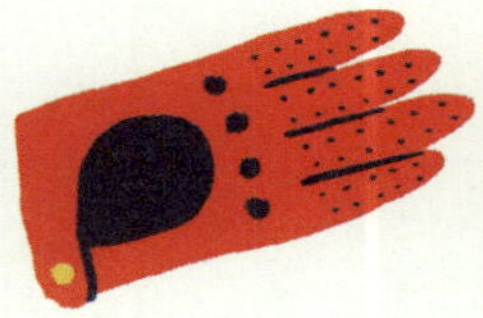
Zum Autofahren

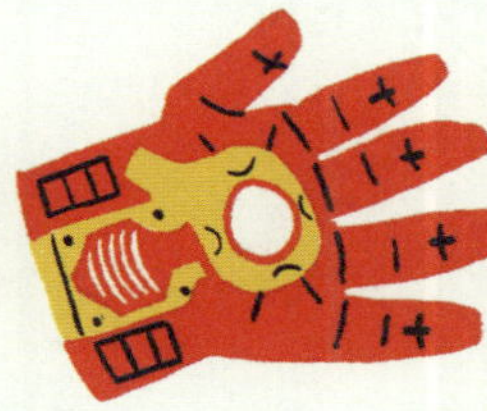
Superheldenhandschuhe

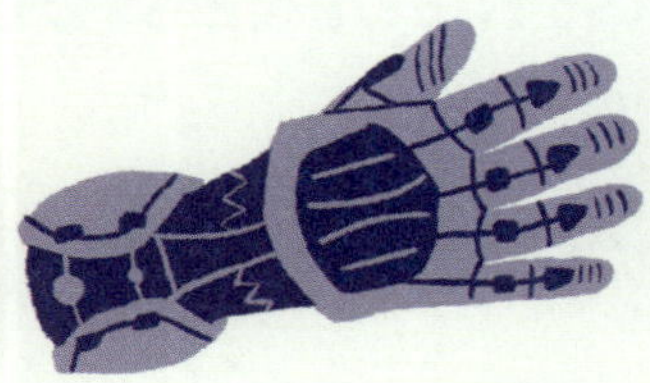
Zum Motorradfahren

In der Medizin

Gehhilfen

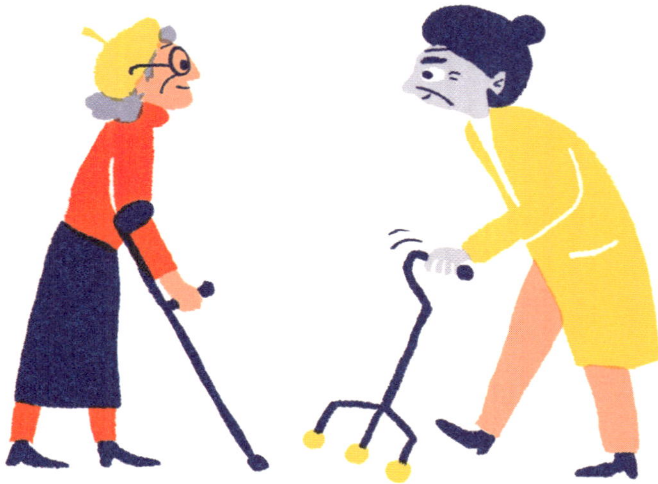

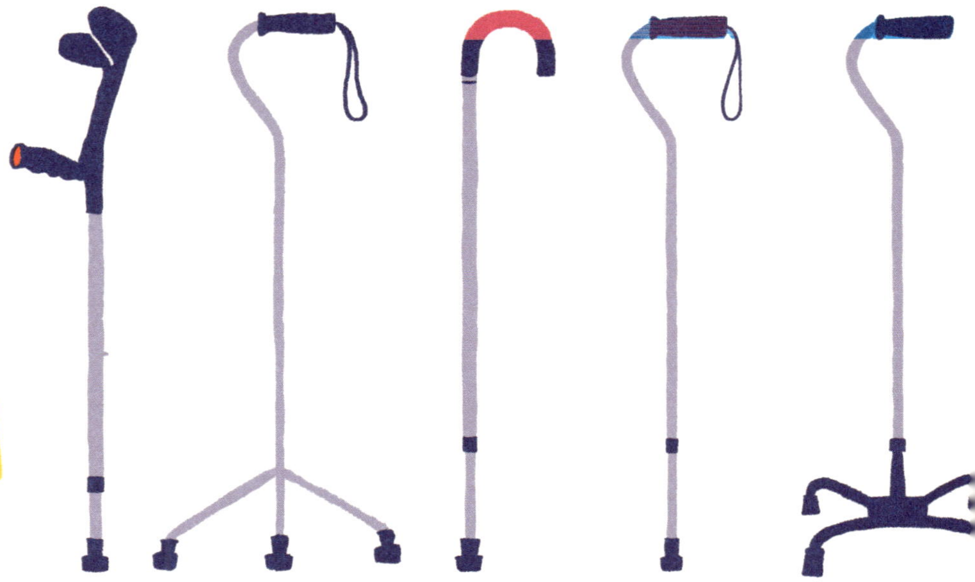

verschiedene Materialien und Formen

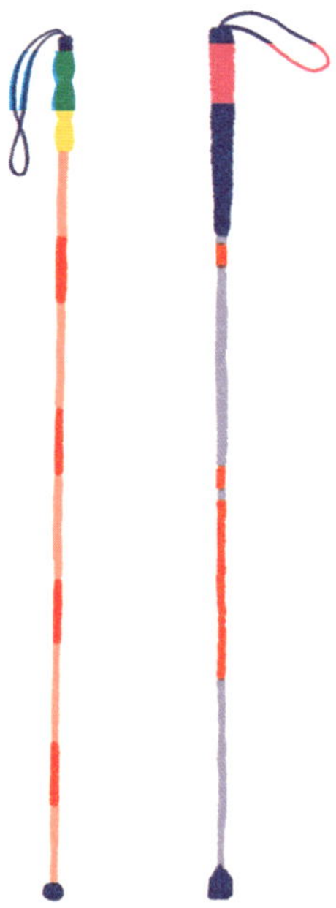

Stöcke für Menschen mit Hör- und Sehbeeinträchtigungen

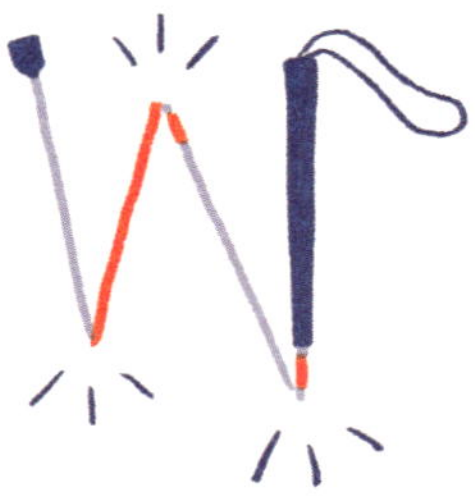

einige Modelle lassen sich zusammenklappen

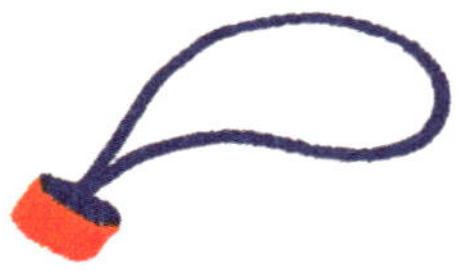

Textilgriffe für bequemeres Halten

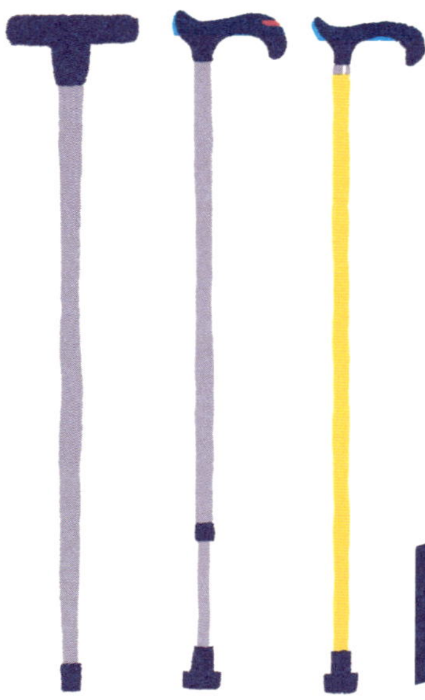

Der Stock,

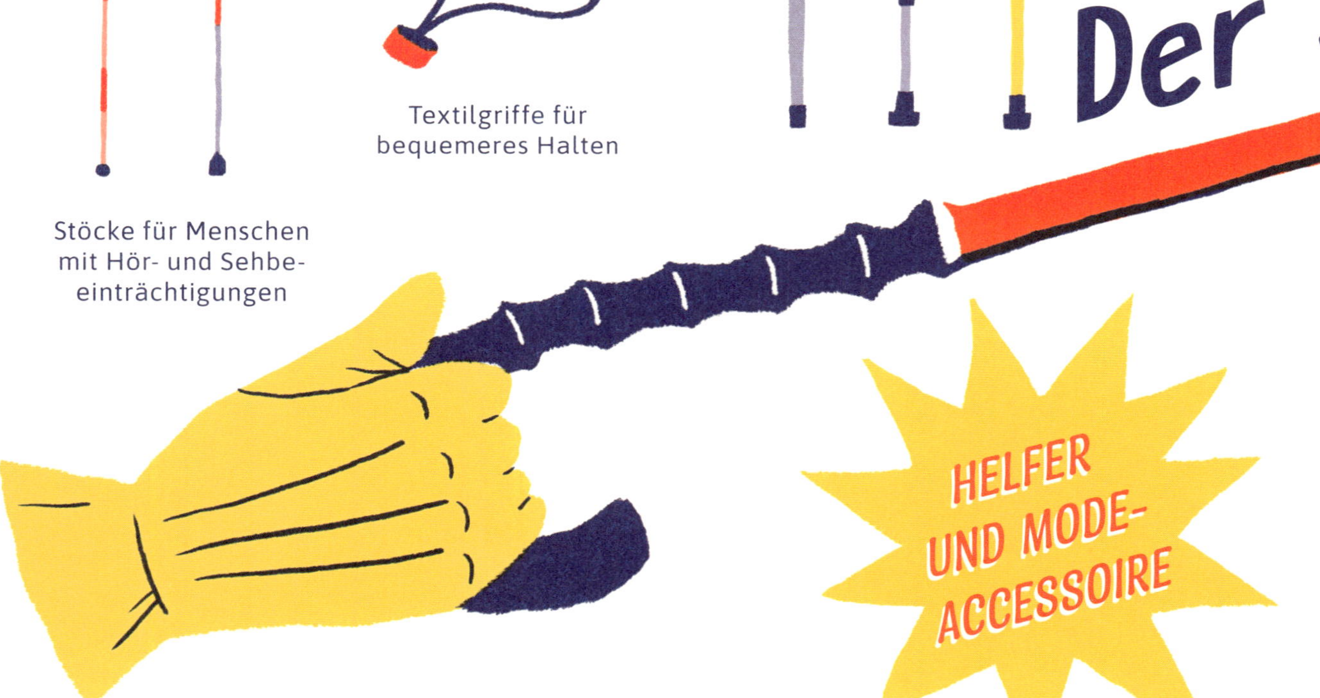

HELFER UND MODE-ACCESSOIRE

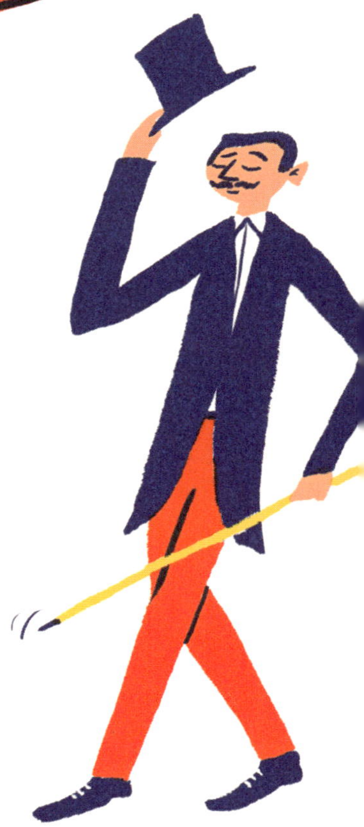

VERSCHIEDENE STOCKSPITZEN

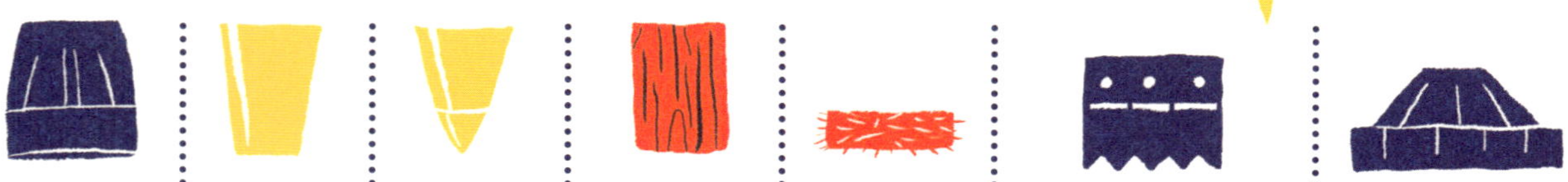

Gummi | Metall | Stachel | Holz | Filz | Antirutschaufsatz | Verbreiterung

Für den Sport

für Amateur:innen und Profis

die verlängerte Hand

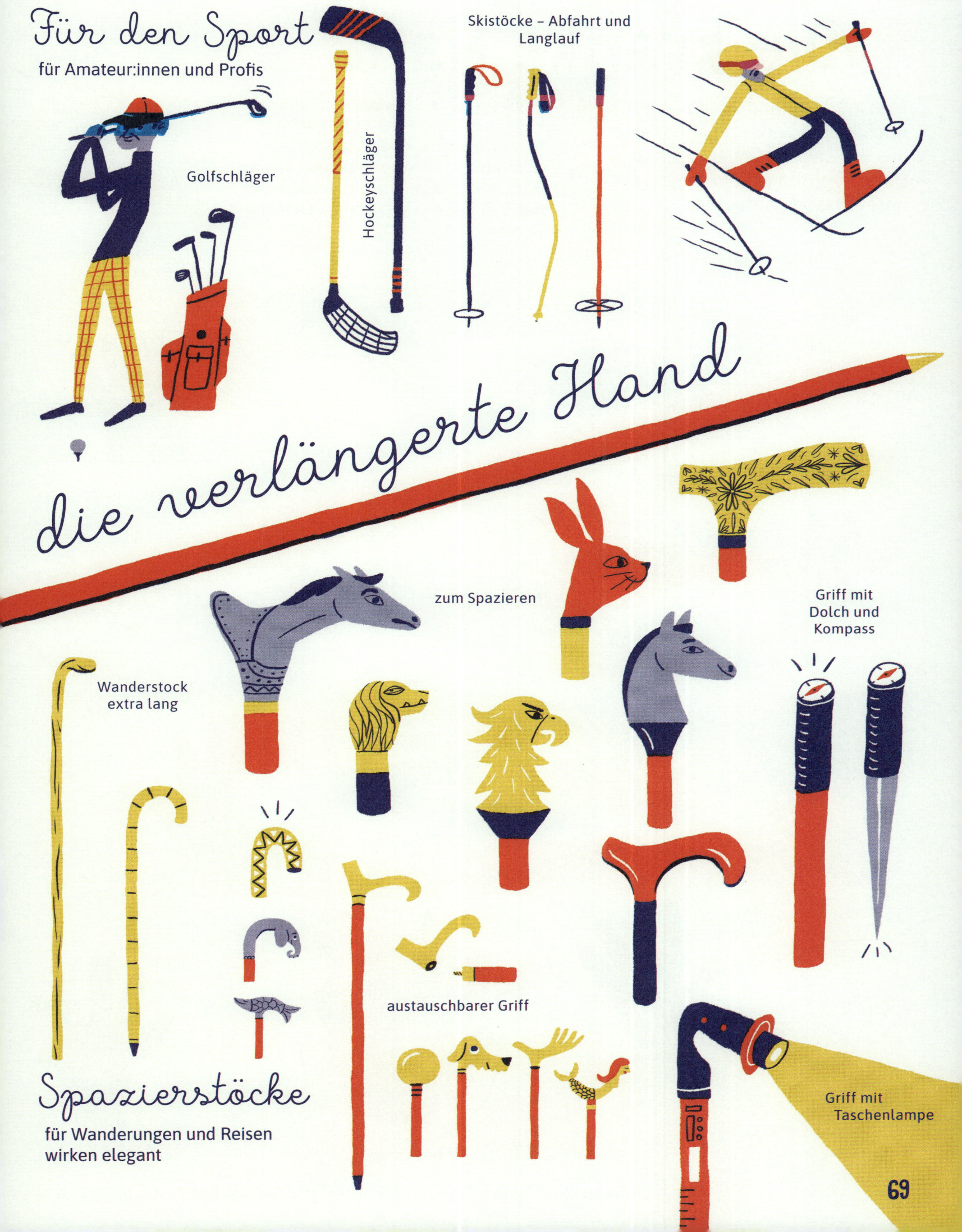

Spazierstöcke

für Wanderungen und Reisen wirken elegant

Die kranke Hand

Eine kranke Hand ist ein Ärgernis. Auch kleine Verletzungen können uns das Leben schwer machen. Darum sollten wir immer gut auf unsere Hände aufpassen.

Es gibt verschiedene gesundheitliche Probleme, die die Hände betreffen können. Manche sind nicht der Rede wert, etwa ein Kratzer oder ein blauer Fleck, andere können schwerwiegender sein und müssen aufwendig behandelt werden. *

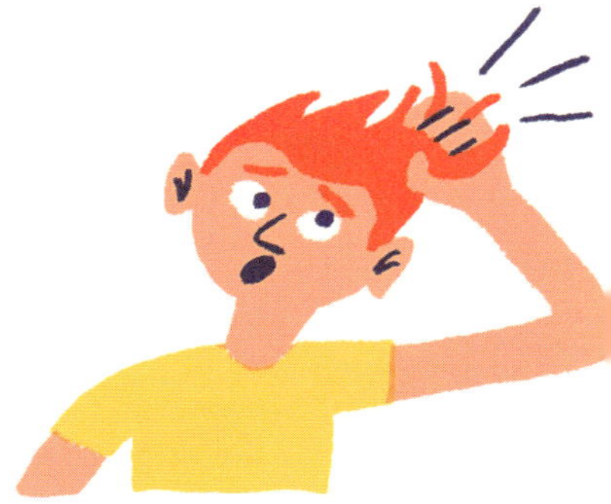

Alien-Hand-Syndrom

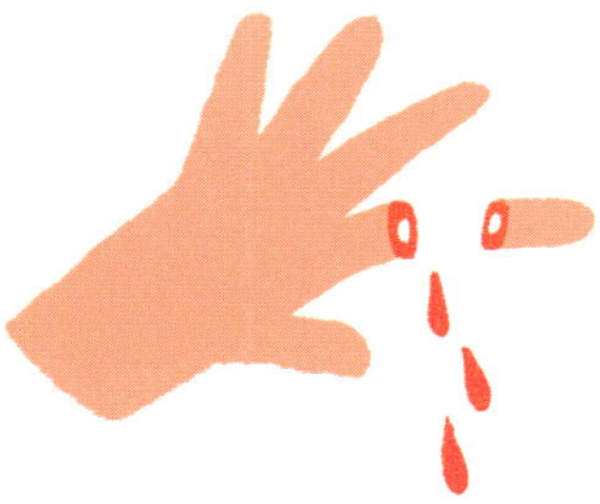

abgeschnittener Finger

Hypermobilität

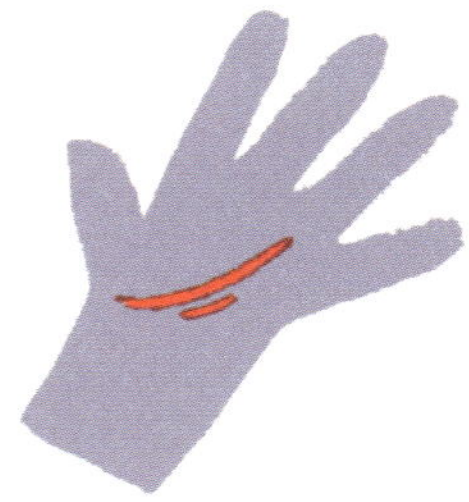

Schnittwunde

Fingeramputation

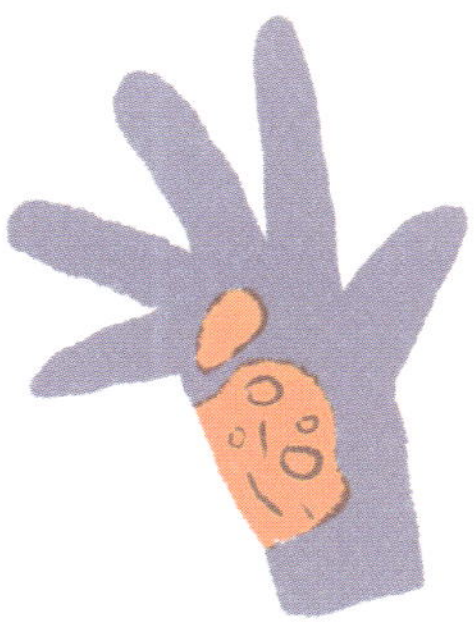

Verbrennung

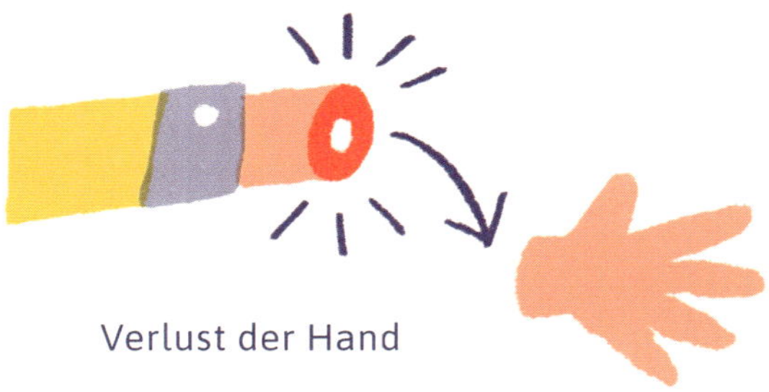

Verlust der Hand

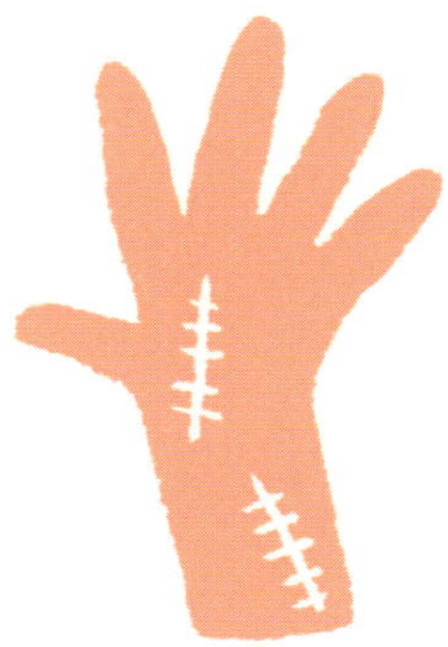

Narben

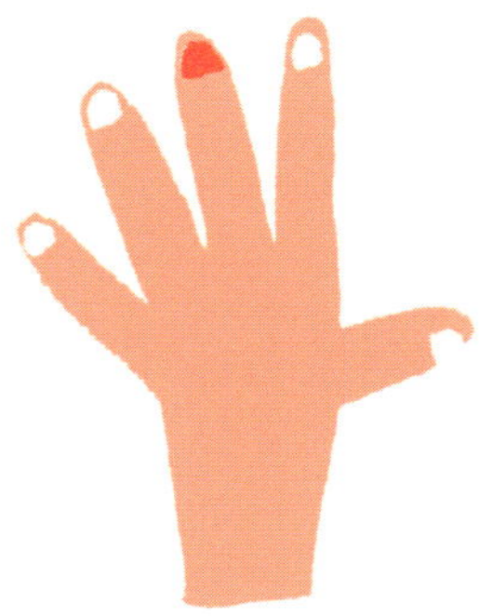

abgelöster Nagel

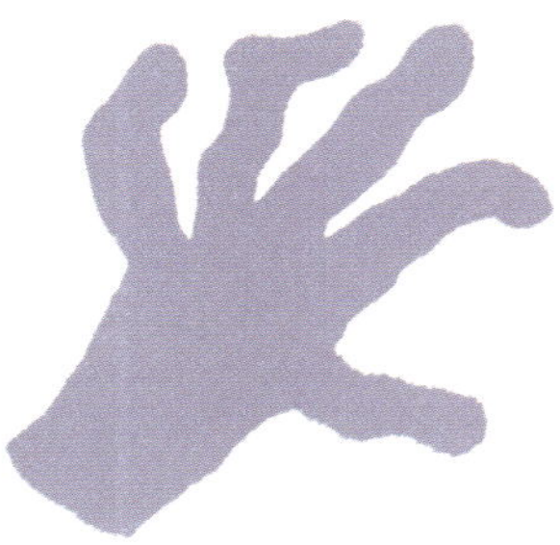

Arthritis

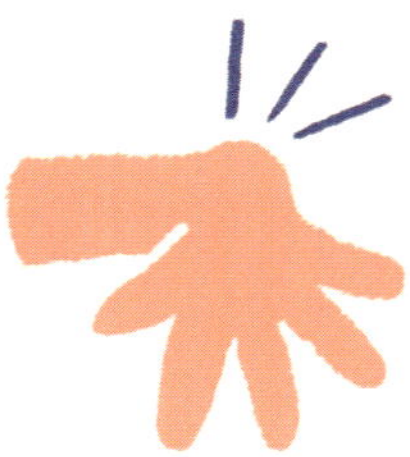

Bruch

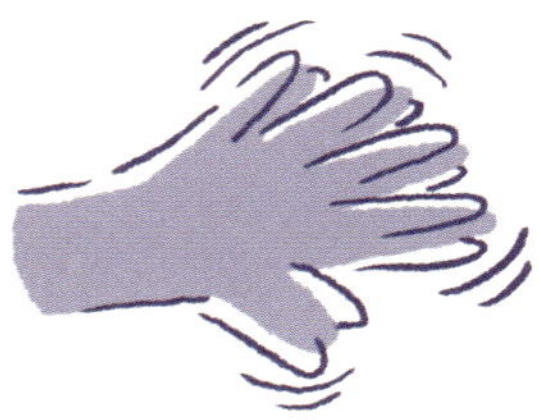

Händezittern

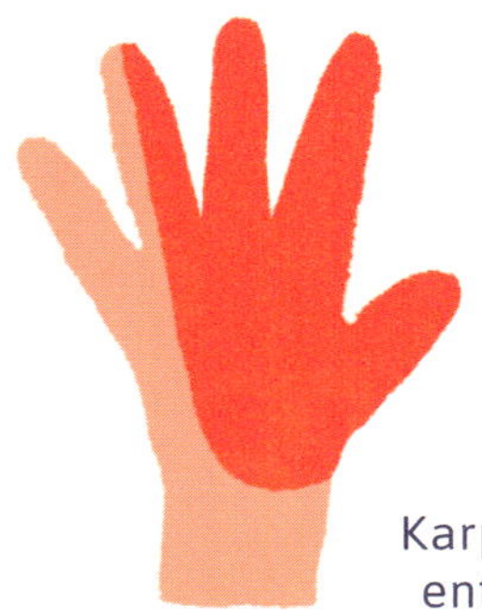

Karpaltunnelentzündung

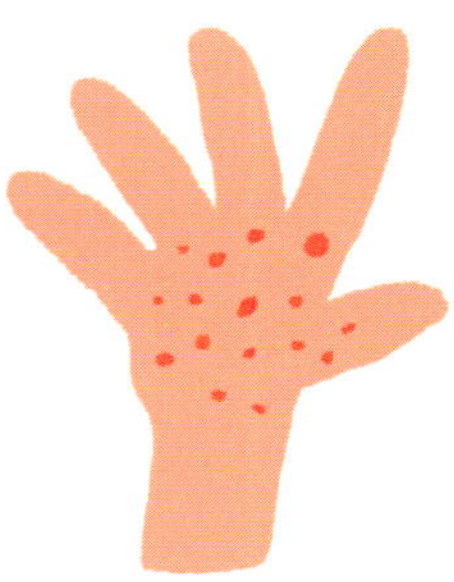

Ausschlag

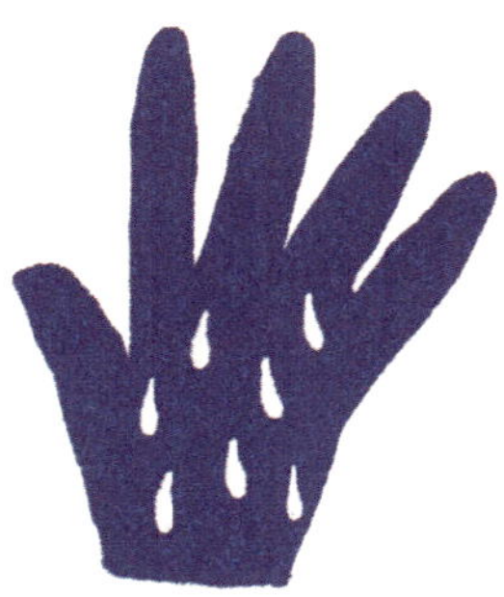

übermäßiges Schwitzen

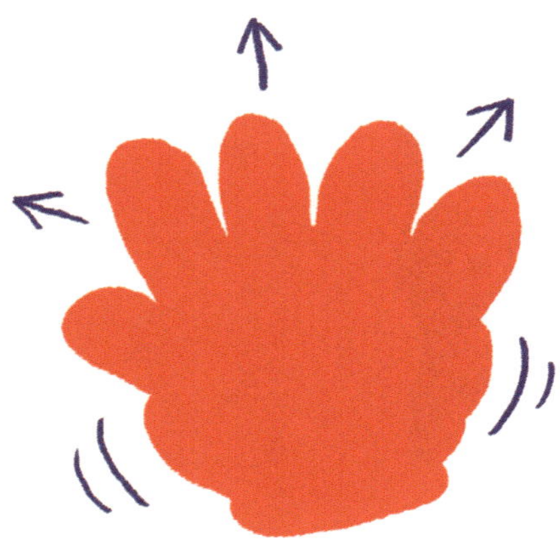

Schwellungen

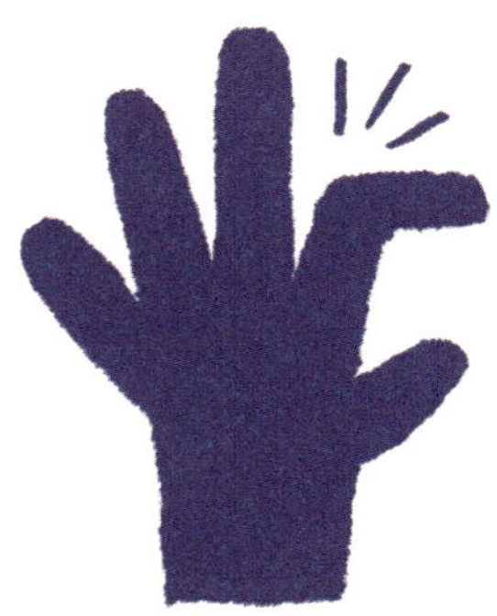

ausgerenkter Finger

* Wenn ein größeres Problem auftaucht, geh zu einem Arzt oder einer Ärztin.

Beim Arzt

Kranke Hände müssen behandelt werden. Zuerst braucht man eine Diagnose. Dafür gibt es spezielle Fachärztinnen und Fachärzte.

Zuerst wird die Hand angeschaut und abgetastet oder mit Geräten untersucht, zum Beispiel Röntgen oder Ultraschall. Danach schlägt der Arzt eine Behandlung vor. Es gibt klassische Behandlungsmethoden und alternative Medizin, etwa Akupunktur, Reflexologie oder Heilkräuter.

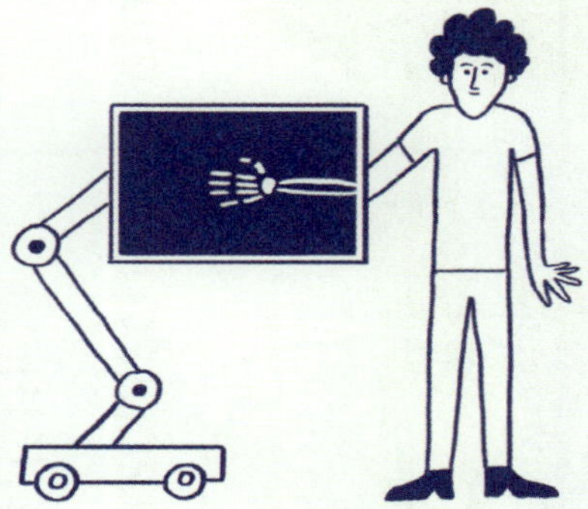

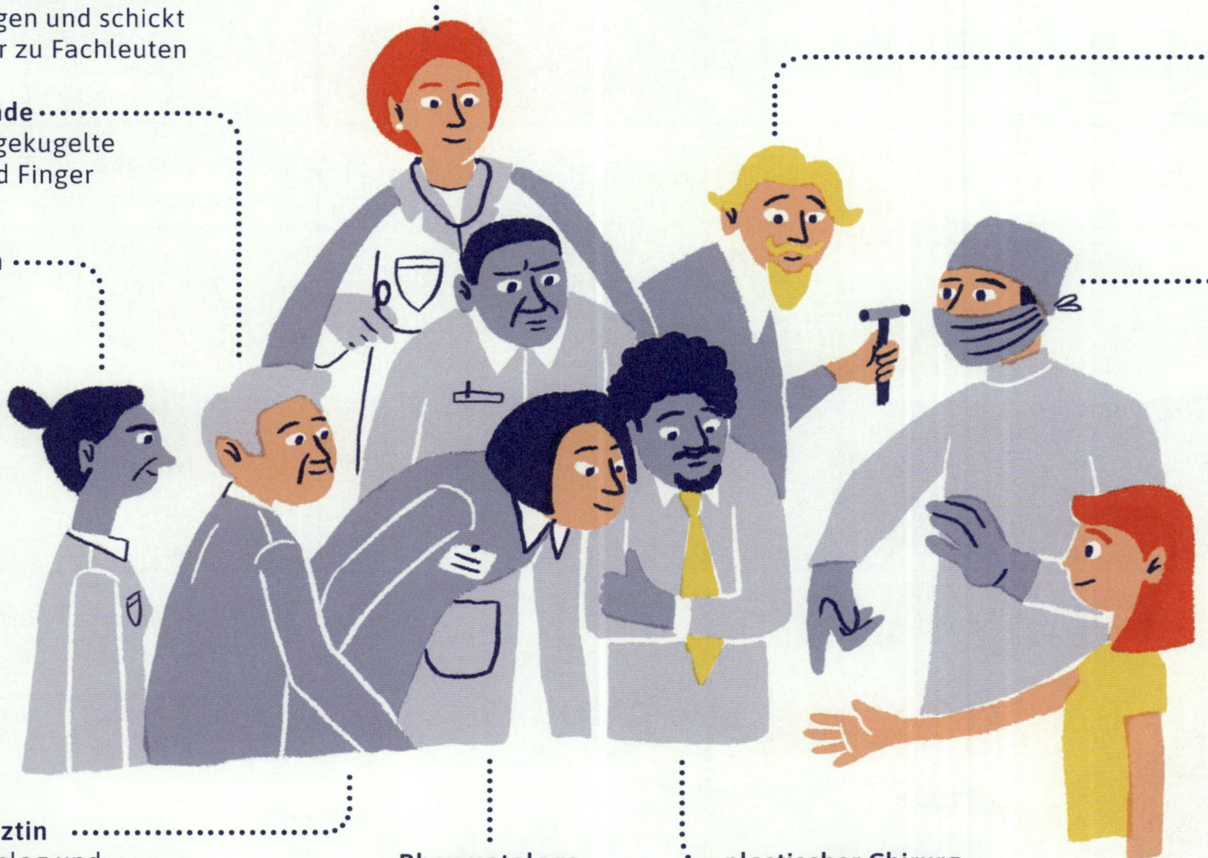

Eine typische Handverletzung und ihre Behandlung

Der Bruch (im Zeitverlauf)

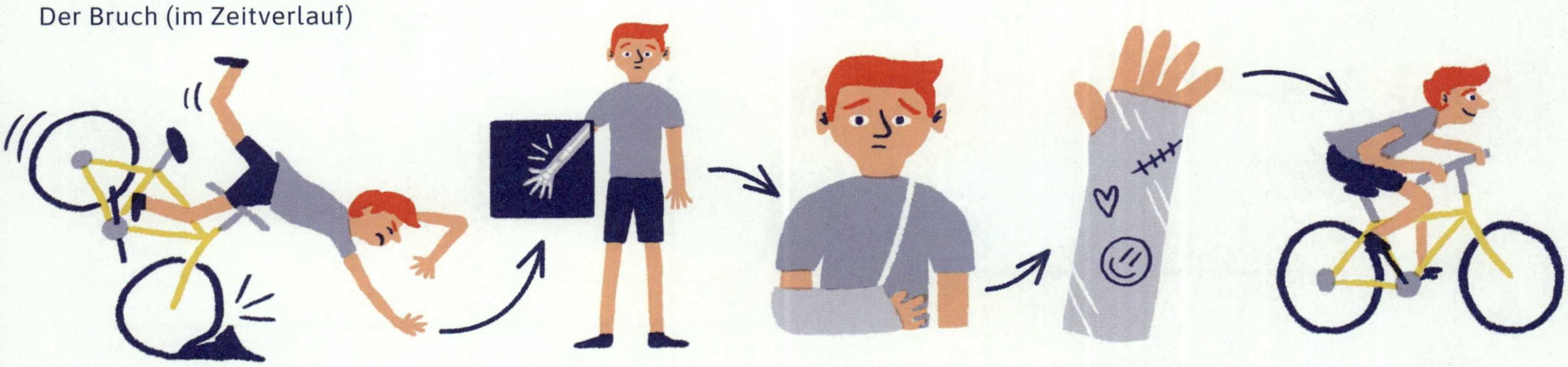

Der Weg zur ERSATZHAND

Die Menschen hatten schon immer mit dem Verlust von Körperteilen durch Unfälle, Krankheiten oder Krieg zu kämpfen. Darum wird auch schon lange versucht, sie zu ersetzen – durch Prothesen.

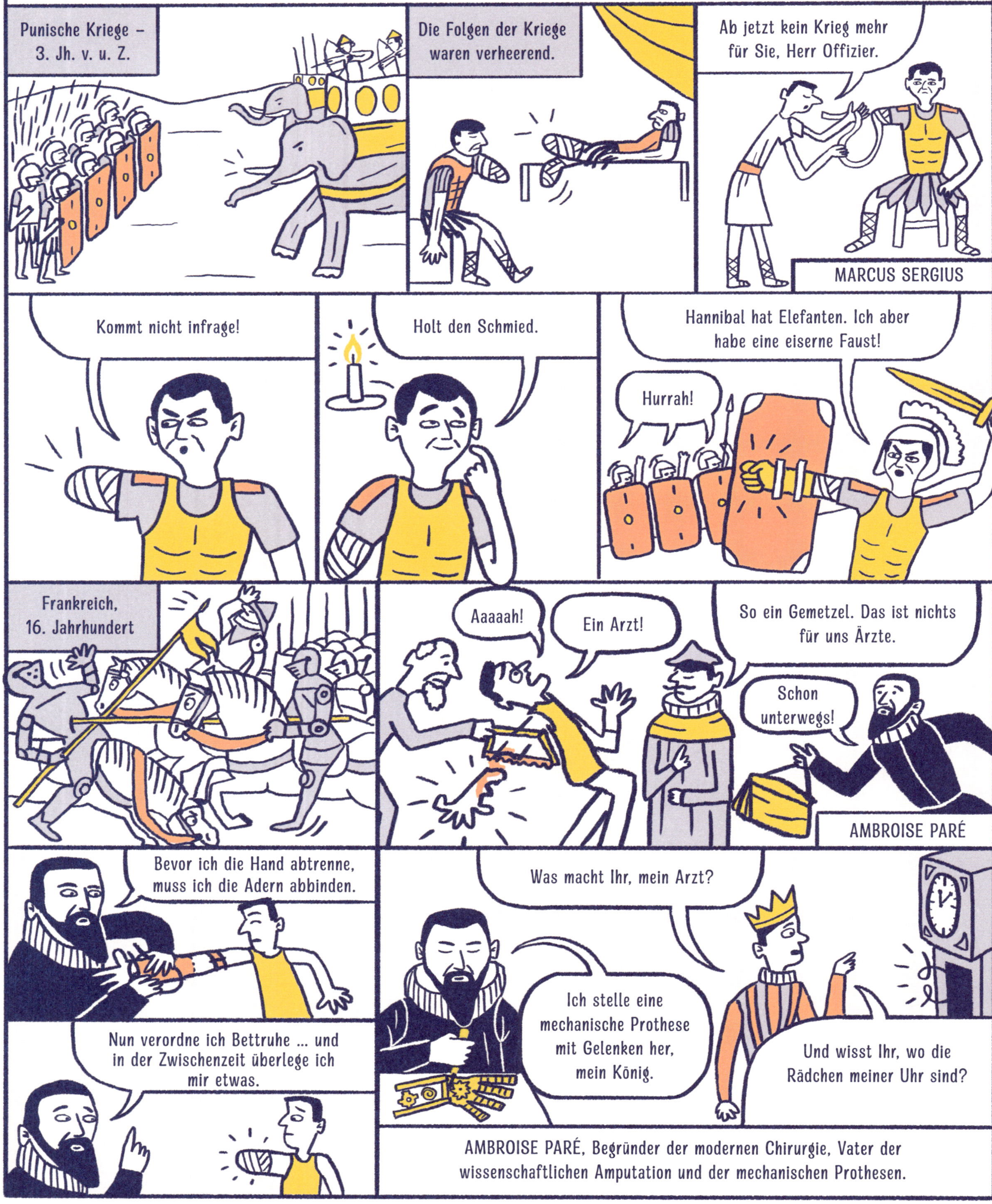

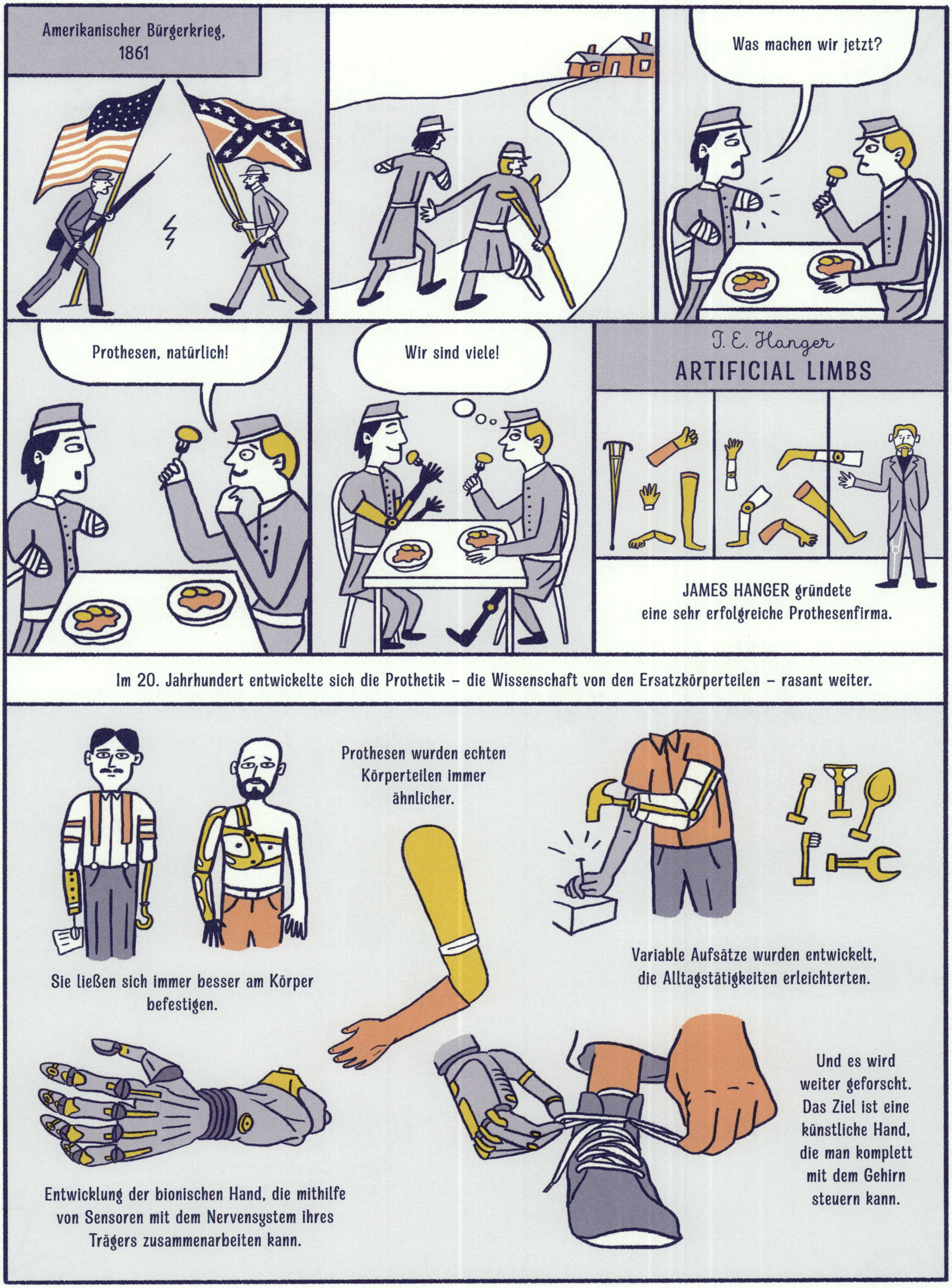
Amerikanischer Bürgerkrieg, 1861
Was machen wir jetzt?
Prothesen, natürlich!
Wir sind viele!
J. E. Hanger
ARTIFICIAL LIMBS
JAMES HANGER gründete eine sehr erfolgreiche Prothesenfirma.
Im 20. Jahrhundert entwickelte sich die Prothetik – die Wissenschaft von den Ersatzkörperteilen – rasant weiter.
Sie ließen sich immer besser am Körper befestigen.
Prothesen wurden echten Körperteilen immer ähnlicher.
Variable Aufsätze wurden entwickelt, die Alltagstätigkeiten erleichterten.
Entwicklung der bionischen Hand, die mithilfe von Sensoren mit dem Nervensystem ihres Trägers zusammenarbeiten kann.
Und es wird weiter geforscht. Das Ziel ist eine künstliche Hand, die man komplett mit dem Gehirn steuern kann.

DIE HÄNDE *sind* EIN SCHATZ

Vermeide Verletzungen!

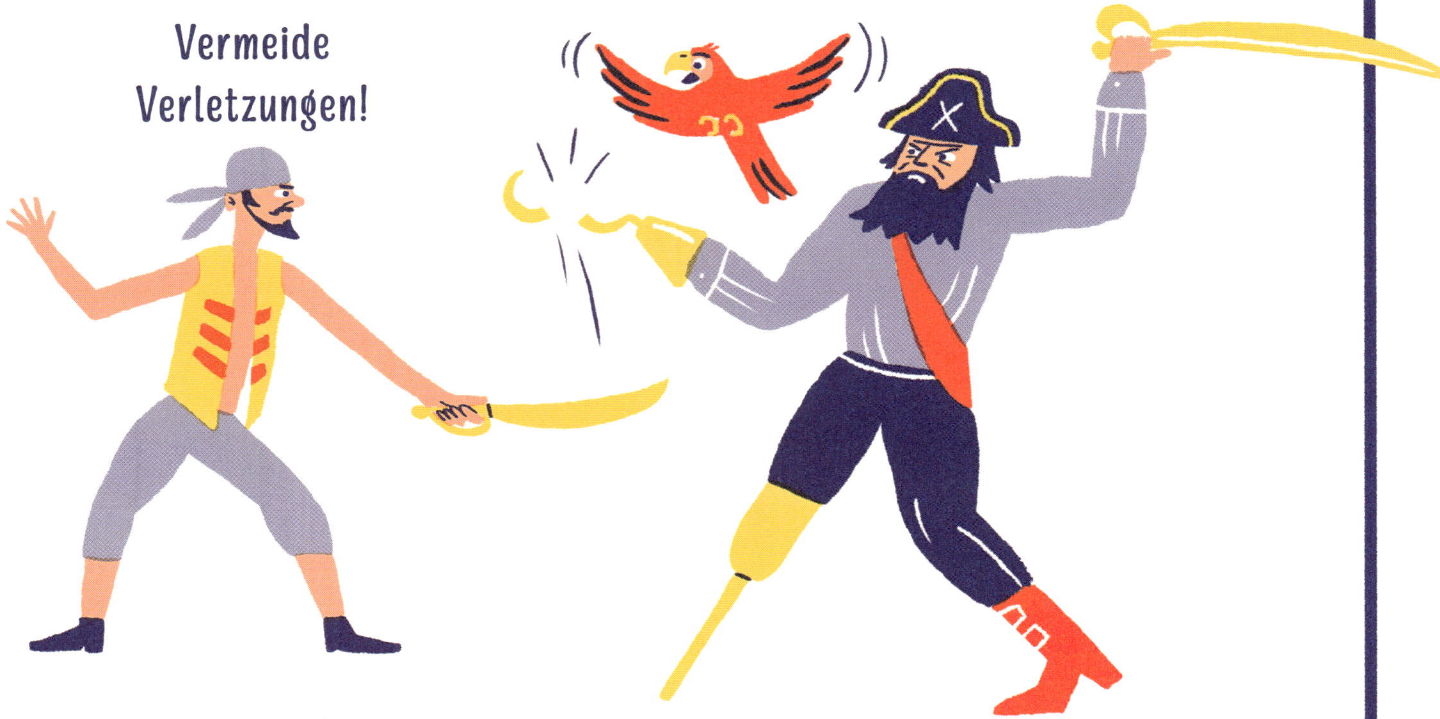

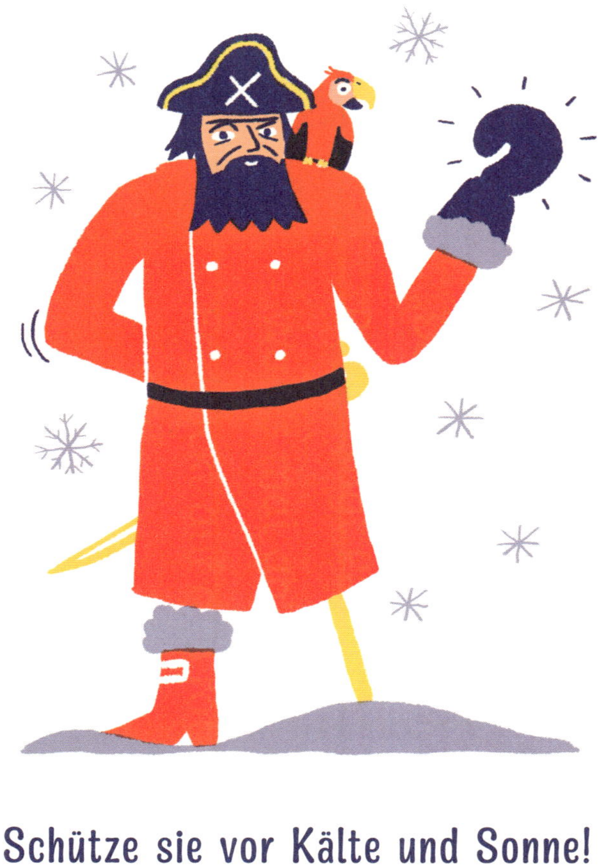

Verwöhne und pflege sie!

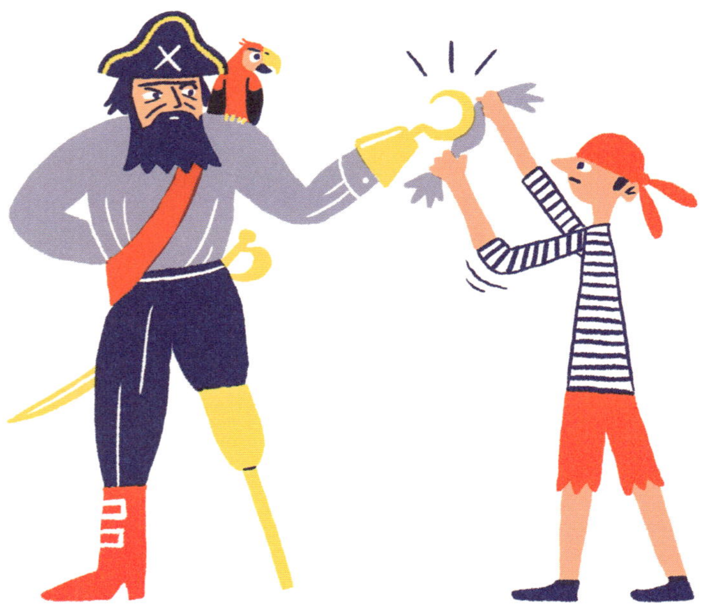

Schütze sie vor Kälte und Sonne!

Handhygiene

Das Händewaschen ist eine Selbstverständlichkeit, über die man gar nicht diskutieren muss. Das war aber nicht immer so: Noch zu Anfang des 19. Jahrhunderts machten sich Ärzte und Krankenschwestern über Empfehlungen zum Händewaschen lustig. Dass sie ihr Verhalten änderten, hat mit dem Bau von Wasserleitungen und Kanalisationssystemen, der Erfindung der Seife und mit einigen Visionären wie Ignaz Semmelweis oder Louis Pasteur zu tun. Semmelweis schrieb Ärzten vor, sich die Hände zu waschen, damit sie keine Krankheiten verbreiteten. Pasteur half, Mikroben als Erreger von Krankheiten zu identifizieren.

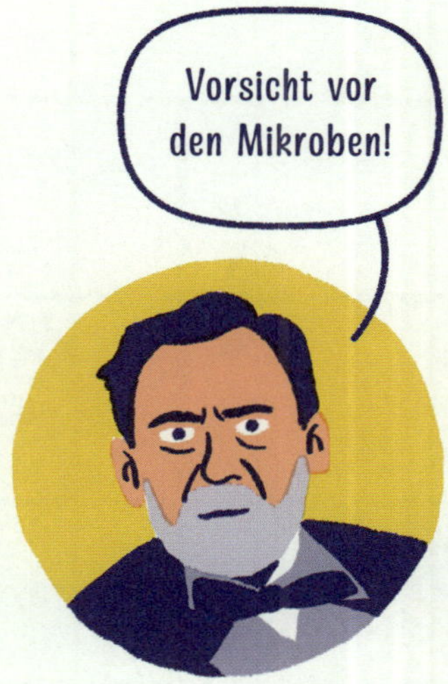

Louis Pasteur
(1822 – 1895)

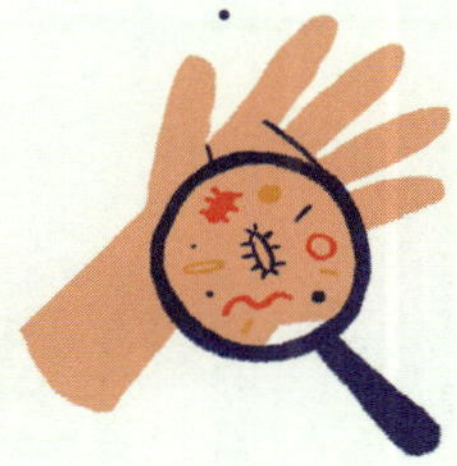

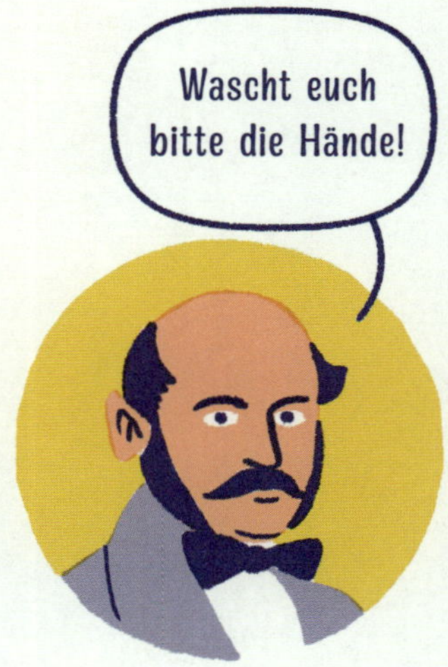

Ignaz Semmelweis
(1818 – 1865)

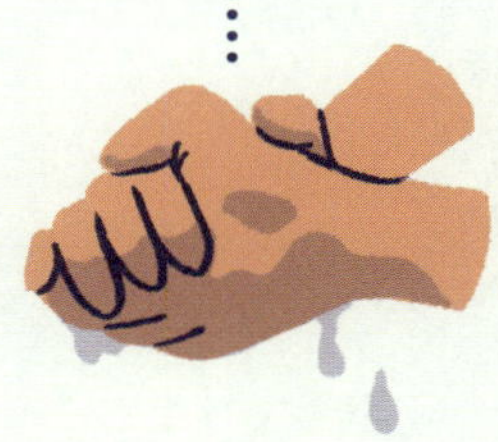

Die dreckigsten Dinge …

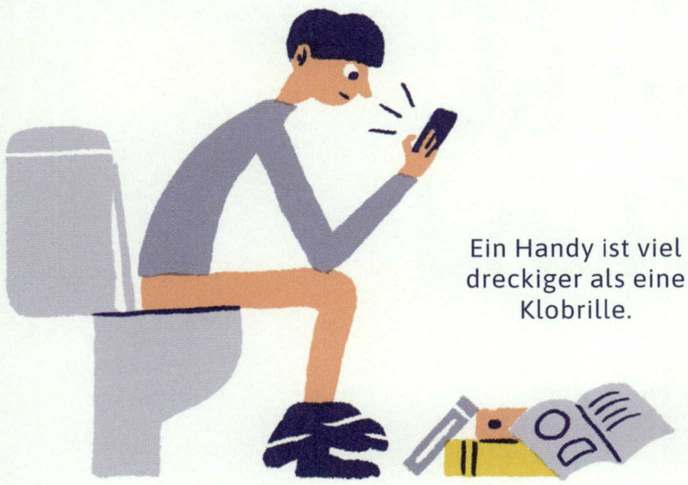

Ein Handy ist viel dreckiger als eine Klobrille.

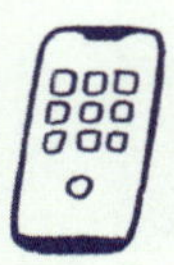

Mobiltelefon

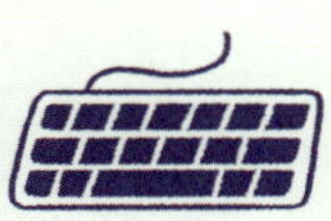

Tastatur und Fernbedienung

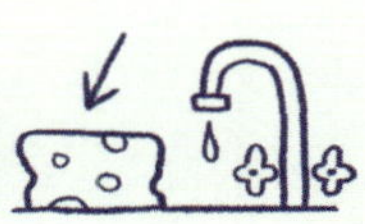

Geschirrschwamm

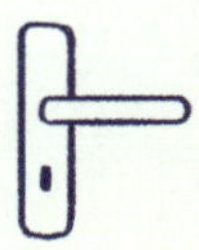

Klinken

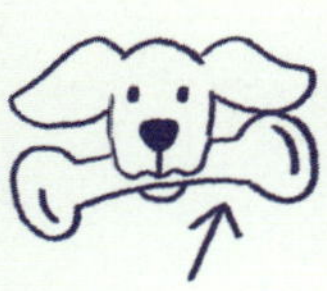

Hundespielzeug

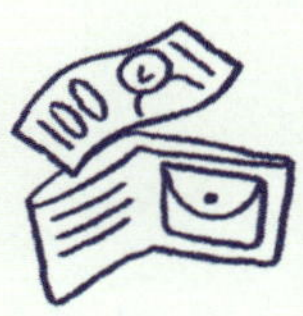

Geld und Geldbeutel

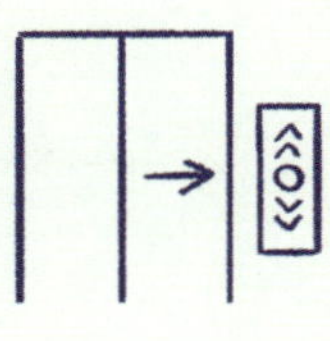

Knöpfe an Aufzügen und Bankautomaten

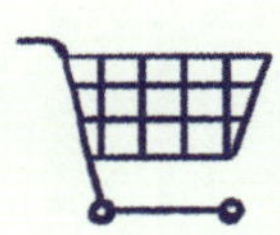

Einkaufswagen und -körbe

UNBARMHERZIGE STATISTIK:

- Bis zu 80 % der Krankheiten werden durch Berührung übertragen.
- Nur 5 % der Menschen waschen sich richtig die Hände.
- Die meisten Menschen waschen sich die Hände nur 6 Sekunden.
- Feuchte Hände verbreiten Bakterien 1000x leichter als trockene Hände.
- Nur 20% der Menschen trocknen sich die Hände nach dem Waschen ab.
- Bakterien gedeihen gut unter Schmuck. Ringe muss man vor dem Händewaschen ablegen.
- An einem Geldschein können sich 50–48 000 Bakterien befinden.

Richtiges Händewaschen: …

Gutes Händewaschen dauert mindestens 40 Sekunden.

Hände nass machen.

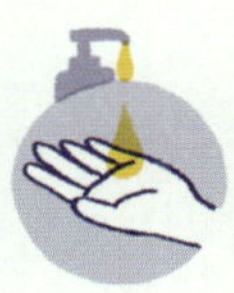

Seife auftragen.

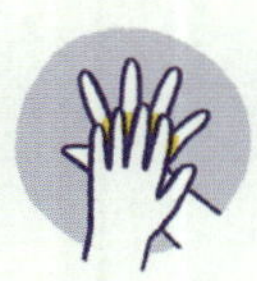

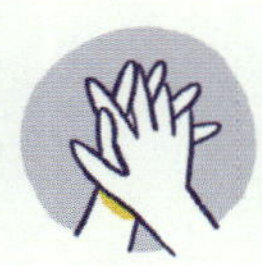

Die Seife mit kreisenden Bewegungen auf den Handflächen, Handrücken und zwischen den Fingern verreiben.

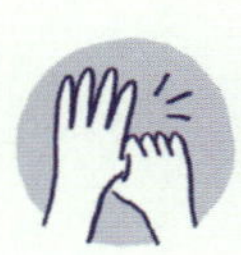

Daumen und Fingernägel nicht vergessen.

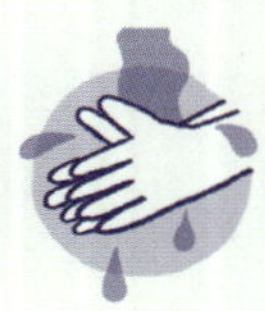

Hände abspülen.

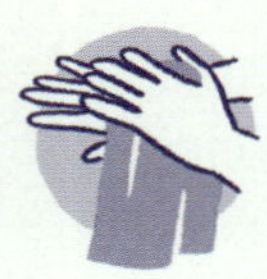

Dann abtrocknen.

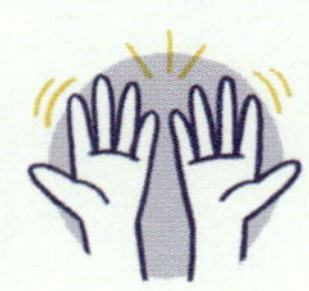

Die Hände sind sauber.

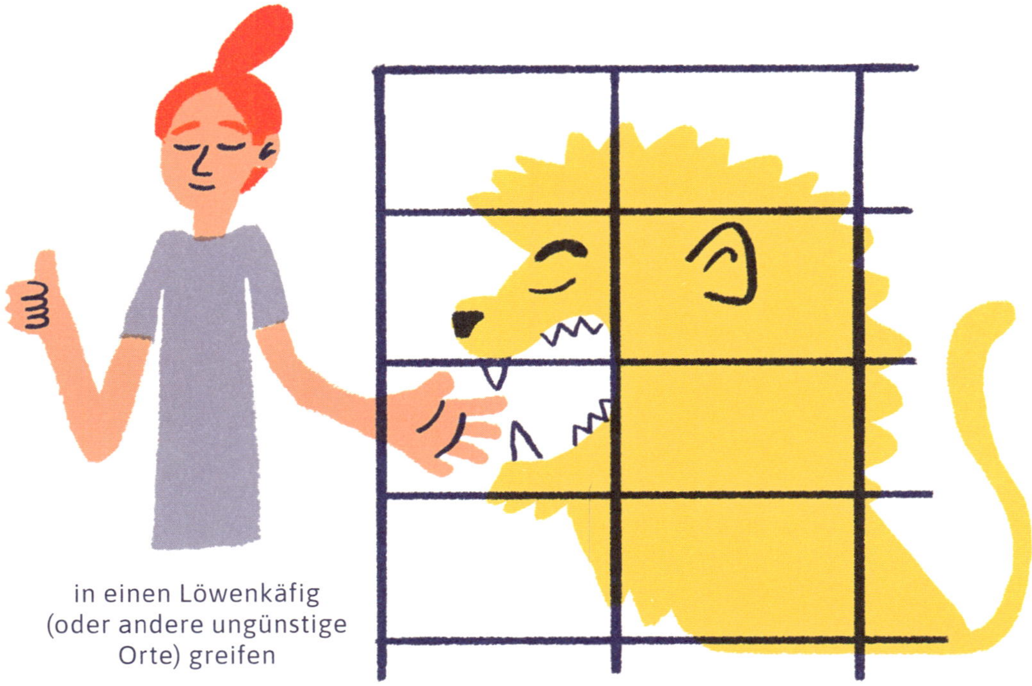

in einen Löwenkäfig
(oder andere ungünstige
Orte) greifen

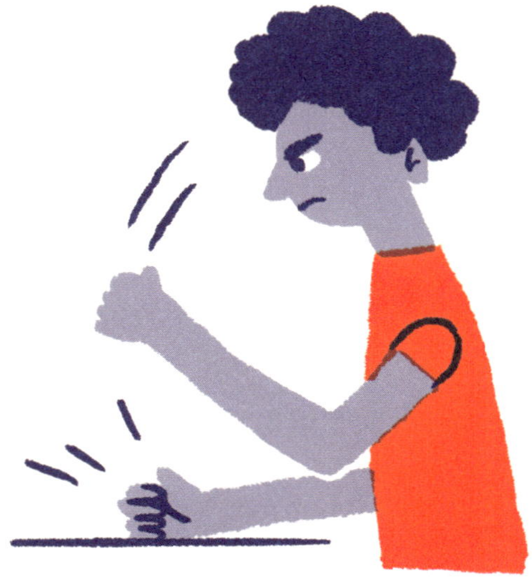

mit der Faust auf den
Tisch schlagen

Manches macht man lieber nicht mit der Hand

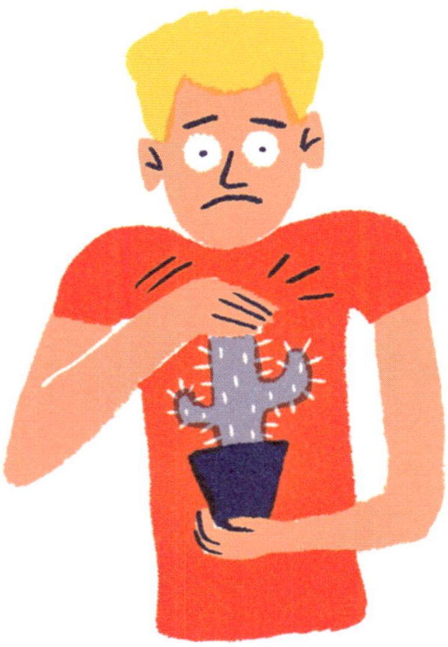

einen Kaktus
streicheln

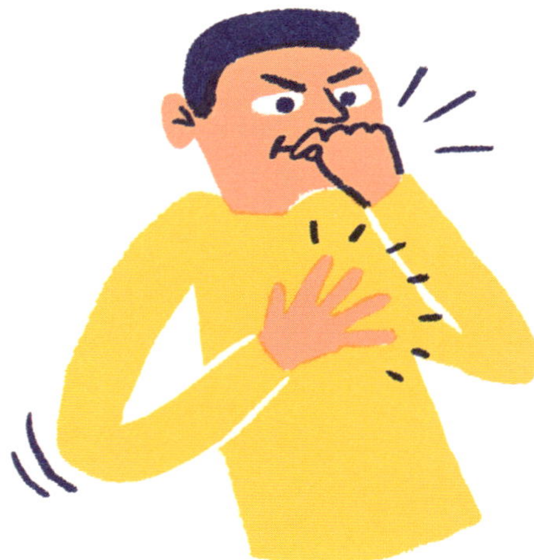

an den Nägeln
kauen

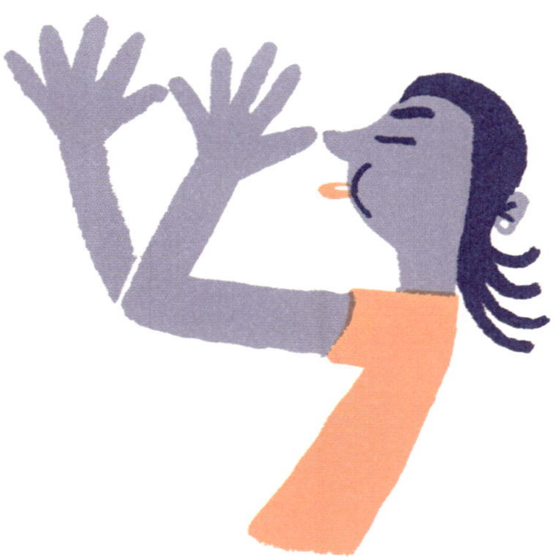

ungehörige
Gesten

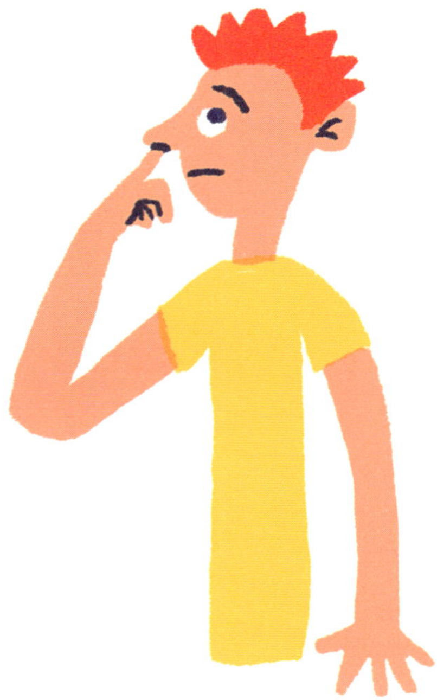

in der Nase
bohren

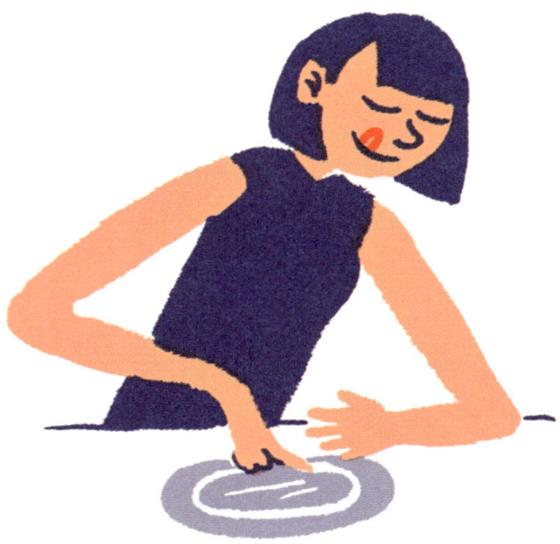

den Teller mit dem
Finger auswischen

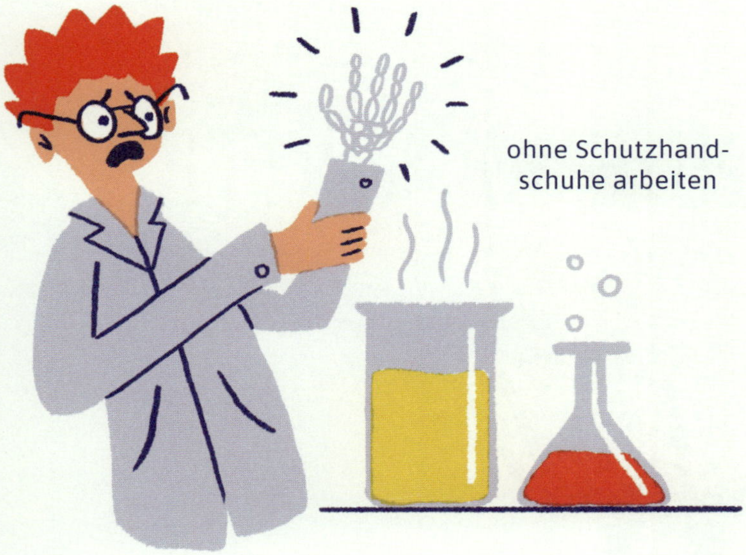

ohne Schutzhand-schuhe arbeiten

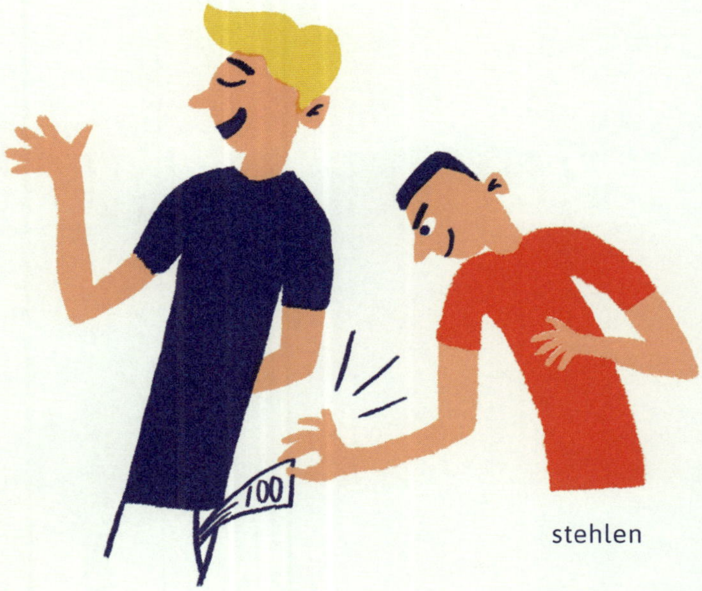

stehlen

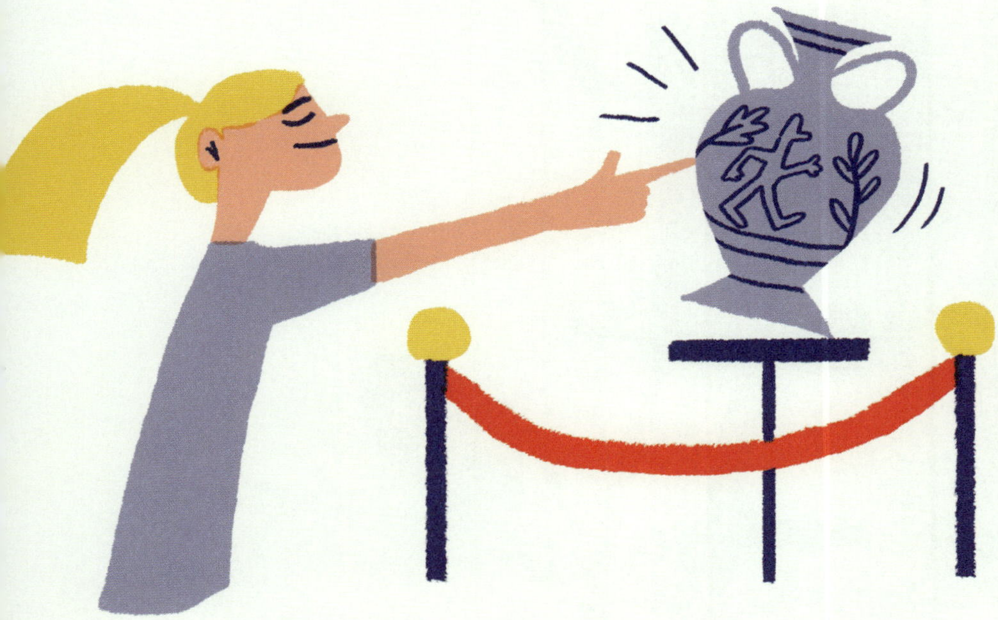

wertvolle Exponate im Museum anfassen

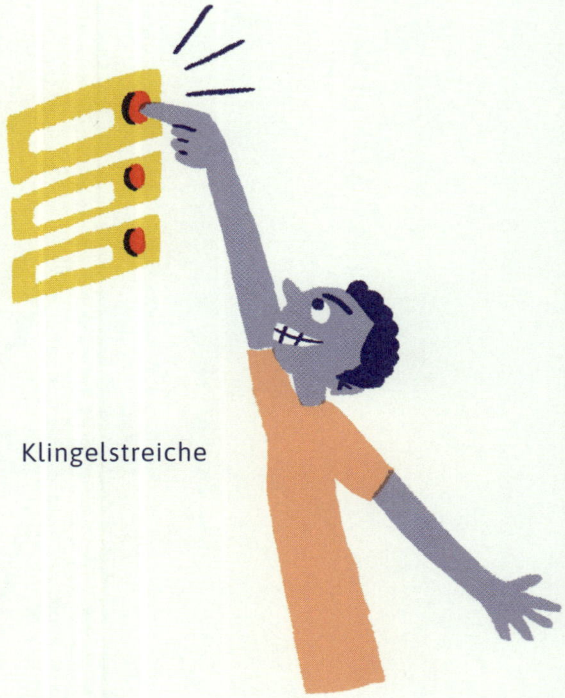

Klingelstreiche

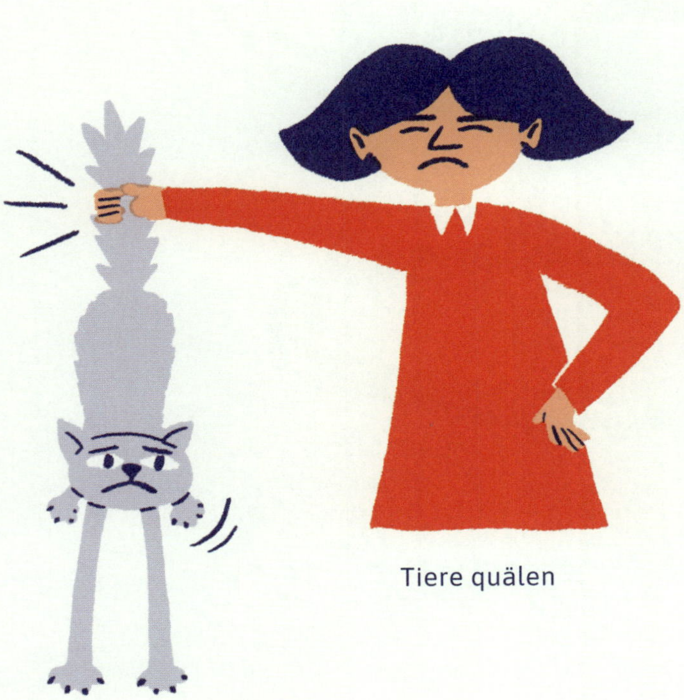

Tiere quälen

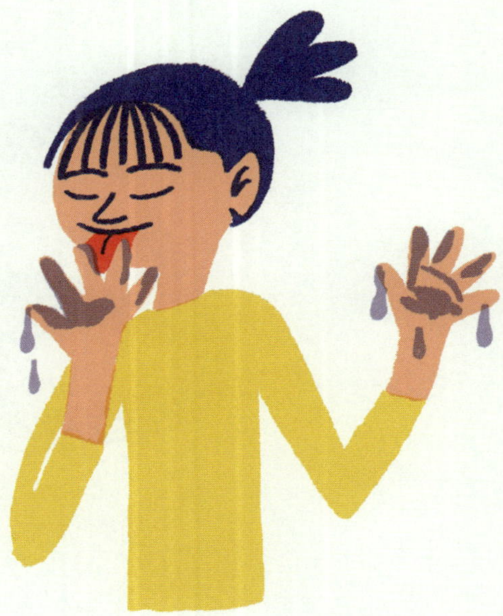

schmutzige Finger ablecken

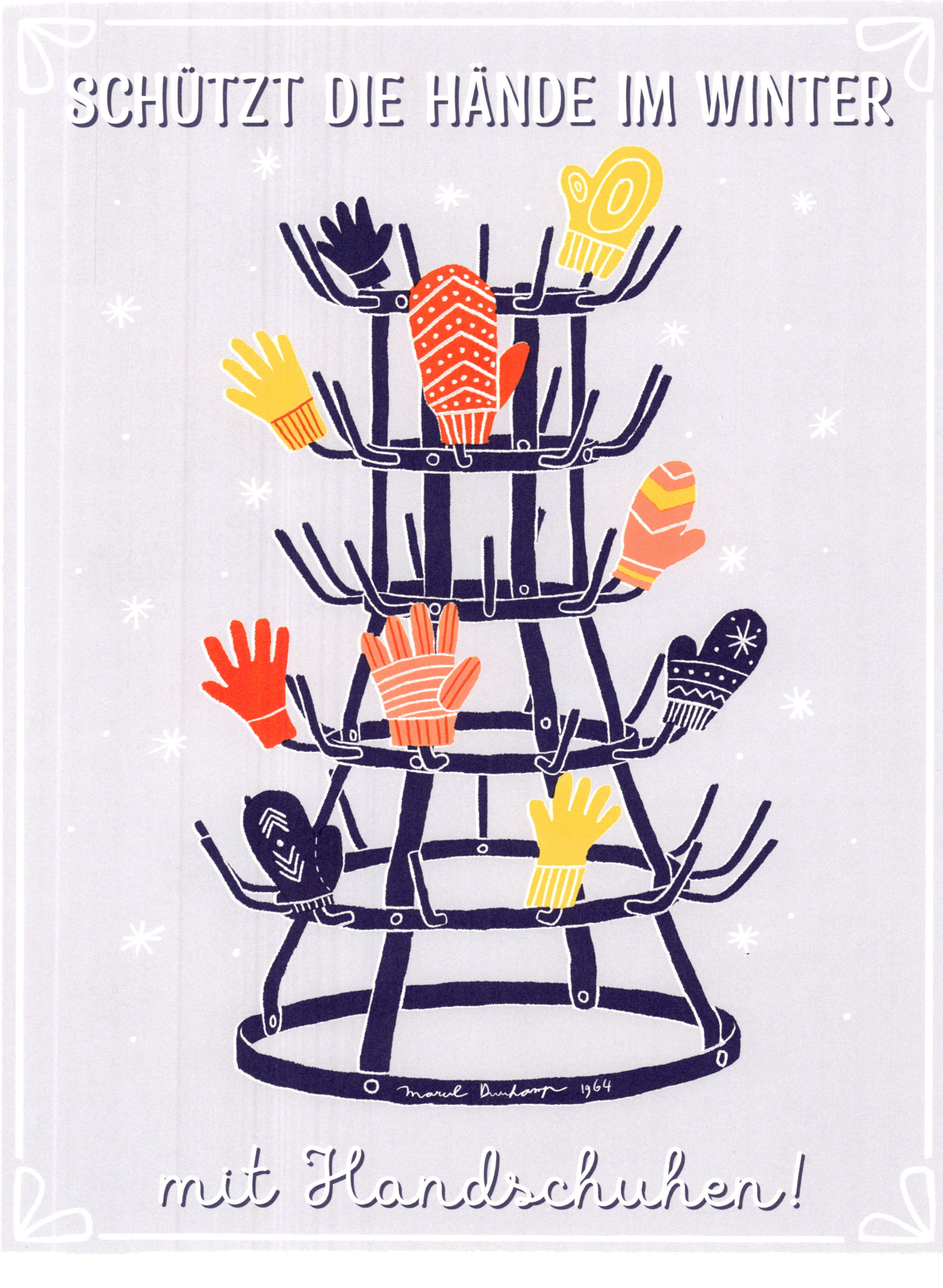
SCHÜTZT DIE HÄNDE IM WINTER
Marcel Duchamp 1964
mit Handschuhen!

ENDE DES HANDBUCHS

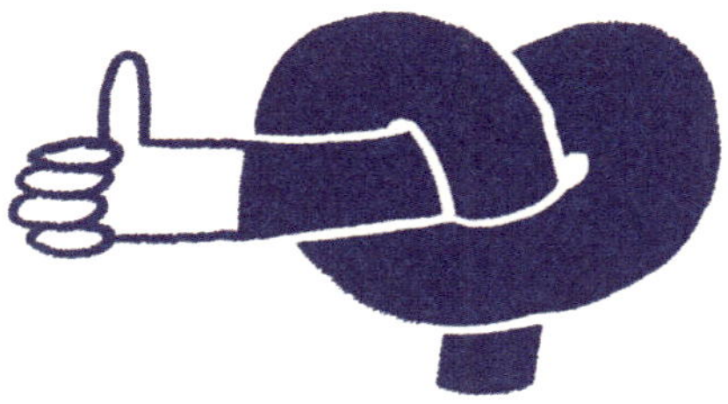

Magda Garguláková, Vítězslav Mecner
Alles über die Hand
ISBN 978 3 8489 0217 0

Aus dem Tschechischen von Lena Dorn
Die Originalausgabe erschien 2021 unter dem Titel „Ruka – kompletní průvodce“ bei Albatros Media Group.

Ruka – kompletní průvodce / Hand - A Complete Guidebook

Author: Magda Garguláková
Illustrator: Vítězslav Mecner
www.albatrosmedia.eu

The translation of this book was supported by the Ministry of Culture of the Czech Republic.

MINISTRY OF CULTURE
CZECH REPUBLIC

Innentypografie: Julia Astrup
Einbandtypografie: Doris Grüniger
Reproduktion: HKS-artmedia, Ostfildern-Kemnat
Druck und Bindung: Livonia Print, Riga

FSC
www.fsc.org
MIX
Papier | Fördert gute Waldnutzung
FSC® C002795

Printed in Latvia.

www.aladin-verlag.de

a.
BLAH
99
1.

a.
BLAH
99
1.